쉽고 재미있게 배우는 코딩

챗GPT와 함께 배우는
엔트리
마스터하기

코딩 자신감
UP!

GOLDEN RABBIT

시작하며

디지털 기술이 우리 삶의 거의 모든 측면에 깊숙이 스며들어 있는 오늘날, 코딩 능력은 단순한 기술이 아닌 필수적인 역량으로 자리잡았습니다. 코딩은 다양한 분야의 문제를 해결하며 창의적인 아이디어를 구현하는 데 핵심적인 역량이 되었습니다. 이에 따라 소프트웨어 교육의 중요성이 점차 확대되고 초·중등학교에서도 블록 기반 언어로 소프트웨어 교육을 시행하고 있습니다.

엔트리, 왜 중요할까요?

블록 기반 언어 중 국내 교육 현장에서 가장 많이 사용되는 언어가 바로 '엔트리'입니다. 엔트리는 블록 쌓기 놀이를 할 때처럼 블록을 연결해가며 프로그램을 만들기 때문에 코딩을 처음 접하는 초보자도 쉽게 배울 수 있습니다. 엔트리는 누구나 무료로 사용할 수 있는 소프트웨어로, 그림, 애니메이션, 소리 등 다양한 미디어와 인공지능, 데이터 분석 기능을 지원하고 있어서 원하는 다양한 형식의 프로그램을 만들 수 있습니다.

챗GPT로 엔트리 코딩, 가능할까요?

최근 챗GPT는 모든 분야를 뒤흔들고 있습니다. 챗GPT는 개발자들이 인정하고 적극적으로 활용할 정도로 코딩 능력 역시 뛰어납니다. 챗GPT는 텍스트 기반으로 작동하기 때문에 블록 기반인 엔트리 코드를 제공하지는 못하지만, 코딩하는 방법을 설명하고 블록을 어떻게 배치해야 하는지에 대한 가이드를 제공합니다.

수많은 엔트리 도서 중 《챗GPT와 함께 배우는 엔트리 마스터하기》, 선택해야 하는 이유는 무엇일까요?

엔트리가 아무리 쉽더라도 어떤 내용을 공부하느냐에 따라 얻어지는 교육 효과는 차이가 큽니다. 대다수 기존 엔트리 책은 기초 내용만 담고 있거나 흥미 중심으로 구성되어 있어서 컴퓨팅 사고력을 길러주는 것이 쉽지 않습니다.

이 책은 전문 지식을 가진 교수, 현직 교사, 카이스트 공과생으로 이루어진 집필진이 코딩을 연구하고 가르치며 쌓은 노하우를 담고 있습니다. 따라서 여러분은 컴퓨팅 사고력을 키우고 챗GPT를 활용한 엔트리를 제대로 활용하는 방법을 얻게 될 겁니다.

엔트리, 이 책에서 무엇을, 어떻게 배우나요?

이 책은 연산, 변수, 선택 구조, 반복 구조, 리스트, 알고리즘 등 필수적으로 알아야 할 모든 코딩 개념을 다양한 예제와 과제를 통해 익히도록 구성하였으며, 문제에 대해 챗GPT가 제공하는 해결 방안을 엔트리로 코딩하는 방법을 설명하고 있습니다.

이 책에서는 독자의 편의를 위해 모든 작품을 따라 하며 만들 수 있도록 동영상 강의를 제공합니다. 또한 모든 소스를 제공하며 궁금한 점에 대해 질의하고 답변받을 수 있는 커뮤니티 https://cafe.naver.com/scratchprogramming를 운영합니다.

이 책으로 '엔트리와 챗GPT를 통한 올바른 소프트웨어 교육'을 경험해보기 바랍니다.

김종훈, 김현경, 김동건

이 책의 저자를 소개합니다

 김종훈

안녕하세요, 독자 여러분? 저는 제주대학교 교수로 학부, 대학원, 과학영재교육원에서 SW·AI 교육을 가르치고 있습니다. 다수의 컴퓨터 분야 베스트셀러를 포함해 30여 권을 집필한 작가이기도 하죠. SW·AI 교육 관련 정보를 공유하기 위해 SW 교육 카페(cafe.naver.com/scratchprogramming)도 운영하고 있어요.

김현경

안녕하세요, 독자 여러분? 저는 김포한가람중학교 정보·컴퓨터 교사로 학생들에게 올바른 SW·AI 지식을 전달하기 위해 노력하고 있어요. 어려서부터 컴퓨터 교사를 꿈꾸며 컴퓨터 분야에 관심이 많아 재학 시절 영재교육원 보조강사, 구름 SW·AI 유나이티드 캠프 멘토, 한국컴퓨터교육학회 학술대회 우수 논문상 수상 등 다양한 활동을 진행했습니다. 지식을 나누고자 엔트리 유튜브 채널을 운영하고 있어요.

김동건

안녕하세요, 독자 여러분? 저는 KAIST 학생으로 SW를 활용하여 건강한 세상을 만들기 위해 노력하고 있어요. 초등학생 때 한국정보올림피아드 전국대회에서 은상을 수상한 경험이 있으며 고등학생 때 몬테카를로 방법을 이용한 정적분 시뮬레이션, 머신러닝 예측 모델 개발, 딥러닝 모델 개발 등을 연구했습니다. 현재는 학술대회에서 3편의 논문 발표와 교육 관련 멘토 등 SW·AI 관련 활동을 꾸준히 해오고 있어요.

이 책을 읽은 전문가가 추천합니다

▶ **김지현** 에이지프리 대표이사, 엔트리 초대 CEO

우리나라 초중학교에서 가장 많이 사용되고 있는 프로그래밍 언어인 엔트리 관련 책은 정말 많지만, 프로그래밍의 핵심 개념을 전반적으로 설명하는 책은 많지 않습니다. 저는 전 엔트리 초대 CEO로서 이 책이 엔트리를 이용해서 최대의 교육적 효과를 얻을 수 있도록 도와주며, 학생들이 미래 인재로 성장할 수 있는 기반을 마련해줄 것으로 기대합니다.

▶ **양성목** SW미래채움 제주센터 센터장

대격변의 시대로 생성형 AI는 매우 심도 있게 발전하고 있으며, 어느덧 우리 사회에서 널리 통용되고 있습니다. 현재를 사는 독자 여러분은 어느 순간 우연히 디지털 기술을 만나겠지만, 살아갈 미래에는 그것이 필연적일 것입니다. 그 우연과 필연을 잇는 바로 지금, 디지털 기술의 기초와 응용이 맛나게 버무려진 이 책을 만나보시기를 바랍니다. 독자 여러분의 멋진 친구이자 친절한 길잡이가 될 것입니다.

▶ **김재휘** 대기고등학교 교사

이 책은 다양한 예제를 이용해서 엔트리 기초부터 심화까지 다루고 있으며 프로그래밍에 대한 개념을 완벽하게 익힐 수 있어 정보 교과목 관련 중고등학생들과 선생님들에게 많은 도움을 줄 겁니다. 또한 학생들이 어려워하는 개념인 리스트에 대해서는 그림을 이용해서 상세하게 설명하고 있고, 알고리즘은 챗GPT를 활용해서 코딩하는 방법을 설명하고 있어 많은 학생에게 큰 도움이 되리라 생각합니다.

이 책의 전체 구성

자, 이제 시작해볼까?

작품 실행하기

- QR 코드로 완성된 작품을 직접 실행해봅니다.
- 만들고자 하는 작품이 어떤 동작을 하는지 살펴봅니다.

LESSON
01
이름 출력하는 고양이

01 다음 주소 또는 QR을 통해 접속하면 '이'가 나옵니다. 다음 화면 의 작품 실행 버튼인 ▶을 클릭하여 작품을

- https://naver.me/xEAai8f1

1 ----- 2

개념 이해하기

- 작품을 만들기 위해 알아야 할 코딩 개념과 배경 지식을 살펴봅니다.
- 코딩 개념은 간단한 예제를 이용해서 설명합니다.

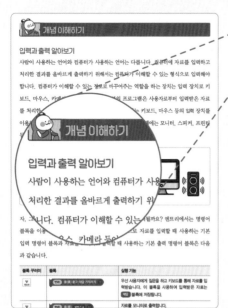

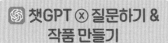

🤖 챗GPT ⊗ 질문하기 & 작품 만들기

- 작품을 누구나 따라하며 만들 수 있도록
  단계별로 상세하게 설명합니다.
- 챗GPT를 활용하여 작품 관련 질문을
  하고 답변을 통해 도움을 받습니다.

3

4

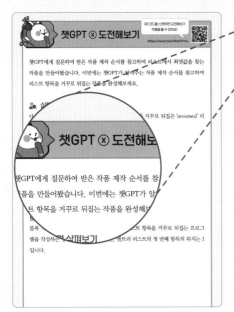

🤖 챗GPT ⊗ 도전해보기

- 배운 내용을 응용하여 새로운 작품을
  만듦으로써 실습과 복습을 한 번에 마칩니다.
- 챗GPT에게 작품 제작 순서를 질문하고 받은
  답변을 바탕으로 작품을 만들어봅니다.

체계적으로 만드는 '작품 만들기' 코스 안내

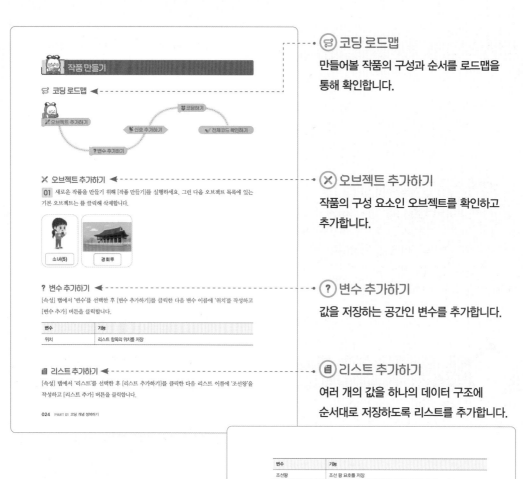

코딩 로드맵
만들어볼 작품의 구성과 순서를 로드맵을
통해 확인합니다.

오브젝트 추가하기
작품의 구성 요소인 오브젝트를 확인하고
추가합니다.

변수 추가하기
값을 저장하는 공간인 변수를 추가합니다.

리스트 추가하기
여러 개의 값을 하나의 데이터 구조에
순서대로 저장하도록 리스트를 추가합니다.

신호 추가하기
오브젝트 간 명령을 주고받으며
일을 실행하도록 신호를
추가합니다.

코딩하기
작품을 구성하는 오브젝트가 순서대로
실행되도록 코드 블록을 완성합니다.

f 함수 추가하기

'거미줄 그리기'에서 거미는 삼각형 6개를 연속해서 그려 거미줄을 만듭니다. 거미가 이동과 회전을 통해 삼각형을 그리는 함수를 만들어봅시다.

01 먼저 ✏ 블록 꾸러미의 [함수 만들기]를 클릭하여 블록 조립소에
를 추가합니다.

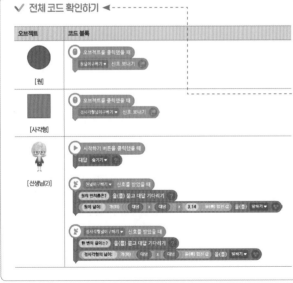

f 함수 추가하기

특정 작업을 수행하도록 함수를 추가합니다.

▶ 소리 추가하기

[소리] 탭에서 [소리 추가하기]를 클릭한 다음 추가할 소리를 선택한 다음 [추가하기] 버튼을 클릭합니다.

블록 꾸러미	소리 이름	실행 기능
🔊 소리	피아노 04_도	피아노 건반 도 소리
	피아노 05_레	피아노 건반 레 소리
	피아노 06_미	피아노 건반 미 소리
	피아노 07_파	피아노 건반 파 소리
	피아노 08_솔	피아노 건반 솔 소리
	피아노 09_라	피아노 건반 라 소리
	피아노 10_시	피아노 건반 시 소리
	피아노 11_높은도	피아노 건반 높은도 소리

▶ 소리 추가하기

오브젝트에 어울리는 소리를 추가하여 작품의 완성도를 높입니다.

✓ 전체 코드 확인하기

오브젝트	코드 블록
[원]	오브젝트를 클릭했을 때 / 원넓이구하기 ▼ 신호 보내기
[사각형]	오브젝트를 클릭했을 때 / 정사각형넓이구하기 ▼ 신호 보내기
[선생님(2)]	시작하기 버튼을 클릭했을 때 / 대답 숨기기 ▼ — 원넓이구하기 ▼ 신호를 받았을 때 / 원의 반지름은? 을(를) 묻고 대답 기다리기 / 원의 넓이: 가(과) 대답 x 대답 x 3.14 을(를) 합친 값 을(를) 말하기 ▼ — 정사각형넓이구하기 ▼ 신호를 받았을 때 / 한 변의 길이는? 을(를) 묻고 대답 기다리기 / 정사각형의 넓이: 가(과) 대답 x 대답 을(를) 합친 값 을(를) 말하기 ▼

✓ 전체 코드 확인하기

작품을 구성하는 오브젝트별 완성된 전체 코드를 확인합니다.

200% 효과를 내는 학습 가이드

저자 운영 카페의 학습 자료를 살펴보세요!

저자가 운영하는 소프트웨어 교육 카페에서 이 책에 나오는 모든 작품과 동영상 강의를
제공합니다. 또한 카페의 '질의응답'에서 궁금한 점에 대해 질의하고 답변을 받아보세요.

• https://cafe.naver.com/scratchprogramming

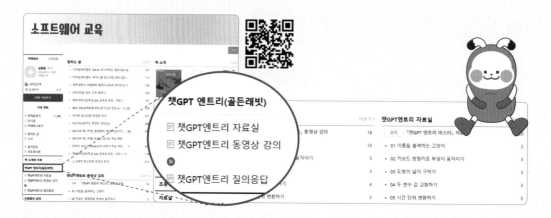

유튜브를 통해 같이 공부해요!

저자가 운영하는 유튜브 채널에서 엔트리 작품을 재생하고 어떻게 공부하는지 영상 강의
를 들으며 같이 학습해보세요.

• https://www.youtube.com/@codingding

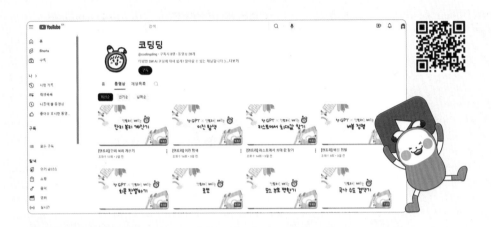

QR 코드로 완성 작품을 미리 만나보세요!

각 LESSON 시작의 '작품 실행하기'에 있는 QR 코드를 카메라로 스캔하면 학습할 완성 작품을 미리 만나볼 수 있어요. 작품을 실행해서 어떻게 동작하는지 살펴보세요. [리메이크하기] 버튼을 누르면 작품을 구성하는 코드 블록을 확인할 수 있답니다.

QR을 스캔하면
'이름 출력하는 고양이'
작품이 나와요!

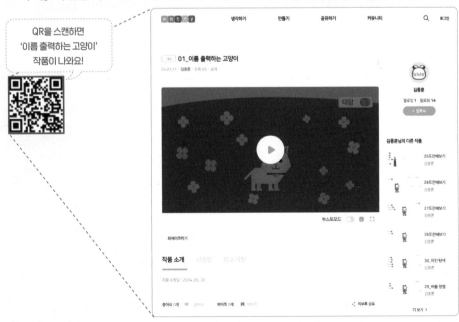

도전! 22 작품

 PART 01

01 이름 출력하는 고양이

02 키보드 방향키로 부엉이 움직이기

03 도형의 넓이 구하기

04 두 변수 값 교환하기

05 시간 단위 변환하기

06 정사각형 그리기

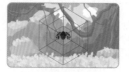

07 거미줄 그리기

08 홀짝 게임

09 윤년 판별하기

10 조선 왕 계보

좋아! 작품 실습을 통해 나도 엔트리 마스터가 되겠어!

PART 02

11 학용품 가격 계산기

12 주사위 굴리기

13 스마트 전등

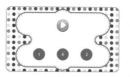

14 로또

그럼 이제 심화 작품에
도전해볼까?

이번에는 챗GPT를 이용해서
작품을 만들어 보겠어!

PART 02 코딩 완성하기

PART
03 코딩 심화 도전하기

LESSON 00

엔트리와 챗GPT로 코딩 준비하기

학습 목표
- 엔트리를 설명할 수 있습니다.
- 엔트리로 작품을 만들 수 있는 환경을 확인합니다.
- 엔트리로 작품을 만드는 데 챗GPT를 활용할 수 있습니다.

안녕하세요. 여러분? 엔트리 작품을 만들기 앞서 엔트리란 무엇이고 어떻게 사용하는지 알아봅시다. 또한 대화형 인공지능 챗GPT란 무엇이고, 엔트리로 작품을 만들 때 챗GPT가 어떻게 활용되는지 알아봅시다.

 엔트리 시작하기

엔트리는 소프트웨어 교육을 누구나 쉽게 무료로 받을 수 있도록 2013년에 개발된 교육용 프로그래밍 언어입니다. 현재는 네이버의 비영리 교육 기관인 커넥트 재단에서 운영하는 창작 플랫폼으로써 소프트웨어 교육을 통해 미래를 꿈꾸고 함께 성장하는 데 활용되고 있습니다. 프로그래밍을 처음 접하는 사람이라면 대부분 특유의 명령 기호나 문법 때문에 어렵게 느껴졌을 겁니다. 엔트리는 프로그래밍의 이러한 단점을 해소하고자 어려운 명령 기호나 문법을 몰라도 코딩을 할 수 있도록 만들어졌습니다.

엔트리는 블록 쌓기 놀이를 할 때처럼 마우스로 명령어 블록을 끌어다 연결해가며 프로그램을 만들기 때문에 프로그래밍을 처음 접하는 사람도 쉽게 배울 수 있습니다. 또한 그림, 애니메이션, 소리 등 다양한 미디어와 인공지능, 데이터 분석 기능을 지원하고 있어서 다양한 형식의 프로그램을 만들 수 있습니다. 그렇다면 엔트리를 어떻게 이용할 수 있는지 알아보겠습니다.

엔트리 회원 가입하기

엔트리는 회원 가입을 하지 않아도 무료로 사용할 수 있습니다. 그러나 내가 만든 작품을 저장하고 다른 사람과 공유하려면 회원 가입을 해야 합니다. 회원 가입을 진행하기 전에 엔트리 홈페이지는 어떻게 구성되어 있는지 알아본 다음 회원 가입을 진행하겠습니다. 먼저 엔트리 홈페이지에 접속하세요.

- **엔트리 홈페이지** : https://playentry.org

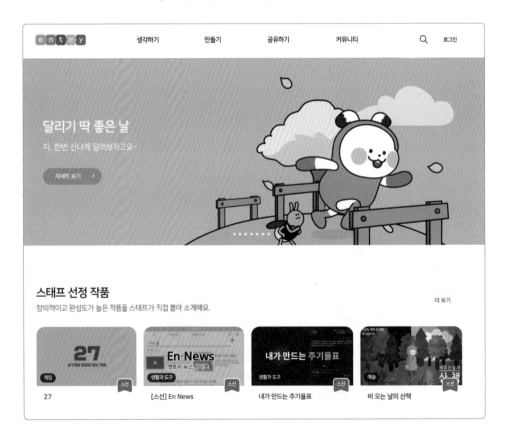

엔트리 메인 화면이 나오며 상단 메뉴와 엔트리 작품들이 보일 겁니다. 처음 접속했으니 다음 그림을 통해 메인 메뉴의 구성 요소를 먼저 살펴보겠습니다.

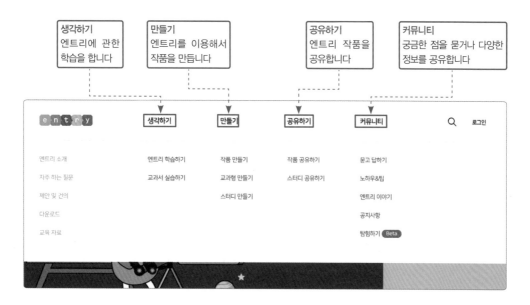

로그인 방법은 두 가지입니다. 엔트리 신규 회원으로 가입하는 방법과 간편 로그인을 이용하는 방법입니다. 두 방법을 차례대로 설명하겠습니다.

신규 회원 가입하기

01 신규 회원으로 가입하는 방법을 알아보겠습니다. 화면 오른쪽 위에 위치한 [로그인] 버튼을 누릅니다.

02 새롭게 엔트리 계정을 만들기 위해 오른쪽 아래에 위치한 ❶ [회원 가입하기] 버튼을 누릅니다. ❷ 이용약관과 개인정보 수집 및 이용 동의를 체크한 후 ❸ [아이디로 회원가입] 버튼을 누릅니다.

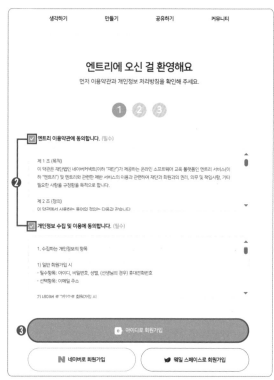

03 엔트리에서 사용할 ❶ 아이디, 비밀번호, 비밀번호 확인을 작성하고 ❷ [다음] 버튼을 눌러 이동합니다.

04 회원 정보 마지막 입력 단계입니다. 먼저 ❶ 회원 유형을 선택합니다. 선생님으로 가입하면 학급을 개설하여 학생을 관리할 수 있습니다. 유형에 맞는 선택을 한 다음 ❷ 성별, 닉네임, 출생 연도, 이메일을 입력하고 ❸ [확인] 버튼을 누릅니다.

05 회원 가입 완료와 함께 환영 화면이 나오며 입력한 이메일 주소로 전송된 인증 메일에서 [이메일 인증하기]를 누르면 회원 가입이 완료됩니다.

간편 로그인하기

01 간편 로그인을 알아보겠습니다. 화면 오른쪽 위에 위치한 [로그인] 버튼을 눌러 로그인 화면으로 이동합니다. 네이버나 웨일 스페이스 계정 중 가지고 있는 것에 따라 각각 ❶ [네이버로 로그인]이나 [웨일 스페이스로 로그인] 버튼을 누릅니다. 여기서는 네이버 계정으로 간편 로그인을 진행하겠습니다. [네이버로 로그인] 버튼을 클릭합니다.

02 새로운 창이 열리며 네이버 계정 정보 로그인 화면이 나옵니다. 기존 네이버 계정 아이디와 비밀번호를 입력 후 [로그인] 버튼을 누릅니다. 2단계 인증을 설정한 경우 인증을 완료한 다음 연동 여부를 확인하는 화면에서 확인을 해줍니다. 그러면 네이버 아이디와 연동됩니다. 이제 간편 로그인을 이용하여 엔트리 로그인을 할 수 있습니다.

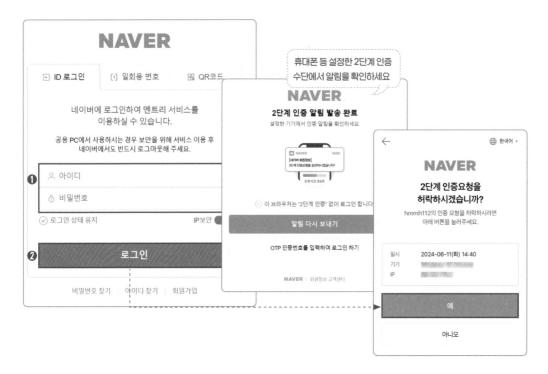

엔트리 개발 환경 알아보기

회원 가입을 완료했다면 이제 엔트리 홈페이지에서 작품을 만드는 환경을 살펴보겠습니다.

01 엔트리 홈페이지에 접속하여 로그인 화면으로 이동한 다음 ❶ 아이디와 비밀번호를 입력하고 ❷ [아이디로 로그인] 버튼을 눌러 로그인합니다.

• 엔트리 홈페이지 :
https://playentry.org

02 엔트리 메인 화면 상단 메뉴에서 [만들기] → [작품 만들기]를 클릭하면 엔트리로 프로그램을 개발할 수 있는 화면으로 이동합니다. 엔트리 작품 만들기가 처음이라면 다음 그림과 같이 각 항목에 대한 간단한 설명이 나옵니다.

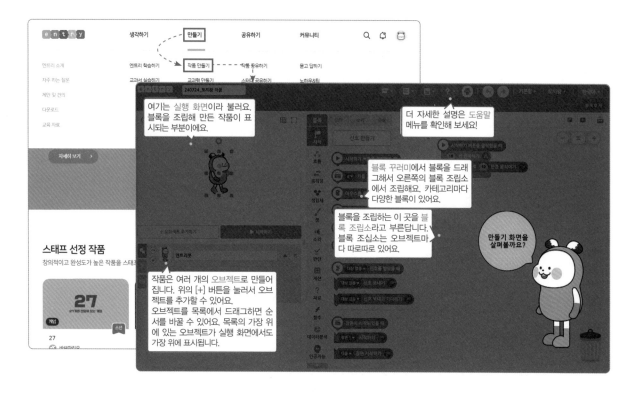

구성 요소가 다양하고 많아서 복잡하게 보일 수 있습니다. 그러나 실제 작품을 만들면서 각각의 요소에 대한 기능을 이해하면 어렵지 않다는 것을 알게 될 것입니다. 우선 화면 상단의 메인 메뉴부터 차근차근 살펴보겠습니다.

03 화면 ❶ 왼쪽 상단에 네모 칸은 작품의 제목을 넣는 곳입니다. 임시로 '날짜_아이디 작품'으로 채워져 있으며 수정하면 됩니다. ❷ 오른쪽 프린터 모양의 버튼을 누르면 인쇄가 가능합니다. 바로 옆의 ❸ 화살표 모양 아이콘은 되돌리기 버튼으로 클릭하면 '앞으로 가기 / 뒤로 가기'를 할 수 있습니다. ❹ 로그인한 계정의 아이디가 보이며 클릭하면 회원 관련 정보 및 기능 설정으로 이동합니다. ❺ 언어는 한국어와 영어 중에 선택할 수 있습니다.

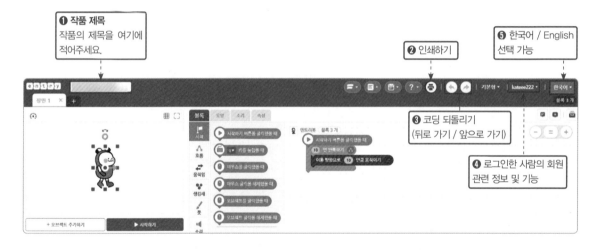

04 이제 중간에 있는 아이콘을 살펴봅시다. 맨 왼쪽부터 차례대로 클릭하면 아래로 메뉴가 펼쳐집니다. 각 메뉴의 기능 설명은 다음 표를 통해 알아봅시다.

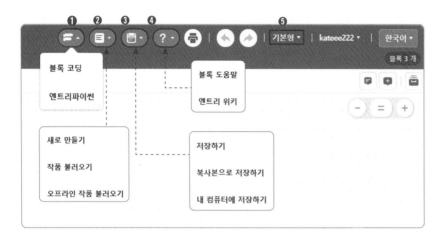

버튼	메뉴	설명
❶	블록 코딩	블록으로 코딩을 합니다.
	엔트리파이썬	파이썬으로 코딩을 합니다.
❷	새로 만들기	새로운 작품을 만듭니다.
	작품 불러오기	만든 작품을 불러옵니다.
	오프라인 작품 불러오기	컴퓨터 등에 저장되어 있는 작품을 불러옵니다.
❸	저장하기	현재 만들고 있는 작품을 저장합니다.
	복사본으로 저장하기	현재 만들고 있는 작품을 복사본으로 저장합니다.
	내 컴퓨터에 저장하기	현재 만들고 있는 작품을 컴퓨터에 저장합니다.
❹	블록 도움말	블록에 대한 도움말을 봅니다.
	엔트리 위키	엔트리에 관한 상세한 설명을 봅니다.
❺ 기본형▾	기본형	엔트리의 모든 블록을 사용하여 작품을 만들 수 있습니다.
	교과형	교과서에서 나오는 기본 블록으로만 작품을 만들 수 있습니다.

05 이번에는 엔트리 작품 만들기 화면에서 코딩할 때 사용하는 화면의 각 부분별 기능을 다음 표를 통해 살펴보겠습니다.

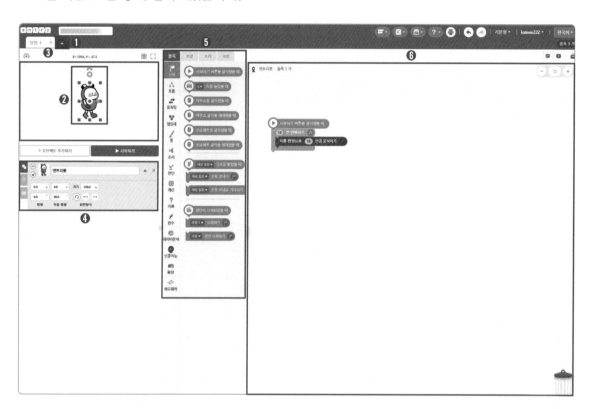

메뉴	설명
❶ 장면 추가	장면을 추가하는 버튼입니다. 참고로 장면 1은 기본으로 주어집니다.
❷ 오브젝트	명령을 수행할 수 있는 캐릭터, 무대 등을 의미합니다.
❸ 실행 화면	오브젝트가 명령대로 실행되는 공간입니다.
❹ 오프젝트 목록	작품에서 사용되는 오브젝트를 모아 놓은 곳으로 각 오브젝트 정보를 확인하고 수정할 수 있습니다.
❺ 블록 꾸러미	프로그램을 작성할 때 사용되는 명령어 블록들을 모아 놓은 곳입니다.
❻ 블록 조립소	블록을 이용해서 프로그램을 작성하는 영역입니다.

엔트리 작품의 필수 요소 오브젝트와 블록을 알아보자!

오브젝트와 블록, 아직은 뭐가 뭔지 잘 모르겠죠? 여러분이 엔트리를 공부하면서 오브젝트나 블록이 무엇인지, 어떤 종류가 있는지 점차 알아갈 텐데요, 엔트리 작품을 구성하는 데 있어서 꼭 필요한 것이 바로 오브젝트와 블록입니다. 그럼 오브젝트와 블록이 무엇인지 알아봅시다.

실행 화면에서 움직이거나 연산하는 등 명령을 수행하는 캐릭터나 무대를 오브젝트라 합니다. 오브젝트의 종류는 엔트리봇뿐만 아니라 사람, 동물, 배경 등 다양합니다. 작품을 만들 때 '+ 오브젝트 추가하기'에서 원하는 오브젝트를 선택하고 추가하여 나만의 독창적인 작품을 만들 수 있습니다. 이런 오브젝트가 어떤 동작을 하는지를 나타내는 것이 코드 블록으로, 블록 탭을 보면 그 종류가 다양하게 제공됩니다. 여러분이 직접 블록 꾸러미에 있는 블록을 연결해서 오브젝트를 움직이게 할 수도 있고, 블록을 이용해 코딩하여 재미있는 작품을 만들 수도 있습니다. 자, 이제 나만의 오브젝트를 선택하고 블록을 이용해 코딩하여 재미있는 엔트리 작품을 만들어봅시다.

챗GPT와 함께 공부하는 방법

챗GPT는 질문에 답변해주는 **대화형 인공지능** 프로그램입니다. 카톡으로 채팅하듯이 서로 이야기를 주고받으며 원하는 질문에 대한 답을 빠르게 얻을 수 있죠. 많은 전문가들이 '미래에는 이 기술이 더 다양한 분야에서 활용될 것'이라 이야기합니다. 실제로 우리 주변의 전문 프로그래머도 챗GPT의 도움을 받아 일하고 있어요. 그래서 이 책에서도 챗GPT의 도움을 받습니다.

> 엔트리는 블록 기반 프로그램이라서 챗GPT에게 아쉽게도 코드 설명을 요청하기는 어렵습니다. 하지만 프로그래밍 용어와 힌트, 코딩 절차를 물어볼 수는 있죠. 그래서 이 책에서는 '**챗GPT ⓧ 질문하기**' 코너와 '**PART 04**'를 통해 챗GPT를 이용하여 엔트리 작품을 만드는 코딩 절차를 물어보는 데 적극 활용하였습니다. 이 외에도 궁금한 용어라든가, 책 내용이 이해가 안 되면 챗GPT에게 적극 도움을 받아보기 바랍니다.

챗GPT 각 버전별 차이 알아보기

챗GPT는 무료 버전과 유료 버전으로 선택하여 사용할 수 있습니다. 그럼 챗GPT의 버전별 어떤 차이가 있는지 다음 표를 통해 알아봅시다.

버전	GPT 4	GPT 4o	GPT 4o mini
출시	2023년 3월	2024년 5월	2024년 7월
요금	유료	일부 기능 무료	무료
특징	• 가장 기본적인 모델 • 성능과 기능이 더 좋은 GPT 4o에 밀리면서 곧 챗GPT에서 사용하지 못하게 될 버전	• 현재 가장 빠르고, 가장 지능적인 GPT • GPT 4보다 빠른 생성 속도 • 데이터 분석, 파일 업로드, 검색, GPT 만들기, 파일 생성 및 내려받기 지원	• GPT 4o보다 빠른 생성 속도 • 추후 이미지, 오디오 입출력 지원 • 제한 없이 사용

> 이 책에서는 챗GPT-4o를 기준으로 실습을 진행했습니다. 무료 버전은 하루에 할 수 있는 질문의 횟수 제한이 있으므로 매일 조금씩 공부하거나 유료 버전을 구독하여 실습하기 바랍니다. 2024년 7월에 '챗GPT mini'가 출시되었습니다. ChatGPT-4o 모델의 소형 버전으로, 성능과 비용 효율성을 갖춘 텍스트 처리 위주의 모델입니다.

챗GPT에 접속하고 회원 가입, 로그인하기

챗GPT는 대화형 인공지능입니다. 카톡을 보면 친구마다 대화하는 채팅방이 있잖아요? 이상하게 들릴지 모르겠지만, 채팅방을 만들어 챗GPT를 AI 코딩 선생님으로 가정하고 계속 대화를 이어갈 수 있어요. 그 방법을 이제부터 알아봅시다.

01 챗GPT 홈페이지 'chatgpt.com'에 접속합니다. 그러면 다음과 같은 화면이 보입니다. 계정이 없다면 [회원 가입] 버튼을 클릭하여 계정을 만듭니다. 계정이 있다면 [로그인]을 하세요.

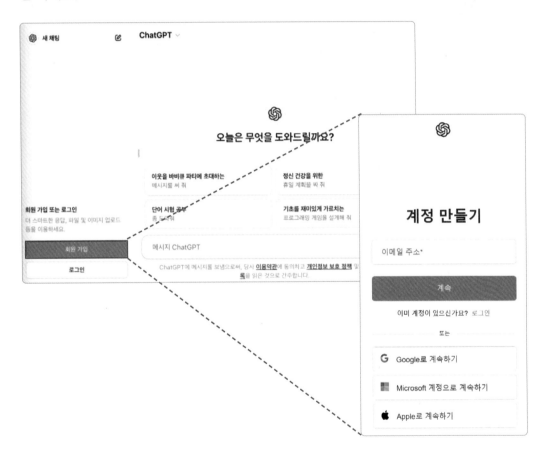

챗GPT 유료 회원 가입하기

챗GPT 유료 회원 가입에 대해 알아봅시다. 챗GPT 홈페이지 'chatgpt.com'에 접속하면 다음과 같은 화면이 보입니다. 기본으로 chatGPT 3.5로 되어 있죠. 우리는 여기서 유료 버전인 챗GPT Plus를 사용하는 방법을 알아보도록 하겠습니다.

01 먼저 챗GPT 유료 구독을 하기 전, 챗GPT 계정이 있다면 로그인하세요. 만약 계정이 없다면 회원 가입을 먼저 진행하세요.

02 로그인을 하면 챗GPT 메인 화면으로 이동합니다. ❶화면 왼쪽 하단에 보이는 [Plus 갱신]을 누르면 구독 옵션이 보입니다. ❷[Plus로 업그레이드] 버튼을 눌러 다음 단계로 진행합니다.

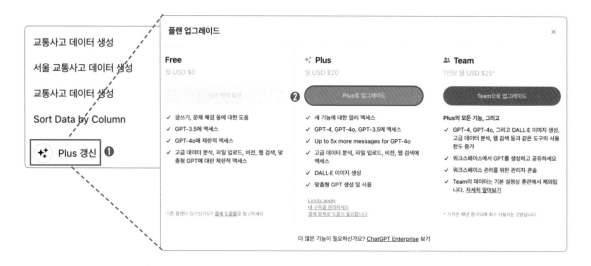

03 결제 화면으로 넘어오면 결제 정보를 입력합니다. 결제할 카드 정보 입력 시, 카드 정보는 표시된 카드 종류만 입력하도록 유의하세요. 다음으로 나머지 결제 관련 입력 정보도 채워줍니다.

유료 구독이 완료되면 챗GPT 메인 화면 오른쪽 위의 프로필 사진을 눌러 [내 플랜]을 클릭하면 확인할 수 있습니다.

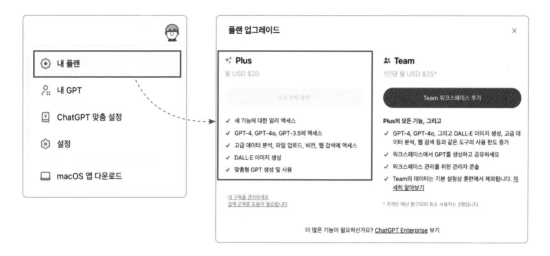

⚠️ 별도로 회원 가입을 하는 방법도 있지만 추후 해지할 때 계정이 생각나지 않으면 곤란하므로 저는 해당 방법을 추천하지 않습니다.

챗GPT 유료 회원 가입 취소하기

결제가 완료되면 유료 서비스를 사용할 수 있습니다. 만약 유료를 해지하고 싶다면 [프로필 사진 → 내 플랜]에서 볼 수 있는 아주 작은 글자로 표시된 [내 구독을 관리하세요]를 눌러 해지하면 됩니다.

채팅창 만들어 챗GPT에게 질문하기

01 로그인을 하면 다음과 같은 화면이 나오며 왼쪽 상단 메뉴에 있는 ✐ 아이콘을 클릭하면 새 채팅이 만들어집니다.

02 챗GPT가 엔트리 코딩을 돕는 도우미 역할을 하도록 만들어봅시다. 다음과 같이 챗 GPT에게 엔트리 코딩 선생님이 되어 달라고 부탁하는 말만 입력하면 됩니다.

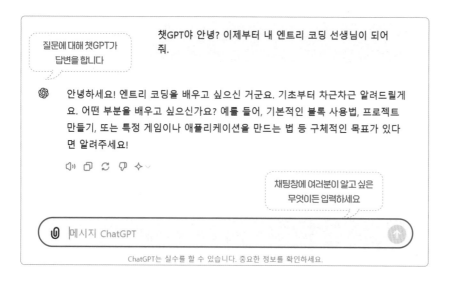

간단한 대화 한 번으로 AI 코딩 선생님이 생겼습니다. 이제부터 챗GPT에게 엔트리 코딩에 대한 질문을 할 때는 꼭 이 채팅창을 이용하세요. 챗GPT가 이전 대화를 기억하고, 우리가 원하는 방향을 이해하며 답해줄 겁니다.

PART

01

코딩
개념 정복하기

PART 01에서는 엔트리가 처음인 여러분이 엔트리가 무엇인지
익숙해질 수 있도록 작품 10가지를 따라 만들면서 학습합니다. 작품
10가지를 만들면서 오브젝트, 변수, 리스트, 신호와 같은 엔트리의
구성 요소를 익히고 프로그래밍의 기초적인 원리까지 알아보겠습니다.
하나씩 차분한 마음으로 따라 배우면서 엔트리를 통해 코딩 개념을
정복해봅시다.

이름 출력하는 고양이

학습 목표
• 프로그램의 입력과 출력을 설명할 수 있습니다.
• 입력받은 자료를 출력하고 소리를 재생하는 작품을 만들 수 있습니다.

엔트리란 무엇인지, 엔트리 회원 가입과 엔트리 개발 환경까지 알아봤으니 본격적으로 엔트리를 이용하여 작품을 만들어봅시다. 우선 귀여운 고양이를 오브젝트로 사용하여 사용자로부터 이름을 입력받아 울음소리를 재생하면서 이름을 말하는 작품을 만들겠습니다.

QR을 스캔하면
유튜브 동영상을 볼 수
있어요!

▶ https://youtu.be/b4NyMd3n8HQ?si=9ikJyHoF_Wbuel3s

작품 실행하기

01 다음 주소 또는 QR을 통해 접속하면 '이름 출력하는 고양이'가 나옵니다. 다음 화면에서 실행 버튼인 ▶을 클릭하여 작품을 실행하세요.

• https://naver.me/xEAai8f1

QR을 스캔하면
'이름 출력하는 고양이'
작품이 나와요!

02 고양이가 이름을 묻습니다. 고양이 이름을 정해서 텍스트 입력 칸에 작성합니다. 여기서는 '나비'를 입력하고 오른쪽 체크 버튼✅을 클릭합니다.

03 사용자가 입력한 고양이 이름이 출력 문장에 들어갑니다. 고양이를 클릭하면 고양이 울음소리가 재생되면서 '내 이름은 나비야'라는 텍스트가 화면에 나타납니다.

챗GPT ⓧ 질문하기

🧑 챗GPT에게 질문하기

프로그래밍에서 입력은 무엇이고, 출력은 무엇인가요? 10대가 이해할 수 있는 수준으로 되도록 간단하게 답변해주세요.

⑥ 챗GPT의 답변 확인하기

프로그래밍에서 **입력**과 **출력**은 컴퓨터와 소통하는 방법을 말해요.

- **입력** : 컴퓨터가 처리할 데이터를 받는 것. 예를 들어, 게임에서 캐릭터를 움직이기 위해 키보드를 누르는 것이 입력이에요. 또 다른 예로, 계산기에 숫자를 누르는 것도 입력이죠.
- **출력** : 컴퓨터가 처리한 데이터를 보여주는 것. 게임에서 캐릭터가 움직이는 화면을 보는 것이 출력이에요. 계산기에 결과가 나오는 것도 출력이죠.

쉽게 말해 **입력**은 컴퓨터에게 '이것을 해줘'라고 말하는 것이고, **출력**은 컴퓨터가 '이렇게 했어'라고 답해주는 거예요.

개념 이해하기

입력과 출력 알아보기

사람이 사용하는 언어와 컴퓨터가 사용하는 언어는 다릅니다. 컴퓨터에 자료를 입력하고 처리한 결과를 올바르게 출력하기 위해서는 컴퓨터가 이해할 수 있는 형식으로 입력해야 합니다. 컴퓨터가 이해할 수 있는 정보로 바꾸어주는 역할을 하는 장치는 입력 장치로 키보드, 마우스, 카메라 등이 있습니다. 대부분 프로그램은 사용자로부터 입력받은 자료를 처리한 후 결과를 출력합니다. 자료를 입력할 때에는 키보드, 마우스 등의 **입력** 장치를 이용하고 처리한 결과를 사람이 인식할 수 있도록 출력할 때에는 모니터, 스피커, 프린터 등의 **출력** 장치를 이용합니다.

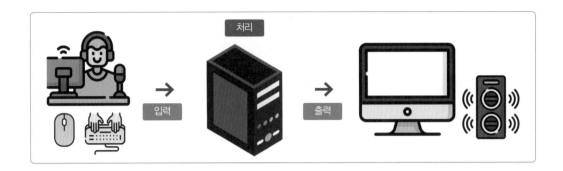

자, 그렇다면 엔트리에서는 자료가 어떻게 입력되고 출력될까요? 엔트리에서는 명령어 블록을 이용해서 입력과 출력을 처리합니다. 키보드로 자료를 입력할 때 사용하는 기본 입력 명령어 블록과 자료를 모니터로 출력할 때 사용하는 기본 출력 명령어 블록은 다음과 같습니다.

블록 꾸러미	블록	실행 기능
? 자료	안녕! 을(를) 묻고 대답 기다리기 ?	우선 사용자에게 질문을 하고 키보드를 통해 자료를 입력받습니다. 이 블록을 사용하여 입력받은 자료는 대답 블록에 저장됩니다.
생김새	안녕! 을(를) 말하기 ▼ 안녕! 을(를) 4 초 동안 말하기 ▼	자료를 모니터로 출력합니다.

'출력하기' 간단하게 실습해보기

기본적인 입력과 출력 명령어를 확인했습니다. 그렇다면 화면에는 어떻게 출력이 될까요? 엔트리봇과 블록을 이용하여 화면에 '안녕하세요!'라는 텍스트를 출력하겠습니다. 간단한 실습에는 기본 오브젝트로 설정되어 있는 엔트리봇을 사용하겠습니다.

01 엔트리봇이 '안녕하세요!'라는 텍스트를 실행 화면에 출력하기 위한 블록을 조립합니다.

❶ [시작] 블록 꾸러미 [▶ 시작하기 버튼을 클릭했을 때] 블록과 **❷** [생김새] 블록 꾸러미 [안녕! 을(를) 말하기 ▼] 블록을 가져와 조립합니다. '안녕'을 '안녕하세요!'로 수정합니다.

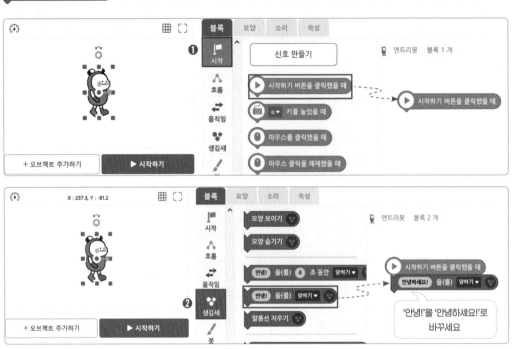

02 왼쪽 실행 화면 하단의 [▶ 시작하기]를 클릭하면 조립한 블록이 실행되어 '안녕하세요!'를 화면에 출력합니다.

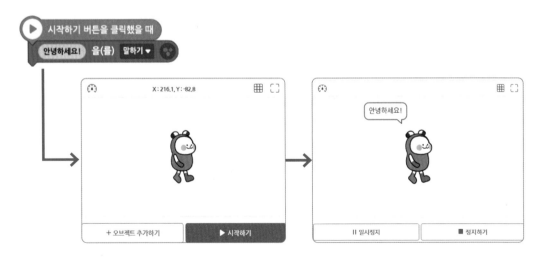

03 이번에는 소리도 출력해봅시다. 엔트리 작품을 재생할 때 스피커를 이용하면 소리도 출력할 수 있습니다. 만약 오브젝트에서 기본적으로 제공하는 소리가 아닌 새로운 소리를 이용하려면 ❶ [소리] 탭으로 이동하여 ❷ 소리 파일을 가져와야 합니다.

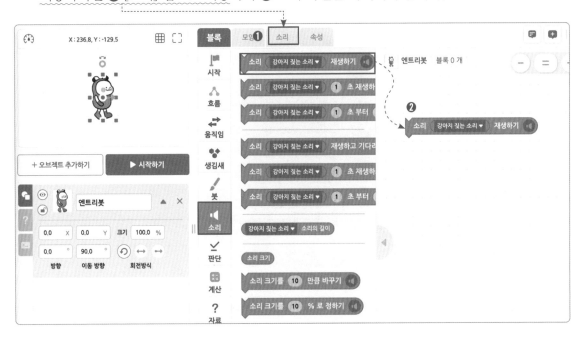

블록 꾸러미	블록	실행 기능
소리	소리 강아지 짖는 소리 ▼ 재생하기	스피커로 소리를 재생합니다. 소리 재생이 시작되면 바로 다음 블록을 실행합니다.
소리	소리 강아지 짖는 소리 ▼ 재생하고 기다리기	스피커로 소리를 재생합니다. 소리 재생이 모두 끝난 후에 다음 블록을 실행합니다.

04 그럼 이제 오브젝트를 클릭했을 때 소리를 재생하도록 만들겠습니다. 다음과 같이

[오브젝트를 클릭했을 때] 블록에 [소리 강아지 짖는 소리▼ 재생하기] 블록을 연결한 후 해당 오브젝트

(여기서는 엔트리봇)를 클릭하면 '강아지 짖는 소리'를 재생합니다.

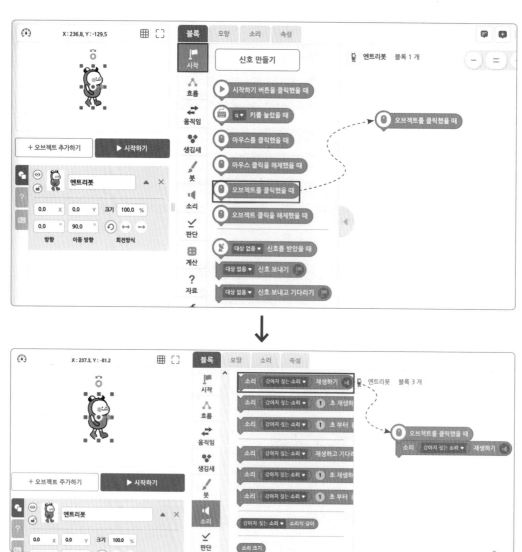

05 왼쪽 실행 화면 하단의 ❶ ▶시작하기 를 클릭하고 ❷ '엔트리봇' 오브젝트를 클릭하면
조립한 블록이 실행되어 '강아지 짖는 소리'가 재생될 겁니다.

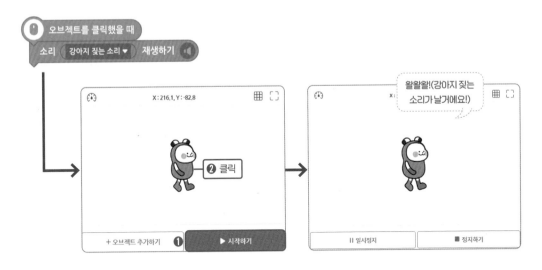

'입력하기' 간단하게 실습해보기

출력이 어떻게 되는지 확인했으니 사용자의 대답을 입력받아 출력까지 하는 작품을 만들
어볼까요? 실행 화면은 사용자로부터 입력받은 '엔트리봇'을 출력하는 예입니다. 다음 그
림을 통해 이름을 묻고 답하는 과정이 어떻게 이루어지는지 확인해봅시다.

01 ▶시작하기 버튼을 클릭하면 '엔트리봇' 오브젝트가 '이름은?'이라는 질문을 하고 이에 대해 사용자는 이름을 입력합니다.

02 입력받은 이름은 ?자료 블록 꾸러미의 대답 에 저장되며 이 대답 에 저장된 이름인 '엔트리봇'을 출력합니다.

이와 같이 마우스로 오브젝트를 클릭하거나 키보드의 특정 키를 누르거나 마우스를 클릭하는 동작을 했을 때 입력 행위를 할 수 있는 다음과 같은 명령어 블록이 있습니다.

블록 꾸러미	블록	실행 기능
시작	오브젝트를 클릭했을 때	오브젝트를 클릭하면 아래에 연결된 명령어 블록들이 실행됩니다.
시작	q▼ 키를 눌렀을 때	설정한 키를 누르면 아래에 연결된 명령어 블록들이 실행됩니다.
시작	마우스를 클릭했을 때	마우스를 클릭하면 아래에 연결된 블록들이 실행됩니다.

💡 '실습해보기'에서 소개하는 블록 꾸러미의 블록들만 있는 것이 아닙니다. 각 블록 꾸러미를 보면 다양한 기능의 블록이 많이 있습니다. 여기서는 주로 사용하는 블록 위주로 기능을 설명한 것이니 [작품 만들기] 화면에서 각 블록 꾸러미에 어떤 블록들이 있는지 한번 살펴보세요.

 **작품 만들기**

코딩 로드맵

새 작품 준비하기 → 오브젝트 추가하기 → 소리 추가하기 → 코딩하기 → 전체 코드 확인하기

새 작품 준비하기

홈페이지 상단에 [만들기] → [작품 만들기]를 클릭하여 만들기 페이지로 이동합니다.

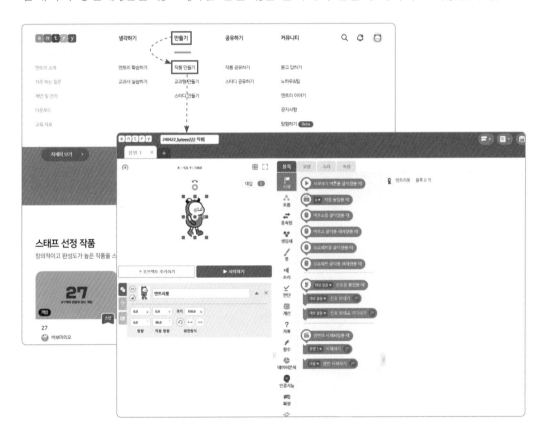

화면을 참고하여 새 작품의 정보를 입력하고 저장까지 하겠습니다.

❶ 새로운 작품을 만들 때는 기본으로 생성된 이름을 지우고 작품의 이름을 입력합니다. 이미 다른 작품을 만들고 있는 중이라면 ❷ 🖫 아이콘을 눌러 '저장하기'를 클릭하여 만들던 작품을 저장하세요. 현재 작품을 만들고 있는 화면에서 새로운 작품을 만들고 싶다면 ❸ 🗏 아이콘을 누른 후 [새로 만들기]를 선택합니다.

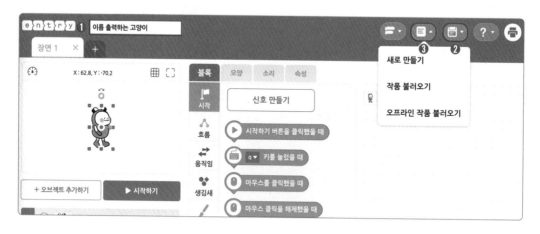

✖ 오브젝트 추가하기

01 화면 왼쪽의 오브젝트 목록에 있는 '엔트리봇' 오브젝트의 ✕ 를 클릭해 삭제한 다음 오브젝트를 추가하기 위해 [오브젝트 추가하기] 버튼을 클릭합니다.

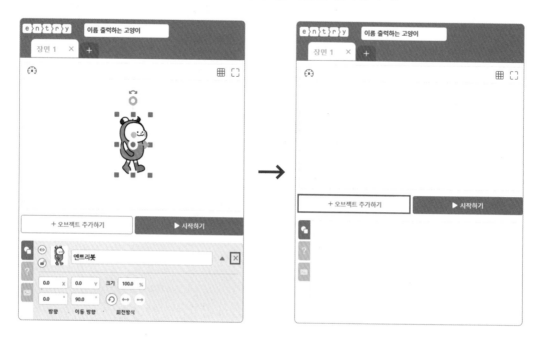

02 '오브젝트 추가하기' 화면이 열리고 다양한 엔트리봇이 모여 있는 화면이 나옵니다.

왼쪽 오브젝트 선택 메뉴에 있는 맨 아래의 ❶ [배경]을 클릭한 다음 ❷ [꽃밭(2)]를 선택하여 배경을 만듭니다. 다음으로 ❸ [동물] → ❹ [고양이]를 선택한 후 ❺ [추가하기] 버튼을 클릭합니다.

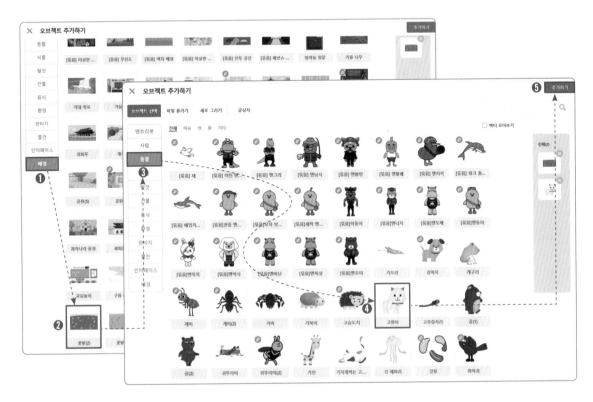

03 꽃밭 배경을 바탕으로 한 고양이가 있는 화면이 완성되었습니다. 마우스로 '고양이' 오브젝트를 선택하여 움직이면 원하는 위치에 끌어다 놓을 수 있습니다. 이렇게 오브젝트의 위치를 조정하여 화면을 구성할 수 있습니다.

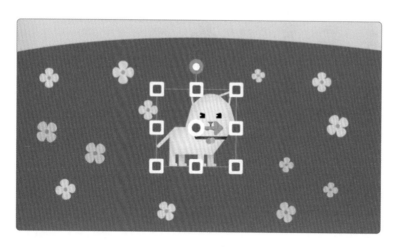

 코딩 실력 레벨업!

새로운 오브젝트를 만드는 방식은 4가지가 있습니다. '오브젝트 추가하기' 화면에서 왼쪽 상단 위를 보면 4개의 메뉴가 있는 것을 확인할 수 있습니다. 그림과 표를 통해 각각 어떤 기능을 하는지 알아봅시다.

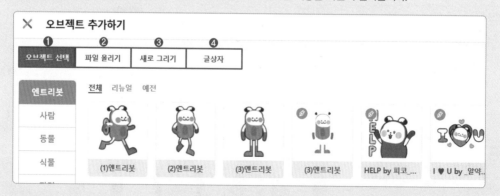

오브젝트 추가 메뉴	기능 설명
❶ 오브젝트 선택	엔트리에서 기본적으로 제공하는 오브젝트를 가져옵니다.
❷ 파일 올리기	임의의 이미지 파일을 가져와 오브젝트로 사용합니다.
❸ 새로 그리기	그림판을 이용해서 사용자가 직접 오브젝트를 만듭니다.
❹ 글상자	사용자가 원하는 내용의 글상자를 만들어 오브젝트로 사용합니다.

▷ 소리 추가하기

오브젝트와 배경까지 넣었으니 이제 소리를 추가해보겠습니다.

01 '고양이' 오브젝트를 선택하고 [소리] 탭에서 [소리 추가하기] 버튼을 클릭합니다.

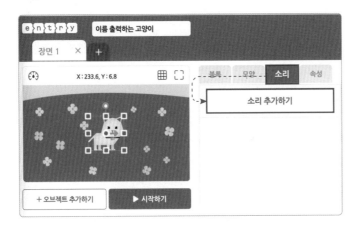

02 왼쪽 소리 선택 메뉴에서 ❶ [자연] → ❷ [고양이 울음소리]를 선택한 후 ❸ [추가하기] 버튼을 클릭하여 소리를 추가합니다.

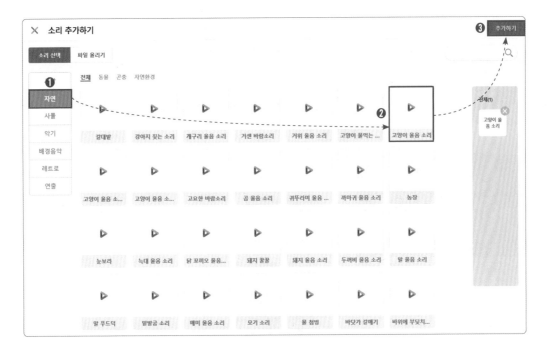

03 [소리] 탭에 '고양이 울음소리'가 추가된 것을 확인할 수 있습니다.

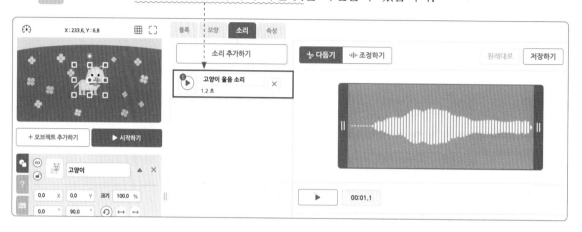

🧩 코딩하기

우리가 만들고자 하는 오브젝트의 입력과 출력 그리고 소리가 잘 재생되도록 코드 블록을
이용하여 코딩해봅시다. 실행 화면 아래의 ▶시작하기 버튼을 클릭하면 오브젝트인 고양
이가 울음소리를 내며 묻고 답하는 작품을 만들겠습니다.

01 ❶ [블록] 탭을 누른 상태에서 ❷ 🐱 **'고양이'** 오브젝트를 선택합니다. '고양이' 오브
젝트를 선택하면 블록 조립소가 선택한 오브젝트로 바뀝니다. ❸ 🚩 블록 꾸러미의
❹ ▶시작하기 버튼을 클릭했을 때 를 드래그하여 블록 조립소로 가져옵니다.

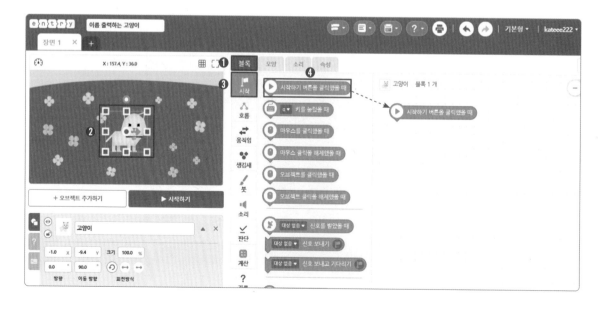

02 ❶ ? 자료 블록 꾸러미의 안녕! 을(를) 묻고 대답 기다리기 ? 를 드래그하여 연결한 후, ❷ '안녕'을 '고양이 이름을 정해주세요.'로 수정합니다.

💡 블록을 연결할 때 '딸깍' 소리가 납니다. 블록이 제대로 연결되어야 연결된 블록이 실행됩니다.

이렇게 블록을 연결한 다음 ❶ ▶ 시작하기 를 클릭하면 '고양이 이름을 정해주세요.'라는 질문이 나오며 이에 대한 사용자 대답을 **입력**받아 대답 블록에 저장합니다.

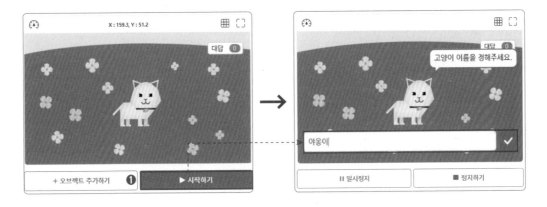

03  블록 꾸러미의 `오브젝트를 클릭했을 때` 를 드래그하여 블록 조립소로 가져옵니다.

04 '고양이' 오브젝트를 클릭했을 때 고양이 울음소리가 날 수 있도록 ◀ 블록 꾸러미의 `소리 고양이 울음 소리 ▼ 재생하기` 를 드래그하여 `오브젝트를 클릭했을 때` 블록에 연결합니다.

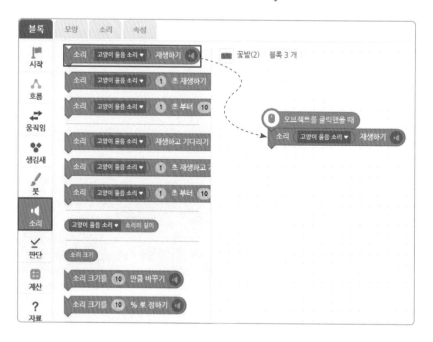

05 **01**과 **02**에서 입력받은 사용자 대답을 **출력**할 수 있도록 생김새 블록 꾸러미의

안녕! 을(를) 4 초 동안 말하기 를 드래그하여 연결합니다.

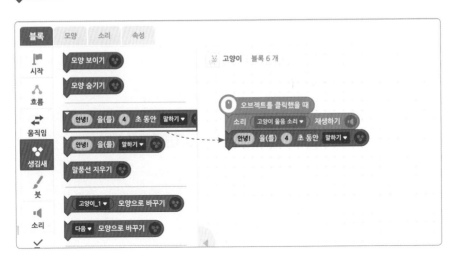

06 그리고 오브젝트를 클릭했을 때 "내 이름은 OOO야"라고 문장형으로 대답할 수 있

도록 블록을 조립하겠습니다. 계산 블록 꾸러미의 안녕! 과(와) 엔트리 을(를) 합친 값 을 드래그

하여 안녕! 을(를) 4 초 동안 말하기 블록의 ❶ '안녕!' 자리에 끼워넣습니다. 블록을 합친 결

과는 다음과 같습니다.

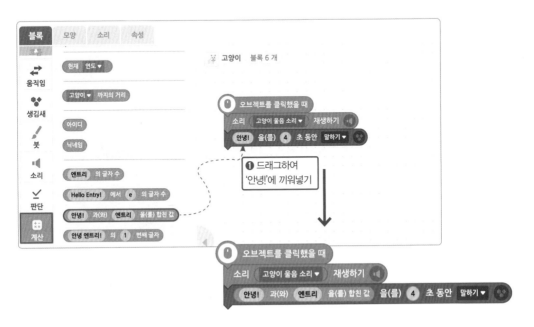

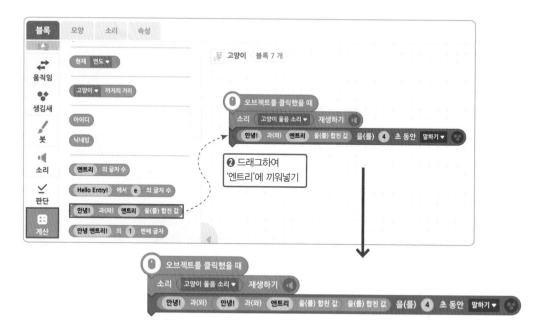 블록 꾸러미의 `안녕! 과(와) 엔트리 을(를) 합친 값` 을 한 번 더 드래그하여 ❷ '엔트리' 위치에 끼워넣습니다. 블록을 합친 결과는 다음과 같습니다.

07 첫 번째 ❶ '안녕!'을 '내 이름은 '으로 수정하고, 두 번째 ❷ '안녕!'에는 `?` 블록 꾸러미의 `대답` 을 드래그하여 끼워넣습니다. ❸ '엔트리'를 '야'로 수정하고 ❹ '4'를 '3'으로 수정합니다. 블록을 조립하고 수정을 마쳤으니 이제 '고양이' 오브젝트를 클릭하면 고양이 울음소리를 재생하며 이름을 출력할 수 있습니다.

 블록에서 고양이가 대답을 할 때 '내 이름은 '과 `대답` 블록에 저장된 값, 그리고 '야'를 한 문장으로 말해야 합니다. 이때 `안녕! 과(와) 엔트리 을(를) 합친 값` 블록을 사용해야 합니다. `안녕! 과(와) 엔트리 을(를) 합친 값` 블록은 주로 변수에 저장된 값과 문자열을 합쳐서 하나의 문자열로 만들 때 사용합니다. 여기서

안녕! 과(와) 엔트리 을(를) 합친 값 블록은 두 개의 값만 합칠 수 있으므로 세 개의 값을 합치려면
안녕! 과(와) 엔트리 을(를) 합친 값 블록 2개를 결합해야 합니다.

✔ 전체 코드 확인하기

오브젝트	코드 블록
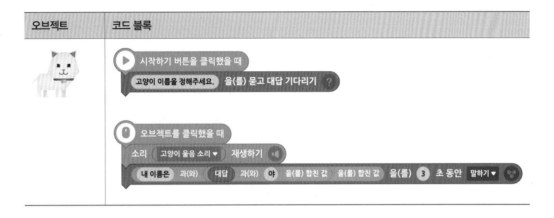	시작하기 버튼을 클릭했을 때 고양이 이름을 정해주세요. 을(를) 묻고 대답 기다리기 ? 오브젝트를 클릭했을 때 소리 고양이 울음 소리 ▼ 재생하기 내 이름은 과(와) 대답 과(와) 야 을(를) 합친 값 을(를) 합친 값 을(를) 3 초 동안 말하기 ▼

작품 저장하기

이제 작품 만들기를 통해 완성한 작품을 저장하겠습니다.

01 우선 작품을 저장하기 전에 제목을
확인합니다. 새 작품을 준비할 때 작품
제목을 입력했을 수도 있지만 변경 사항
이 있다면 저장하기 전에 확인하여 수정
할 수 있습니다. 여기서는 '이름 출력하는
고양이'로 변경합니다.

02 상단 메뉴의  버튼을 클릭한 다음 [저장하기]를 선택합니다.

03 작품 저장이 잘 되었는지 확인하겠습니다. 오른쪽 상단에 사용자 이름을 클릭한 후 [마이 페이지]를 선택하면 저장된 작품을 확인할 수 있습니다.

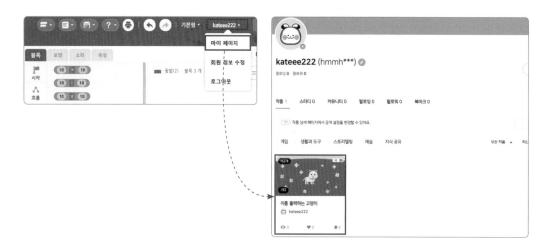

작품 공유하기

작품을 저장하면 기본적인 설정이 자신만 볼 수 있도록 **비공개**로 되어 있습니다. 완성된 작품을 다른 사람도 볼 수 있도록 공유하는 방법을 알아보겠습니다. 우선 엔트리 홈페이지로 접속합니다.

- **엔트리 홈페이지** : https://playentry.org

01 엔트리 메인 화면에서 오른쪽 상단 프로필 이미지 🐹를 눌러 [마이 페이지]로 이동합니다. [마이 페이지]는 ❶ **메인 페이지** 또는 ❷ **작품 만들기 페이지**에서도 이동할 수 있어요.

❶ 메인 페이지 → 마이 페이지 이동

❷ 작품 만들기 → 마이 페이지 이동

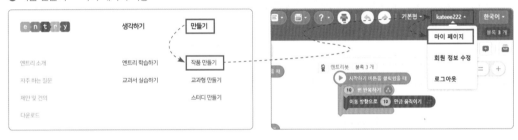

02 [마이 페이지]에서 공유할 작품을 선택합니다.

03 선택한 작품의 페이지로 이동하며, 작품 이름 오른쪽에 위치한 :을 클릭한 다음 [공개로 변경]을 선택합니다. 로봇이 아님을 확인하는 팝업창에서 인증을 진행한 후 엔트리 저작권 정책에 동의하면 작품을 공유할 수 있습니다.

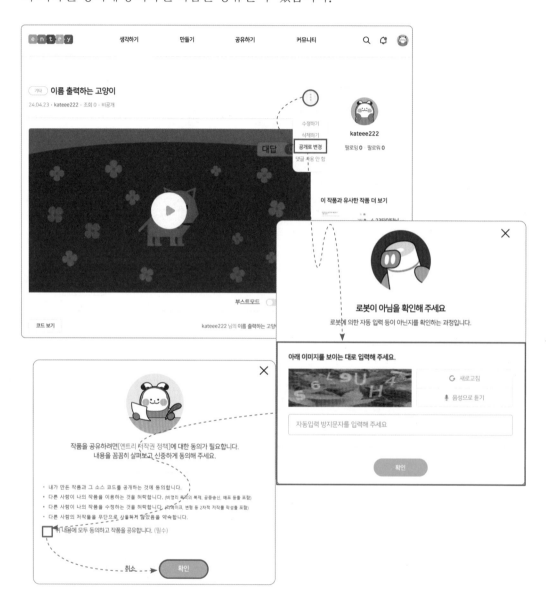

04 작품 페이지의 작품 소개 오른쪽에 있는 [외부로 공유] 버튼을 클릭하면 작품의 URL(주소)을 확인할 수 있습니다. URL을 복사하여 공유하는 방법뿐만 아니라 다양한 SNS를 통해 작품을 공유할 수 있습니다.

도전해보기

지금까지 배운 내용을 바탕으로 묻고 답하는 입력과 출력 기능을 가진 작품을 만들어봅시다. 우선 사용자로부터 이름을 입력받은 다음 "[사용자에게 입력받은 이름]님 장래 희망은 무엇입니까?"를 묻고 사용자가 대답한 장래 희망을 말하는 작품을 완성해보세요.

> ⓞ 어떤 질문을 하든 상관없습니다. 핵심은 입력과 출력 기능이 정상적으로 동작하는 작품을 만드는 것입니다. 여기서는 사용자의 이름과 장래희망을 묻는 질문과 그에 대한 답을 하는 입·출력 동작을 하는 작품을 만듭니다.

🔍 실행 화면 살펴보기

다음 실행 화면을 보고 구성할 오브젝트와 위치를 확인하고 화면을 구성하세요.

✗ 오브젝트 추가하기

[오브젝트 추가하기]를 클릭하여 '어린이(2)'와 '초등학교' 오브젝트를 선택하고 [추가하기] 버튼을 누릅니다.

🚩 코딩 정복하기

오브젝트	코드 블록
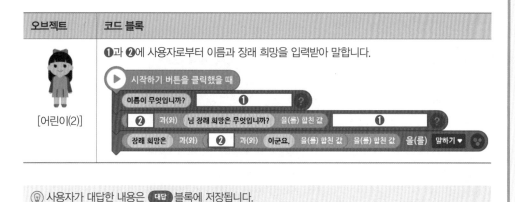 [어린이(2)]	❶과 ❷에 사용자로부터 이름과 장래 희망을 입력받아 말합니다.

💡 사용자가 대답한 내용은 대답 블록에 저장됩니다.

QR을 스캔하여
정답을 확인하세요.

LESSON 02

키보드 방향키로 부엉이 움직이기

학습 목표
• 반복 구조의 개념을 설명할 수 있습니다.
• 키보드 방향키 조작으로 오브젝트가 움직이는 작품을 만들 수 있습니다.

LESSON 01에서는 기본적인 입력과 출력 기능을 넣은 작품을 만들어봤습니다. 이번엔 키보드 방향키로 오브젝트인 부엉이에게 활동성을 부여하여 움직이게 함과 동시에 부엉이 울음소리가 반복적으로 재생될 수 있도록 작품을 만들어 보겠습니다.

QR을 스캔하면
유튜브 동영상을 볼 수
있어요!

▶https://youtu.be/PM1ONLU7OAQ?si=0FQDcbolu8Pvx8to

작품 실행하기

01 다음 주소 또는 QR로 접속하면 '키보드 방향키로 부엉이 움직이기' 작품이 나옵니다. 다음 화면의 작품 실행 버튼인 ▶을 클릭하여 작품을 실행해보세요.

• https://naver.me/GjZEFMyQ

QR을 스캔하면 '키보드
방향키로 부엉이 움직이기'
작품이 나와요!

02 작품을 실행하면 부엉이 울음소리가 반복적으로 재생됩니다. 키보드 방향키를 상하좌우로 누르면 부엉이가 해당 방향으로 이동합니다.

 ## 챗GPT ⊗ 질문하기

👧 챗GPT에게 질문하기

프로그래밍에서 반복 구조란 무엇인가요? 10대가 이해할 수 있는 수준으로 되도록 간단하게 답변해주세요.

🌀 챗GPT의 답변 확인하기

반복 구조는 프로그래밍에서 같은 작업을 여러 번 자동으로 실행하게 하는 방법이에요. 예를 들어, 친구들에게 다섯 번 "안녕!"이라고 인사하고 싶을 때, 일일이 다섯 번 쓰지 않고 반복 구조를 사용해서 한 번만 써도 다섯 번 실행되게 할 수 있어요. 여기 두 가지 주된 반복 구조가 있어요:

　1. for **루프** : 정해진 횟수만큼 반복할 때 사용해요.
　2. while **루프** : 조건이 참일 때 계속 반복할 때 사용해요.

반복 구조를 사용하면 프로그램을 더 효율적으로 만들 수 있어요. 예를 들어, 숫자를 1부터 100까지 세거나 리스트에 있는 모든 항목을 하나씩 처리할 때 유용해요.

반복 구조와 반복 구조 블록 알아보기

'키보드 방향키로 부엉이 움직이기'에서 경험했던 것처럼 명령어 블록 조립을 통해 동작 또는 소리 등을 반복적으로 실행하도록 만들 수 있습니다. 이렇게 특정 부분을 반복하여 실행하는 구조를 **반복 구조**라 하는데 다음 표를 통해 반복 구조 관련 명령어 블록과 그에 대한 설명을 살펴봅시다.

블록 꾸러미	블록	실행 기능
흐름	계속 반복하기	블록 안에 위치한 명령어 블록들을 계속해서 반복 실행합니다.
흐름	10 번 반복하기	블록 안에 위치한 명령어 블록들을 설정한 횟수만큼 반복해서 실행합니다.
흐름	참 이 될 때까지 ▼ 반복하기	블록 안에 위치한 명령어 블록들의 조건이 참이 될 때까지 반복해서 실행합니다.
흐름	참 인 동안 ▼ 반복하기	블록 안에 위치한 명령어 블록들의 조건이 참인 동안 반복해서 실행합니다.

💡 앞으로 계속해서 나올 [소리]와 [속성] 탭의 변수, 신호, 함수, 리스트는 모두 해당 탭에서 추가해줘야 관련 코드 블록이 생성됩니다. 생성을 안 했을 때는 블록 꾸러미에는 기본 코드 블록만 보이니 실행 전 필요한 속성을 추가했는지 확인하세요!

반복 구조 간단하게 실습해보기

반복 구조란 무엇이고 엔트리에서 제공하는 반복 구조 블록과 그 특징을 살펴봤습니다. 반복 구조 블록을 사용하면 오브젝트가 어떻게 실행되는지 간단한 실습을 통해 알아봅시다.

01 엔트리봇이 '안녕!' 말하기와 1초 기다리기를 10번 반복해서 실행할 수 있도록 반복 구조 블록을 사용하여 조립합니다. 시작 블록 꾸러미에서 ▶ 시작하기 버튼을 클릭했을 때 블록과 흐름

블록 꾸러미에서 ⬡10 번 반복하기⬡ 블록과 ⬡1 초 기다리기⬡ 블록을 가져오고 생김새 블록 꾸러미에서 ⬡안녕! 을(를) 4 초 동안 말하기▼⬡ 블록을 가져와 조립합니다.

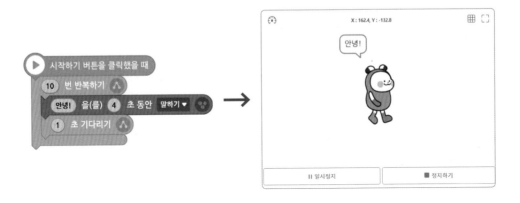

▶ 시작하기 버튼을 클릭하면 '안녕'을 4초 동안 말하고 1초 기다리는 동작을 10번 반복하는 것을 확인할 수 있습니다.

02 움직임이 없는 정적인 오브젝트에서 텍스트를 반복하여 출력하는 예를 살펴봤습니다. 그렇다면 오브젝트가 움직이는 것처럼 보이도록 동작을 반복하려면 어떻게 할까요? 0.3초 간격으로 오브젝트 모양을 변경하는 동작을 계속해서 반복하도록 블록을 조립하겠습니다.

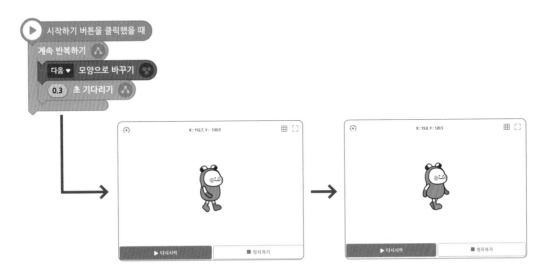

▶ 시작하기 버튼을 클릭하면 엔트리봇의 팔과 다리가 앞뒤로 움직이는 동작을 반복하는데 마치 제자리에서 걷는 것처럼 보일 것입니다.

작품 만들기

LESSON 02의 작품 만들기부터는 과정의 중복되는 도입 부분은 생략하고 바로 작품 만들기로 넘어가겠습니다. 만약 작품 만들기까지의 과정이 헷갈린다면 LESSON 01을 참고하세요. 작품 만들기의 '새 작품 준비하기' 방법은 LESSON 01에서 다뤘으므로 생략하겠습니다.

⛓ 코딩 로드맵

✕ 오브젝트 추가하기

01 메인 화면의 [만들기] → [작품 만들기]를 눌러 새 작품 화면을 만들고 작품 이름을 입력합니다. 만약 기존에 만들던 작품이 있어서 [작품 복구] 팝업 창이 열리게 된 경우 [아니요]를 클릭하면 [새 작품 만들기]를, [예]를 클릭하면 기존에 만들던 작품 불러오기가 가능합니다.

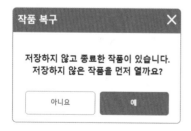

화면 왼쪽 오브젝트 목록에 있는 '엔트리봇' 오브젝트를 ✕ 를 클릭해 삭제합니다.

02 오브젝트를 추가하기 위해 [오브젝트 추가하기] 버튼을 클릭합니다. '오브젝트 추가하기' 화면에서 ❶ [배경] → ❷ [별이 빛나는 숲]을 클릭한 다음 ❸ [동물] → ❹ [부엉이]를 선택한 후 ❺ [추가하기] 버튼을 클릭합니다.

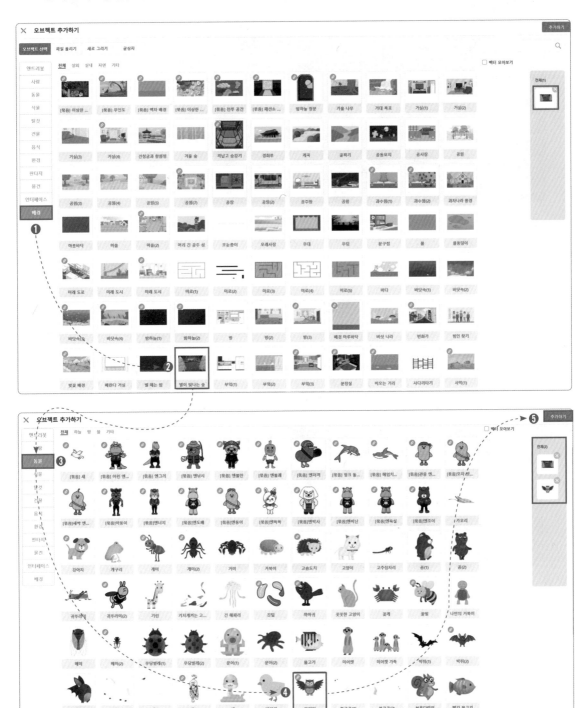

03 별이 빛나는 숲을 배경으로 부엉이가 있는 화면이 완성되었습니다. 마우스로 오브젝트인 부엉이의 위치를 조정하여 화면을 구성할 수 있습니다.

▶ 소리 추가하기

01 부엉이 오브젝트와 배경을 넣어줬으니 어울릴 만한 소리를 추가하겠습니다. '부엉이' 오브젝트를 클릭한 후 [소리] 탭에서 [소리 추가하기] 버튼을 클릭합니다.

02 왼쪽 소리 선택 메뉴에서 ❶ [자연] → ❷ [부엉이 울음소리]를 선택한 후 ❸ [추가하기] 버튼을 클릭하여 소리를 추가합니다.

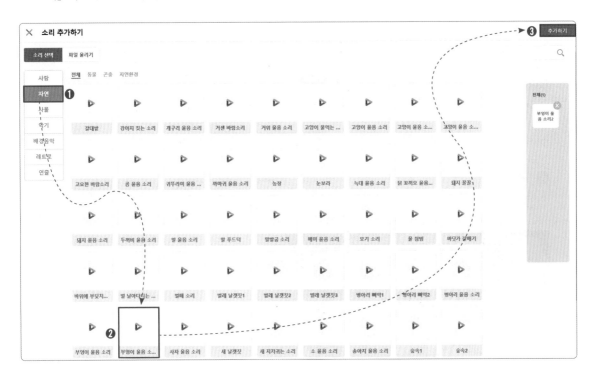

03 [소리] 탭에서 '부엉이 울음 소리'가 추가된 것을 확인할 수 있습니다.

🎨 코딩하기

오브젝트 준비가 완료되었다면 이제 코드 블록을 이용하여 작품이 잘 작동하도록 코딩해 봅시다.

01 ❶ [블록] 탭을 누른 상태에서 ❷ 🦉 **'부엉이'** 오브젝트를 선택합니다. '부엉이' 오브젝트를 선택한 후 블록 조립소에서 작성한 코드는 '부엉이' 오브젝트에 해당하는 코드가 됩니다. ❸ [시작] 블록 꾸러미의 ❹ ▶ 시작하기 버튼을 클릭했을 때 와 ❺ [흐름] 블록 꾸러미의 ❻ 계속 반복하기 를 드래그하여 블록 조립소로 가져와 연결합니다.

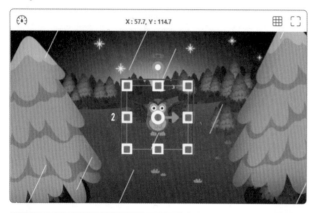

02 ❶ 🔊소리 블록 꾸러미의 ❷ [소리 부엉이 울음 소리 ▼ 재생하고 기다리기 🔊]와 ❸ ∧효름 블록 꾸러미의

❹ [2 초 기다리기 ∧]를 [계속 반복하기 ∧] 블록 안에 넣은 후 '2'를 '3'으로 수정합니다. 그러면 부

엉이 울음소리는 3초 간격으로 계속해서 반복 재생됩니다.

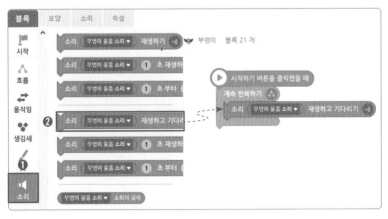

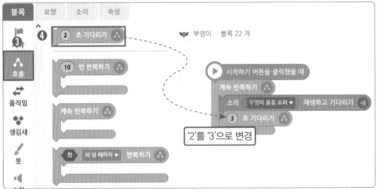

'2'를 '3'으로 변경

💡 [소리 대상 없음 ▼ 재생하기 🔊]는 소리 재생이 시작되면 바로 다음 블록을 실행합니다. 반면 [소리 대상 없음 ▼ 재생하고 기다리기 🔊]는 소리 재생이 모두 끝난 후에 다음 블록을 실행합니다.

03 🏁시작 블록 꾸러미의 [⌨ q ▼ 키를 눌렀을 때]를 블록 조립소로 가져온 다음 ▼를 클릭하여 나오는 메뉴에서 '오른쪽 화살표'를 선택합니다.

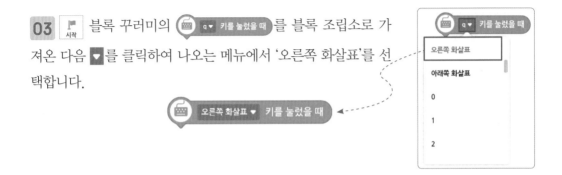

04 ❶ [움직임 🔁] 블록 꾸러미의 ❷ [이동 방향을 90° (으)로 정하기] 와 ❸ [이동 방향으로 10 만큼 움직이기] 를 가져와 [⌨ 오른쪽 화살표 ▼ 키를 눌렀을 때] 아래에 연결합니다.

[시작하기] 버튼을 클릭하고 오른쪽 화살표 키를 누르면 부엉이가 이동 방향을 오른쪽인 90도로 설정하고, 다음 블록에 의해 이동 방향인 오른쪽으로 10만큼 움직입니다.

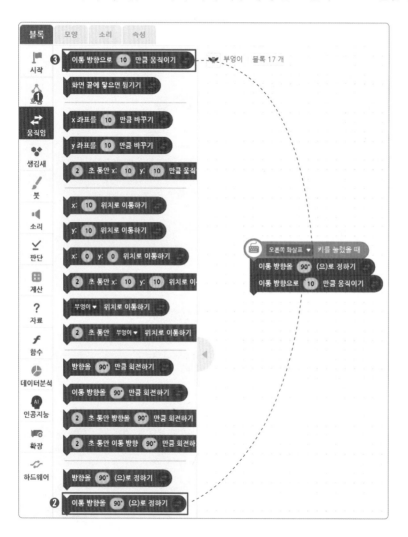

⓪ 각 블록 꾸러미에서 블록을 조립할 때 조립하고자 하는 블록과 비슷한 블록이 있을 수 있습니다. 예를 들어 [🎵] 블록 꾸러미의 [이동 방향을 90° (으)로 정하기] 와 [방향을 90° (으)로 정하기] 는 다릅니다. '이동 방향'이 있는 블록은 블록이 이동하는 방향만 90도로 변경되며, '방향'이 있는 블록은 오브젝트 자체가 회전하게 됩니다. 이렇게 비슷한 블록이 곳곳에 있으니, 블록 조립 시 유의하세요!

방향 설정을 알아보자!

▶ 방향 또는 이동 방향을 0, 90, 180, 270도 등으로 설정하는 경우, 0도는 위쪽 방향, 90도는 오른쪽 방향, 180도는 아래쪽 방향, 270도는 왼쪽 방향을 의미합니다.

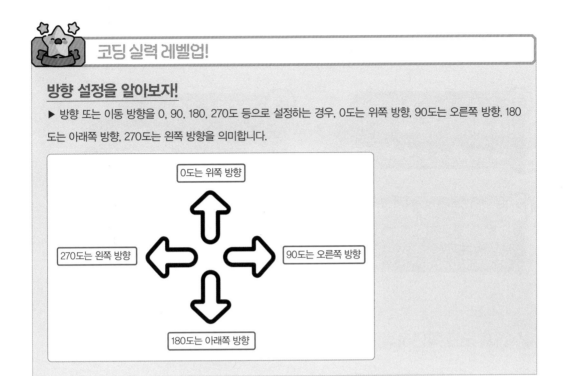

05 블록 조립소의 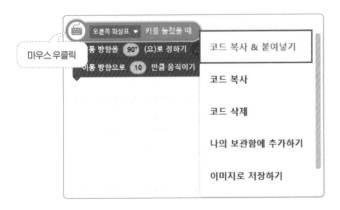 오른쪽 화살표 ▼ 키를 눌렀을 때 를 마우스 오른쪽 버튼으로 눌러 [코드 복사 & 붙여넣기]를 3번 반복합니다. 그러면 똑같은 코드 총 4개가 생성될 겁니다.

06 복사한 블록의 키보드 키, 이동 방향을 수정합니다. [시작하기] 버튼을 클릭한 후 왼쪽, 위쪽, 아래쪽 방향키를 눌렀을 때 해당 방향으로 부엉이가 움직일 것입니다.

✔ 전체 코드 확인하기

도전해보기

QR 코드를 스캔하면 도전해보기 작품을 볼 수 있어요!

https://naver.me/GQNhGITE

반복 구조의 개념을 이해하고 반복 구조 블록과 그 기능을 알아봤습니다. 이를 바탕으로 부엉이 울음소리를 반복해서 재생하고 키보드 방향키로 오브젝트를 움직이게 구현했습니다. 그럼, 지금까지 배운 내용을 바탕으로 다음 악보를 참고하여 피아노를 클릭하면 동요 〈학교종〉을 피아노로 연주하는 작품을 만들어보세요.

🔍 실행 화면 살펴보기

다음 실행 화면을 보고 구성할 오브젝트와 위치를 확인하고 화면을 구성하세요.

✘ 오브젝트 추가하기

[오브젝트 추가하기]를 클릭하여 '피아노'와 '초등학교'를 선택한 다음 [추가하기] 버튼을 누릅니다.

▷ 소리 추가하기

[소리] 탭에서 [소리 추가하기]를 클릭한 다음 추가할 소리를 선택한 다음 [추가하기] 버튼을 클릭합니다.

블록 꾸러미	소리 이름	실행 기능
🔊 소리	피아노 04_도	피아노 건반 도 소리
	피아노 05_레	피아노 건반 레 소리
	피아노 06_미	피아노 건반 미 소리
	피아노 07_파	피아노 건반 파 소리
	피아노 08_솔	피아노 건반 솔 소리
	피아노 09_라	피아노 건반 라 소리
	피아노 10_시	피아노 건반 시 소리
	피아노 11_높은도	피아노 건반 높은도 소리

📙 코딩 정복하기

오브젝트	코드 블록
 [피아노]	피아노 오브젝트를 클릭하면 '학교종'을 연주합니다.

오브젝트를 클릭했을 때

소리 (피아노 08_솔 ▼) (0.5) 초 재생하고 기다리기 🔊

소리 (피아노 08_솔 ▼) (0.5) 초 재생하고 기다리기 🔊

소리 (피아노 09_라 ▼) (0.5) 초 재생하고 기다리기 🔊

소리 (피아노 09_라 ▼) (0.5) 초 재생하고 기다리기 🔊

소리 (피아노 08_솔 ▼) (0.5) 초 재생하고 기다리기 🔊

소리 (피아노 08_솔 ▼) (0.5) 초 재생하고 기다리기 🔊

소리 (피아노 06_미 ▼) (1) 초 재생하고 기다리기 🔊

소리 (피아노 08_솔 ▼) (0.5) 초 재생하고 기다리기 🔊

소리 (피아노 08_솔 ▼) (0.5) 초 재생하고 기다리기 🔊

소리 (피아노 06_미 ▼) (0.5) 초 재생하고 기다리기 🔊

소리 (피아노 09_라 ▼) (0.5) 초 재생하고 기다리기 🔊

소리 (피아노 08_솔 ▼) (0.5) 초 재생하고 기다리기 🔊

소리 (피아노 08_솔 ▼) (0.5) 초 재생하고 기다리기 🔊

소리 (피아노 06_미 ▼) (1) 초 재생하고 기다리기 🔊

소리 (피아노 08_솔 ▼) (0.5) 초 재생하고 기다리기 🔊

소리 (피아노 06_미 ▼) (0.5) 초 재생하고 기다리기 🔊

소리 (피아노 05_레 ▼) (0.5) 초 재생하고 기다리기 🔊

소리 (피아노 06_미 ▼) (0.5) 초 재생하고 기다리기 🔊

소리 (피아노 04_도 ▼) (1.5) 초 재생하고 기다리기 🔊

(0.5) 초 기다리기 ▲

QR을 스캔하여
정답을 확인하세요.

도형의 넓이 구하기

학습 목표
- 신호의 개념을 설명할 수 있습니다.
- 원과 정사각형의 넓이를 구하는 작품을 만들 수 있습니다.

지금까지 기본적인 입·출력 기능과 반복 구조를 학습했습니다. LESSON 03에서는 원의 반지름을 입력받아 원의 넓이를 구하고, 정사각형 한 변의 길이를 입력받아 정사각형의 넓이를 구하는 작품을 만들어보겠습니다. 또한 이 계산 과정에 수행되는 오브젝트 간 명령을 주고받을 때 사용하는 신호의 개념을 이해합니다.

QR을 스캔하면 유튜브 동영상을 볼 수 있어요!

▶ https://youtu.be/yDGNIAtsjc4?si=YORMMxEIpThQ9SPc

 작품 실행하기

01 다음 주소 또는 QR로 접속하면 '도형의 넓이 구하기'가 나옵니다. 작품의 실행 버튼인 ▶을 클릭하여 작품을 실행해보세요.

- https://naver.me/xOI7BtI0

QR을 스캔하면 '도형의 넓이 구하기' 작품이 나와요!

02 ❶ 원을 클릭하면 ❷ '원의 반지름은?'이라는 질문이 나옵니다. 입력 칸에 ❸ 원의 반지름을 입력하면 ❹ 원의 넓이를 계산하여 알려줍니다.

03 이번에 ❶ 사각형을 클릭하면 ❷ '한 변의 길이는?'이라는 질문이 나옵니다. ❸ 입력 칸에 한 변의 길이를 입력하면 ❹ 정사각형의 넓이를 계산하여 알려줍니다.

챗GPT ⓧ 질문하기

🧒 챗GPT에게 질문하기

프로그래밍에서 신호란 무엇인가요? 10대가 이해할 수 있는 수준으로 되도록 간단하게 답변해주세요.

🤖 챗GPT의 답변 확인하기

프로그래밍에서 신호는 특정한 동작이나 이벤트를 알리기 위한 메시지예요. 예를 들어, 게임에서 캐릭터가 점프할 때 '점프' 신호를 보낼 수 있어요. 다른 부분의 코드가 이 신호를 받아서 캐릭터를 점프시키는 거죠. 신호는 프로그램의 여러 부분이 서로 소통하도록 도와주는 역할을 합니다. 쉽게 말해, 프로그램 내에서 "이제 이걸 해!"라고 알려주는 방법이에요.

개념 이해하기

'도형의 넓이 구하기' 작품을 보면 이전의 장과 다르게 오브젝트가 여러 개인 것을 알 수 있습니다. 이전 장에서는 하나의 오브젝트로 입·출력을 받거나 동작하는 작품을 만들었습니다. LESSON 03에서는 여러 오브젝트를 이용하며 이 오브젝트 간에 신호를 주고받으면서 동작하는 방법을 알아보겠습니다.

신호 알아보기

'도형의 넓이 구하기'에서 원과 사각형을 눌렀을 때 각각 일련의 작업이 수행되어 출력이 이루어졌습니다. 이때 신호를 사용했는데 **신호**는 오브젝트가 실행해야 하는 작업을 동시에 또는 일정 간격으로 수행하기 위해 필요한 동기화를 목적으로 주로 오브젝트 간에 명령을 주고받을 때 사용합니다. 한 오브젝트에서 신호를 보내고 다른 오브젝트가 해당 신호를 받으면 특정한 일을 수행하게 됩니다. 하나의 오브젝트에서도 신호를 보내고 받을 수 있습니다. 그렇다면 신호 블록은 각각 어떤 기능을 할까요? 다음 표를 통해 알아봅시다.

블록 꾸러미	블록	실행 기능
시작	대상 없음 ▼ 신호 보내기	설정한 신호를 보내고 아래에 연결된 블록들을 실행합니다.
시작	대상 없음 ▼ 신호 보내고 기다리기	설정한 신호를 보내고 해당 신호를 받으면 실행될 블록들이 모두 실행된 후에 아래에 연결된 블록들을 실행합니다.
시작	대상 없음 ▼ 신호를 받았을 때	설정한 신호를 받으면 아래에 연결된 블록들을 실행합니다.

신호 간단하게 실습해보기

신호란 무엇인지 개념과 관련 블록을 알아봤습니다. 그렇다면 엔트리에서 신호를 이용하려면 어떻게 해야 할까요? 신호 블록을 사용하여 오브젝트가 어떻게 신호를 주고받아 실행되는지 간단한 실습을 통해 알아봅시다.

01 신호를 이용하려면 우선 사용할 신호를 만들어야 합니다. ❶ [속성] 탭에서 ❷ [신호]를 선택한 후, ❸ [신호 추가하기]를 클릭하여 ❹ 추가할 신호 이름인 '울음소리 들려줘'를 입력하고 ❺ [신호 추가]를 클릭하면 새로운 신호를 만들 수 있습니다.

02 오브젝트 추가에서 기본적으로 설정되어 있는 '엔트리봇'과 함께 명령을 주고받을 오브젝트로 '고양이'를 추가합니다.

03 이제 '엔트리봇'과 '고양이'가 신호를 주고받게끔 블록을 조립하겠습니다. '엔트리봇'과 '고양이' 오브젝트 각각에 대한 코드를 조립합니다.

오브젝트	[엔트리봇]	[고양이]
코드 블록	시작하기 버튼을 클릭했을 때 반가워! 을(를) 5 초 동안 말하기▼ 울음소리 들려줘▼ 신호 보내고 기다리기 고마워! 을(를) 말하기▼	울음소리 들려줘▼ 신호를 받았을 때 소리 고양이 울음 소리▼ 재생하고 기다리기

먼저 ▶시작하기 버튼을 클릭하면 엔트리봇이 '반가워!'를 5초 동안 말합니다.

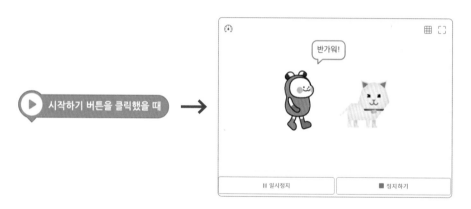

이후 '울음소리 들려줘' 신호를 보내고 기다립니다. 엔트리봇이 보낸 '울음소리 들려줘' 신호를 받은 고양이는 울음소리를 재생합니다. 울음소리 재생이 종료되면 엔트리봇이 '고마워!'를 말합니다.

 **작품 만들기**

코딩 로드맵

✖ 오브젝트 추가하기

01 메인 화면의 [만들기] → [작품 만들기] 또는 ☰▾의 [새로 만들기]를 누른 다음 작품의 이름을 입력합니다. 이어서 화면 왼쪽 오브젝트 목록에 있는 '엔트리봇' 오브젝트를 ✖를 클릭해 삭제합니다.

02 [오브젝트 추가하기]를 클릭하여 [사람] → [선생님(2)], [인터페이스] → [원], [인터페이스] → [사각형], [배경] → [교실(2)] 오브젝트를 추가합니다.

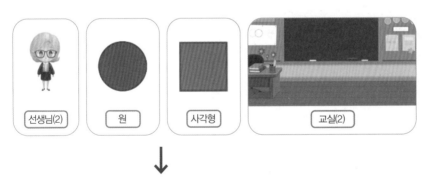

선생님(2)   원   사각형   교실(2)

↓

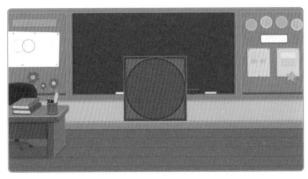

💡 '오브젝트 추가하기'의 상세한 과정은 앞의 LESSON 01, 02에서 상세하게 다뤘습니다. 쉽게 따라할 수 있는 부분이니, 헷갈린다면 앞의 본문을 참고하여 따라하세요.

✏ 오브젝트 수정하기

여러 개의 오브젝트를 추가한다면 기본적으로 생성되는 화면에 오브젝트들이 겹쳐 있을 수 있습니다. 크기 또한 기본적으로 생성되기 때문에 각각 원하는 크기에 맞춰 수정하는 작업이 필요할 수 있습니다.

01 작품을 시작했을 때 먼저 실행되는 '선생님(2)' 오브젝트를 수정하겠습니다. 오브젝트 목록에서 '선생님(2)' 오브젝트의 크기를 150%로 변경합니다. 그러면 '선생님(2)' 오브젝트의 크기가 커진 것을 확인할 수 있습니다.

02 다음으로 '선생님(2)', '원', '사각형' 각각의 오브젝트 위치를 조정하여 겹치지 않도록 화면을 구성합니다.

코딩 실력 레벨업!

오브젝트 순서를 바꾸려면?

오브젝트 목록에 있는 순서대로 위에 있는 오브젝트가 아래에 있는 오브젝트보다 실행 화면에서 앞쪽에 위치합니다. 이는 오브젝트를 추가할 때와도 관련이 있는데 오브젝트 추가하기 화면에서 가장 마지막에 선택한 오브젝트가 오브젝트 목록에서 맨 위로 올라와 앞에 위치합니다. 다음 표의 실행 화면에서 '사각형'보다는 '원'이, '원'보다는 '선생님'이 앞에 위치합니다.

오브젝트 목록	실행 화면
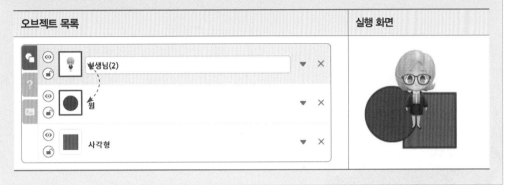	

💡 만약 오브젝트의 앞뒤 위치를 변경하려면 오브젝트 목록에서 오브젝트를 드래그하여 위아래 순서를 변경하면 됩니다.

📡 신호 추가하기

[속성] 탭에서 '신호'를 선택한 후, [신호 추가하기]를 클릭하여 '원넓이구하기' 신호와 '정사각형넓이구하기' 신호를 추가합니다.

신호	기능	신호 추가 화면
원넓이구하기	신호를 받으면 원 넓이를 구함	블록 · 모양 · 소리 · **속성** 전체 ? 변수 ✂ 신호 📋 리스트 ✏ 함수 신호 추가하기 ✂ 정사각형넓이구하기 ▼ ✕ ✂ 원넓이구하기 ▼ ✕
정사각형넓이구하기	신호를 받으면 정사각형 넓이를 구함	

💡 '신호 추가하기'를 입력할 때 신호 이름이 10자를 넘으면 신호 추가가 안 됩니다. 이런 이유로 이 책에서는 맞춤법에 관계없이 신호 이름을 붙여썼으니 띄어쓰기는 감안하고 기능 추가에 집중해주세요.

🎨 코딩하기

신호란 무엇인지 개념을 이해하고 간단한 실습을 통해 신호를 어떻게 사용하는지 알아봤습니다. 이제 추가한 신호를 이용하여 오브젝트 간에 신호를 주고받으며 작업을 실행할 수 있도록 코드 블록을 이용하여 코딩해봅시다.

01 먼저 '원' 오브젝트의 코드 블록을 조립합니다. ● '**원**' 오브젝트를 선택한 다음 [시작] 블록 꾸러미의 (오브젝트를 클릭했을 때) 와 [원넓이구하기▼ 신호 보내기] 를 블록 조립소로 가져와 연결합니다. 만약 '신호 보내기' 블록을 가져왔을 때 '정사각형넓이구하기'로 설정되어 있으면 [▼]를 클릭해 '원넓이구하기'를 선택합니다. 코드를 완성하고 작품을 실행한 후 '원' 오브젝트를 클릭하면 '원넓이구하기' 신호가 전송됩니다.

02 다음으로 ■ '**사각형**' 오브젝트를 선택하여 코드 블록을 조립합니다. [시작] 블록 꾸러미의 (오브젝트를 클릭했을 때) 와 [정사각형넓이구하기▼ 신호 보내기] 를 블록 조립소로 가져와 연결합니다. 코드를 완성하고 추후 작품을 실행한 후 '사각형' 오브젝트를 클릭하면 '정사각형넓이구하기' 신호가 전송됩니다.

03 👧 '**선생님(2)**' 오브젝트를 선택합니다. [시작] 블록 꾸러미의 (▶ 시작하기 버튼을 클릭했을 때) 와 [?] [자료] 블록 꾸러미의 [대답 숨기기▼] 를 블록 조립소로 가져와 연결합니다. 그러면 '대답'이 실행 화면에 보이지 않게 됩니다.

04 '선생님(2)' 오브젝트에서  블록 꾸러미의 원넓이구하기 ▼ 신호를 받았을 때 와 ? 블록 꾸러미의 원의 반지름은? 을(를) 묻고 대답 기다리기 ? 를 블록 조립소로 가져와 연결합니다. '원넓이구하기' 신호를 받으면 '선생님(2)' 오브젝트는 사용자에게 '원의 반지름은?'이라고 질문을 하고 사용자가 대답한 원의 반지름을 대답 에 저장합니다.

원넓이구하기 ▼ 신호를 받았을 때
원의 반지름은? 을(를) 묻고 대답 기다리기 ?

05 이제 대답 블록에 저장된 원의 반지름을 이용해서 계산한 원의 넓이를 말합니다. '원넓이구하기' 신호를 받으면 원의 반지름을 묻고 이에 대해 사용자가 대답한 원의 반지름을 이용해서 원의 넓이를 구해 말합니다.

예를 들어 원의 반지름이 '10'이라면 원의 넓이는 무엇일까요? 사용자로부터 입력받은 원의 반지름이 '10'이라고 가정해봅니다. '원넓이구하기' 신호를 받았을 때 사용자로부터 입력받은 원의 반지름인 10은 대답 에 저장됩니다. 이후 반지름이 10인 원의 넓이는 $10 \times 10 \times 3.14$로 계산되어 314를 말합니다.

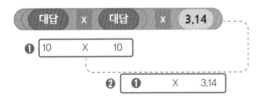

06 정사각형 넓이 구하기도 마찬가지입니다. '정사각형넓이구하기' 신호를 받으면 '한 변의 길이는?'을 묻고 이에 대한 입력받은 사용자 대답은 대답 에 저장됩니다. 대답 에 저장된 한 변의 길이를 이용해서 정사각형의 넓이를 구해 말합니다.

예를 들어 한 변의 길이가 '5'인 정사각형의 넓이는 얼마일까요? 사용자로부터 입력받은 한 변의 길이가 '5'라고 가정해봅시다. '정사각형넓이구하기' 신호를 받았을 때 사용자로부터 입력받은 한 변의 길이인 5는 대답 에 저장됩니다. 정사각형 넓이를 구하는 공식은 '한 변의 길이 × 한 변의 길이'입니다. 이에 따라 한 변의 길이가 5인 정사각형의 넓이는 5×5로 계산되어 25를 말합니다.

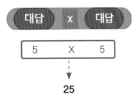

✔ 전체 코드 확인하기

오브젝트	코드 블록
[원]	
[사각형]	
[선생님(2)]	

도전해보기

오브젝트간에 명령을 주고받을 때 사용하는 신호에 대해 알아봤습니다. 또한 신호를 어떻게 추가하여 오브젝트에 적용하는지 실습까지 따라했습니다. 지금까지 배운 내용을 바탕으로 엔트리봇이 질문했을 때 사용자가 선택한 동물 오브젝트의 모양이 변경되는 작품을 완성해보세요.

> 💡 사용자는 질문에 대한 답변으로 질문에 나오는 동물 중 선택해서 답변해야 합니다. 여기서 선택할 수 있는 동물은 강아지와 고양이입니다.

🔍 실행 화면 살펴보기

다음 실행 화면을 보고 구성할 오브젝트와 위치를 확인하고 화면을 구성하세요.

✂ 오브젝트 추가하기

[오브젝트 추가하기]를 클릭하여 '엔트리봇'과 '강아지', '공원(4)'를 선택한 다음 [추가하기] 버튼을 누릅니다.

엔트리봇

강아지

공원(4)

> 💡 강아지와 고양이 둘 중 선택하는 데 '오브젝트'에서는 '강아지'만 추가합니다. 그 이유는 '강아지' 오브젝트의 [모양] 탭에 '고양이'를 추가하여 고양이 모양만 가져와서 이용할 것이기 때문입니다.

QR 코드를 스캔하면 도전해보기
작품을 볼 수 있어요!

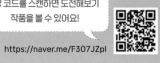

https://naver.me/F307JZpl

오브젝트 추가/변경하기

'강아지' 오브젝트에 고양이 모양을 추가해야 합니다. 다음 설정을 잘 따라하세요.

오브젝트	추가 및 변경 설정
  [강아지]	❶ 왼쪽 오브젝트 추가에서 '강아지'를 추가한 다음 이름을 '동물'로 변경합니다.  ❷ [모양] 탭에서 '강아지_2', '강아지_3' 모양을 삭제하고 '강아지_1' 모양 이름을 '강아지'로 변경합니다.  ❸ '모양 추가하기'를 클릭해 [동물] → [고양이_1] 모양을 추가한 후, 이름을 '고양이'로 변경합니다. 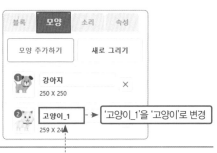

고양이는 '강아지' 오브젝트의 [모양] 탭에서 추가할 겁니다.

📡 신호 추가하기

[속성] 탭에서 '신호'를 선택한 후 [신호 추가하기]를 클릭한 다음 추가할 신호 이름을 작성하고 [신호 추가] 버튼을 클릭합니다.

신호	기능	신호 추가 화면
동물보이기	사용자가 선택한 동물로 모양을 보여달라는 신호	

🎵 코딩 정복하기

오브젝트	코드 블록
[엔트리봇]	작품을 실행하면 모양이 보이고 좋아하는 동물은 무엇인지 질문하고 사용자가 대답하면 '동물보이기' 신호를 보냅니다. 그리고 모양을 숨깁니다. ▶ 시작하기 버튼을 클릭했을 때 모양 보이기 좋아하는 동물은?(강아지, 고양이) 을(를) 묻고 대답 기다리기 동물보이기 ▼ 신호 보내기 모양 숨기기
[동물]	작품을 실행하면 모양을 숨깁니다. ▶ 시작하기 버튼을 클릭했을 때 모양 숨기기 사용자가 추가한 동물 오브젝트 모양이 사용자가 대답한 동물로 변경됩니다. 동물보이기 ▼ 신호를 받았을 때 ❶ 모양으로 바꾸기 모양 보이기

💡 잊지 마세요! 사용자가 대답한 내용은 대답 블록에 저장됩니다.

💡 각 블록 꾸러미에서 블록을 조립할 때 조립하고자 하는 블록과 비슷한 블록이 있을 수 있습니다. LESSON 02에서 설명했던 것과 같이 LESSON 03의 생김새 블록 꾸러미의 강아지 ▼ 모양으로 바꾸기 와 다음 ▼ 모양으로 바꾸기 를 보면 뒤의 '– 모양으로 바꾸기'가 동일하고 앞에 들어가는 것이 다릅니다. 강아지 ▼ 모양으로 바꾸기 블록의 '강아지' 위치에 는 대답 블록을 넣을 수 있습니다. 이처럼 엔트리 블록은 비슷한 것이 많아 혼동하기 쉬우니 블록 조립 시 적합한 것인지 확인해주세요!

QR을 스캔하여
정답을 확인하세요.

LESSON
04

두 변수 값 교환하기

학습 목표 • 변수의 개념을 설명할 수 있습니다.

• 두 변수에 저장된 값을 교환하는 작품을 만들 수 있습니다.

LESSON 03에서는 신호를 이용하여 두 오브젝트가 명령을 주고받아 작업을 수행하는 것을 학습했습니다. LESSON 04에서는 엔트리만이 아니라 모든 프로그래밍에서 가장 기본적인 개념 중 하나인 변수에 대해 알아보고 공부하여 두 변수에 저장된 값을 교환하는 작품을 만들어봅니다.

QR을 스캔하면 유튜브 동영상을 볼 수 있어요!

▶ https://youtu.be/o3FyOWGh5xQ?si=6eAAx_RJq6H0KAe6

작품 실행하기

01 다음 주소 또는 QR로 접속하면 '두 변수 값 교환하기' 작품이 나옵니다. 작품의 실행 버튼인 ▶을 클릭하여 작품을 실행해보세요.

• https://naver.me/5wA6KcHv

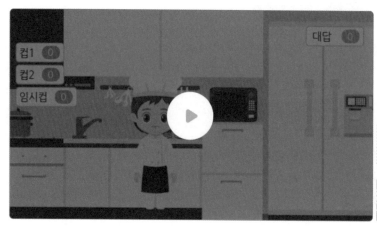

QR을 스캔하면 '두 변수 값 교환하기' 작품이 나와요!

02 두 컵에 담을 음료를 입력받습니다. 대답을 입력받기 위해 '음료?'라는 질문을 하고
사용자로부터 대답을 입력받으면 한 번 더 질문합니다.

03 두 컵에 담긴 음료를 입력받은 순서대로 말합니다. 그런 다음 두 컵인 '컵1'과 '컵2'
변수 값인 음료를 교환한 후 다시 두 컵의 음료를 말합니다.

챗GPT ⓧ 질문하기

🧑‍💻 챗GPT에게 질문하기

프로그래밍에서 변수란 무엇인가요? 10대가 이해할 수 있는 수준으로 되도록 간단하게
답변해주세요.

💬 챗GPT의 답변 확인하기

프로그래밍에서 변수는 값을 저장하는 상자와 같아요. 예를 들어, 게임에서 점수를 저장

할 때 변수를 사용해요. 변수는 이름을 붙여서 사용할 수 있고, 프로그램이 실행되는 동안 값이 바뀔 수 있어요. 즉, 변수를 통해 숫자, 문자, 혹은 다른 데이터들을 쉽게 관리하고 활용할 수 있어요. 예를 들어, **score**라는 변수를 만들어서 점수를 저장하고, 게임이 진행되면서 점수가 올라갈 때마다 **score**의 값을 바꾸는 거죠.

 개념 이해하기

'두 변수 값 교환하기'를 실행해보면 연속해서 사용자로부터 입력받은 대답이 각각 컵1과 컵2에 저장되어 출력됩니다. 처음에는 입력받은 순서대로 출력되지만 잠시 후에 두 값이 교환되어 출력됩니다. 이처럼 변수를 이용하면 하나의 작품에서 여러 개의 값을 입력받아 저장할 수 있으며 출력도 가능합니다. 어떻게 가능한지 '변수'를 알아보며 이해해봅시다.

변수 알아보기

'두 변수 값 교환하기'에서 첫 번째 입력받은 값은 컵1에, 두 번째 입력받은 값은 컵2에 각각 저장됩니다. 이처럼 **변수**는 프로그램이 실행되는 동안 하나의 값을 저장하는 공간으로, 하나의 프로그램에서 여러 개를 만들어 사용할 수 있기 때문에 변수마다 이름을 붙여 관리합니다. 변수의 이름은 저장할 값의 내용과 관련지어 정하는 것이 좋습니다.

다음은 변수를 그림으로 나타낸 것으로 변수 값과 변수 이름이 무엇인지 그림을 통해 확인합시다. '나이' 변수에 20이라는 값을 저장하고 있습니다.

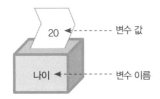

변수를 만들면 ?자료 블록 꾸러미에 해당 변수와 관련된 명령어 블록이 생성됩니다. 다음 표를 통해 각각 어떤 기능을 하는지 알아봅시다.

블록 꾸러미	블록	실행 기능
?자료	나이 ▼ 값	변수 값을 확인합니다.
?자료	나이 ▼ 에 10 만큼 더하기 ?	변수의 현재 값을 설정한 값만큼 변경합니다.
?자료	나이 ▼ 를 10 (으)로 정하기 ?	설정한 값을 변수에 저장합니다.
?자료	변수 나이 ▼ 보이기 ?	실행 화면에 설정한 변수를 보이게 합니다.
?자료	변수 나이 ▼ 숨기기 ?	실행 화면에 설정한 변수를 보이지 않게 합니다.

변수 간단하게 실습해보기

그렇다면 변수를 이용하려면 어떻게 해야 할까요? 변수를 이용하기 위해서는 우선 사용할 변수를 만들어야 합니다. 변수를 어떻게 만드는지 간단한 실습을 통해 알아봅시다.

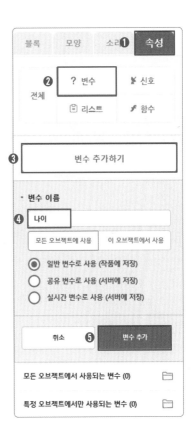

01 ❶ [속성] 탭에서 ❷ '변수'를 선택한 다음 ❸ [변수 추가하기]를 클릭하여 추가할 ❹ 변수 이름을 입력하고 ❺ [변수 추가]를 클릭하면 새로운 변수가 만들어집니다. 변수로 '나이'와 '이름'을 추가하세요.

02 이제 엔트리봇이 사용자로부터 입력받은 정보를 각각 알맞은 변수에 저장하도록 코드 블록을 조립하겠습니다. 여기서는 변수로 '나이'와 '이름' 두 가지를 사용합니다.

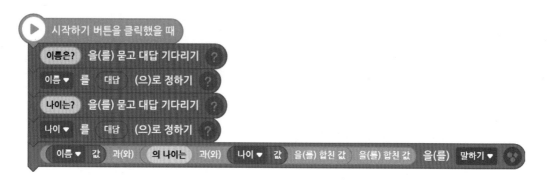

사용자로부터 입력받은 이름을 '이름' 변수에 저장하고 입력받은 나이를 '나이' 변수에 저장한 후, '이름' 변수에 저장된 이름과 '나이' 변수에 저장된 나이를 출력합니다.

이름에는 '엔트리봇'을 입력했고 나이에는 '10'을 입력했습니다. 출력되는 내용은 '엔트리봇의 나이는 10'입니다.

03 앞에서는 변수를 두 개 사용한 경우입니다. 그렇다면 변수가 한 개일 때 변수 값을 변경하려면 어떻게 해야 할까요? 먼저 코드 블록을 조립하겠습니다.

'정수' 변수에 80을 저장한 후 '정수' 변수 값을 3초 동안 말합니다. 그런 다음 '정수' 변수에 90을 저장하고 '정수' 변수 값을 말합니다. 이때 '정수'에 저장되어 있던 80은 지워지고 90이 저장됩니다.

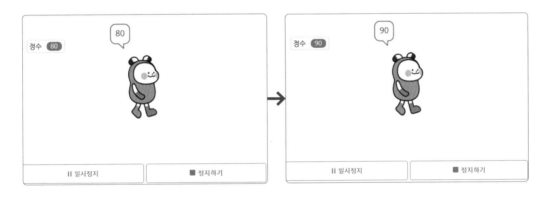

▶ **시작하기** 버튼을 클릭하면 엔트리봇이 '80'을 3초 동안 말합니다. 3초가 지나면 엔트리봇은 '90'을 말합니다.

작품 만들기

코딩 로드맵

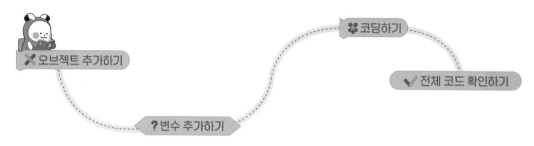

✕ 오브젝트 추가하기

01 새로운 작품을 만들기 위해 [작품 만들기] 또는 ▤▾의 [새로 만들기]를 누른 다음 작품의 이름을 입력합니다. 이어서 화면 왼쪽 오브젝트 목록에 있는 '엔트리봇' 오브젝트를 ✕를 클릭해 삭제합니다.

작품을 이어서 하지 않는 이상 새로운 작품을 생성하는 작업이 첫 번째이므로 다음 장부터는 이 부분은 간략하게 다루겠습니다. 혹시나 헷갈린다면 **LESSON 03** 이전 부분을 살펴보세요.

02 [오브젝트 추가하기]를 클릭하여 [배경] → [부엌(1)], [사람] → [요리사(3)] 오브젝트를 추가합니다.

요리사(3)

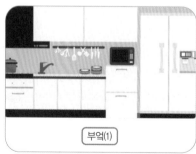

부엌(1)

03 오브젝트의 위치와 크기를 조정하여 화면을 구성합니다.

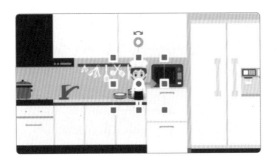 

❓ 변수 추가하기

[속성] 탭에서 '변수'를 선택한 후, [변수 추가하기]를 클릭하여 '컵1', '컵2', '임시컵' 변수를 추가합니다.

변수	기능	변수 추가 화면
컵1	음료 이름을 저장하는 변수	
컵2	음료 이름을 저장하는 변수	
임시컵	임시로 음료 이름을 저장	

🎯 코딩하기

앞서 변수란 무엇인지 그림과 간단한 실습을 통해 알아봤습니다. 이제 추가한 변수를 이용하여 사용자가 대답한 내용을 변수에 어떻게 저장하고 출력하는지 직접 코드 블록을 이용하여 코딩해봅시다.

01 먼저 '요리사(3)' 오브젝트의 코드 블록을 조립합니다. 🧑 **'요리사(3)'** 오브젝트를 선택한 다음 [시작] 블록 꾸러미의 ▶ 시작하기 버튼을 클릭했을 때 블록과 [?자료] 블록 꾸러미의 음료? 을(를) 묻고 대답 기다리기 ? 를 블록 조립소로 가져와 연결합니다. [시작하기] 버튼을 클릭하면 '음료?'를 묻고 이에 대해 사용자가 대답한 내용을 대답 블록에 저장합니다.

> ▶ 시작하기 버튼을 클릭했을 때
> 음료? 을(를) 묻고 대답 기다리기 ?

02 다음으로 [?자료] 블록 꾸러미의 컵1▼ 를 대답 (으)로 정하기 ? 블록을 연결합니다. 사용자에게 '음료?'라고 처음 질문한 것에 대한 답변이 대답 블록에 저장되어 있는데, 이 값을 '컵1' 변수에 저장합니다.

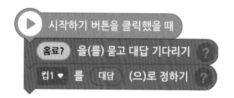

03 첫 번째 입력 값을 받아 저장했다면 바로 두 번째 질문인 '음료는?'을 묻습니다. 사용자로부터 두 번째 음료를 입력받으면 '컵2' 변수에 저장합니다. 그런 다음 '컵1'과 '컵2' 변수에 저장된 값을 말합니다.

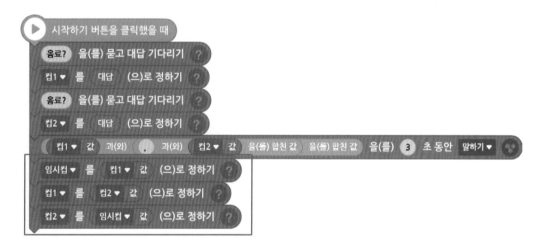

04 각각의 변수에 저장된 값을 출력했다면 이제 변수에 저장된 값이 교환되도록 코드 블록을 조립합니다. '컵1'과 '컵2' 두 개의 변수만 이용하면 두 변수에 저장된 값을 교환하지 못합니다. 변수에 들어 있는 값을 잠시 옮겨놓을 공간을 만들기 위해 여기서는 '임시컵'이라는 변수를 활용합니다.

'컵1' 변수에 저장된 값을 '임시컵' 변수에 저장합니다. 이때 '컵1' 변수 값은 그대로 유지됩니다. 여기에 '컵2' 변수에 저장된 값을 '컵1' 변수에 저장하면 '컵1' 변수에 저장되어 있던 이전 값은 지워지고 '컵2' 변수 값이 저장됩니다. 이때 '임시컵' 변수에 저장된 값(원래 '컵1'에 저장되어 있던 값)을 '컵2' 변수에 저장하면 '컵2' 변수에 저장되어 있던 이전 값은 지워지고 '임시컵' 변수 값이 저장됩니다. 그러면 '컵1'에는 원래 '컵2'의 변수 값이, '컵2'에는 임시컵에 있던 원래 '컵1'의 변수 값이 저장되어 결국 '컵1' 변수와 '컵2' 변수에 저장된 값이 교환됩니다.

변수가 교환되는 원리를 알아보자!

말로만 하면 헷갈릴 수 있으므로 변수를 이용해서 어떻게 값이 저장되고 출력되는지 다음 그림을 통해 이해를 돕

겠습니다. 예를 들어 '컵1'의 변수에 '우유'가 저장되어 있고 '컵2' 변수에 '주스'가 저장되어 있다고 가정하고 동작

과정을 살펴보겠습니다.

'컵1' 변수에 저장된 '우유'를 '임시컵' 변수에 저장합니다.

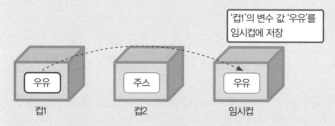

'컵2' 변수에 저장된 '주스'를 '컵1' 변수에 저장합니다.

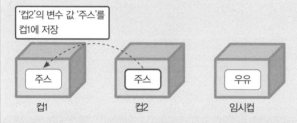

'임시컵' 변수에 저장된 '우유'를 '컵2' 변수에 저장합니다. 결국 '컵1' 변수와 '컵2' 변수에 저장된 값이 교환됩니다.

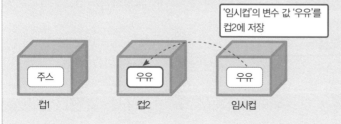

05 '컵1'과 '컵2' 변수 값을 교환한 결과인 '주스, 우유'를 말합니다.

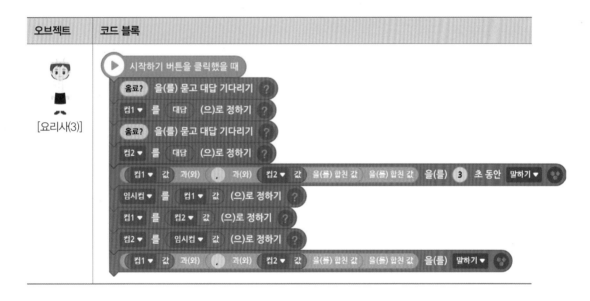

✔ 전체 코드 확인하기

오브젝트	코드 블록
[요리사(3)]	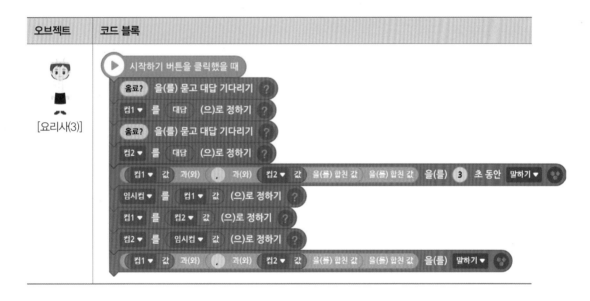

변수란 무엇인지 학습하고 변수를 이용하여 '두 변수 값 교환하기' 실습까지 마쳤습니다. 프로그래밍에서 많이 활용되는 개념인 변수에 대해 지금 잘 이해해두면 큰 도움이 될 것입니다. 지금까지 배운 변수에 대한 개념을 바탕으로 변수인 접시1, 접시2, 접시3을 활용하여 작품을 완성해보세요.

'접시1' 변수에 사과, '접시2' 변수에 바나나, '접시3' 변수에 배가 저장되어 있다고 가정해봅시다.

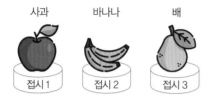

다음과 같이 '접시1' 값을 '접시2' 값으로, '접시2' 값을 '접시3' 값으로, '접시3' 값을 '접시1' 값으로 변경하는 작품을 완성해보세요.

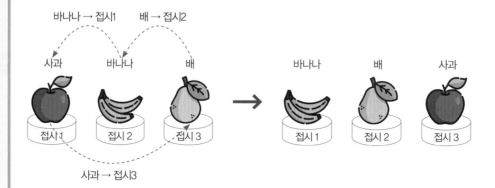

QR 코드를 스캔하면 도전해보기 작품을 볼 수 있어요!

https://naver.me/5FhsKlcF

🔍 실행 화면 살펴보기

다음 실행 화면을 보고 구성할 오브젝트와 위치를 확인하고 화면을 구성하세요.

✖ 오브젝트 추가하기

[오브젝트 추가하기]를 클릭하여 '요리사(3)'와 '부엌(1)'를 선택한 다음 [추가하기] 버튼을 누릅니다.

요리사(3)

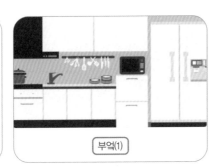

부엌(1)

❓ 변수 추가하기

[속성] 탭에서 '변수'를 선택한 후 [변수 추가하기]를 클릭한 다음 추가할 변수를 작성하고 [변수 추가] 버튼을 클릭합니다.

변수	기능	변수 추가 화면
접시1	과일 이름을 저장하는 변수로 처음에는 사과를 저장	
접시2	과일 이름을 저장하는 변수로 처음에는 바나나를 저장	
접시3	과일 이름을 저장하는 변수로 처음에는 배를 저장	
임시접시	임시로 과일 이름을 저장	

🚩 코딩 정복하기

오브젝트	코드 블록
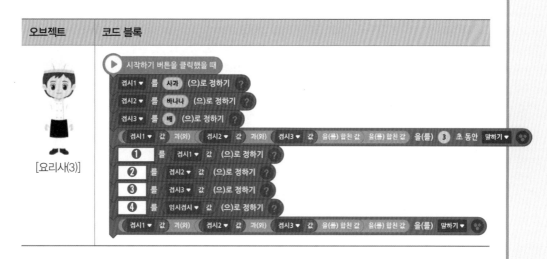 [요리사(3)]	

QR을 스캔하여 정답을 확인하세요.

05

시간 단위 변환하기

학습 목표
· 산술 연산을 설명할 수 있습니다.
· 산술 연산을 이용해서 시간 단위를 변환하는 작품을 만들 수 있습니다.

LESSON 03에서는 비교적 간단한 연산을 다룬 작품을 만들었습니다. LESSON 05에서는 산술 연산에는 무엇이 있는지 알아보고 특징을 파악합니다. 연산에는 산술 연산 말고도 비교 연산과 논리 연산이 있는데 이 둘은 좀 더 깊은 내용으로 뒤에서 다룹니다. 먼저 분 단위 시간을 시간과 분으로 변환하는 작품을 실습하며 산술 연산이 무엇인지 알아봅시다.

QR을 스캔하면 유튜브 동영상을 볼 수 있어요!

▶ https://youtu.be/Nng0TOWS8Hc?si=00qneeISoD-5A-Zv

작품 실행하기

01 다음 주소 또는 QR로 접속하면 '시간 단위 변환하기' 작품이 나옵니다. 작품의 실행 버튼인 ▶을 클릭하여 작품을 실행해보세요.

· https://naver.me/GKxB2eL2

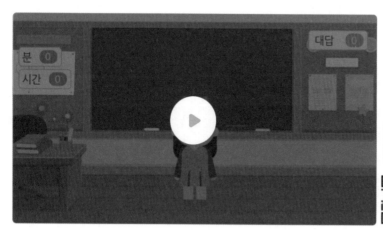

QR을 스캔하면 '시간 단위 변환하기' 작품이 나와요!

02 어린이를 클릭하면 분 단위 시간을 입력하라는 질문을 합니다. 여기서는 145를 입력합니다. 어린이가 분 단위 시간인 145를 시간과 분 단위로 변환한 2시간 25분을 말합니다.

 챗GPT ⊗ 질문하기

🧑 챗GPT에게 질문하기

프로그래밍에서 산술 연산이란 무엇인가요? 개념과 종류에 대해 10대가 이해할 수 있는 수준으로 되도록 간단하게 답변해주세요.

⑤ 챗GPT의 답변 확인하기

프로그래밍에서 산술 연산은 숫자를 가지고 하는 기본적인 계산을 말해요. 여기에는 다음과 같은 종류가 있어요:

1. **덧셈 (+)** : 두 수를 더하는 것 (예 : 3 + 4 = 7).
2. **뺄셈 (−)** : 한 수에서 다른 수를 빼는 것 (예 : 10 − 5 = 5).
3. **곱셈 (*)** : 두 수를 곱하는 것 (예 : 6 * 3 = 18).
4. **나눗셈 (/)** : 한 수를 다른 수로 나누는 것 (예 : 12 / 4 = 3).
5. **나머지 (%)** : 한 수를 다른 수로 나누고 남은 나머지를 구하는 것 (예 : 10 % 3 = 1).

이런 연산들을 통해 프로그램은 다양한 계산을 수행할 수 있어요.

'시간 단위 변환하기' 작품을 보면 분 단위 시간을 입력했을 때, 입력 값을 시간과 분 단위로 변환하여 알려줍니다. 즉 1시간당 60분이므로 입력 값을 60으로 나눠 몫은 시간으로, 나머지는 분으로 연산하여 결괏값을 보여줍니다. 여기서는 산술 연산 중 나눗셈을 사용했는데 이 외에도 어떤 연산이 있는지 알아봅시다.

산술 연산 알아보기

연산은 숫자나 기호를 이용하여 어떤 값을 일정한 규칙에 따라 계산하는 것으로 연산에는 산술 연산, 비교 연산, 논리 연산 등이 있습니다. 다음 그림을 통해 각각 어떤 특징을 갖는지 살펴봅시다.

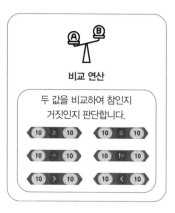

이번 장에서는 산술 연산에 대해 살펴보며 비교 연산과 논리 연산은 뒤에서 다루겠습니다. **산술 연산**은 덧셈, 뺄셈, 곱셈, 나눗셈으로 이루어진 연산으로 산술 연산 명령어 블록은 블록 꾸러미에 있습니다. 다음 표를 통해 각각 어떤 역할을 하는지 알아봅시다.

명령어 블록	설명	코드 블록 예	결과
`10 + 10`	더하기	`6 + 4`	10
`10 - 10`	빼기	`6 - 4`	2
`10 x 10`	곱하기	`6 x 4`	24

	나누기		1.5
	나눈 몫		1
	나눈 나머지		2

산술 연산 간단하게 실습해보기

■ 계산 블록 꾸러미에 산술 연산 명령어 블록이 있으니, 값만 있다면 쉽게 결괏값을 낼 수 있을 것 같습니다. 하지만 그렇지 않습니다. 간단한 산술 연산이라 해도 여러 값을 이용할 때는 LESSON 04에서 배웠던 값을 저장하는 변수를 활용해야 할 필요가 있습니다. 그럼 간단한 실습을 통해 어떻게 연산이 이루어지는지 알아봅시다.

01 변수 '수1'과 '수2' 그리고 산술 연산한 결과를 저장할 변수인 '몫'과 '나머지'를 추가합니다.

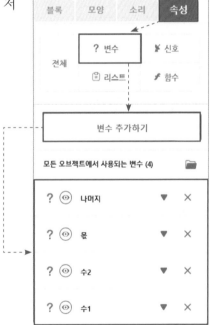

02 이제 사용자로부터 입력받은 '수1' 변수 값을 '수2' 변수 값으로 나눈 '몫'과 '나머지'를 구하는 코드 블록을 조립하겠습니다.

▶ 시작하기 버튼을 클릭하여 변수 '수1'에는 '26'을 입력하고 변수 '수2'에는 '7'을 입력합니다. '수1' 값을 '수2' 값으로 나눗셈을 한 몫인 '3'과 나머지인 '5'를 말합니다.

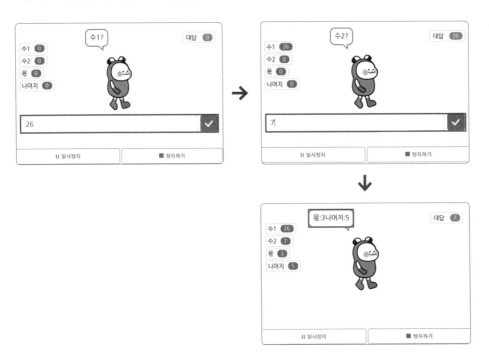

03 이번에는 두 수 80과 90의 평균을 계산하여 결괏값으로 85를 말하도록 코드 블록을 조립하겠습니다.

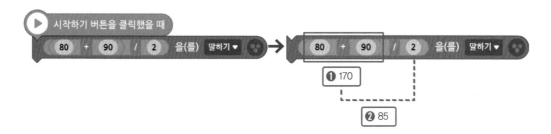

두 수 80과 90의 평균값 85가 잘 구해졌습니다. 그런데 결괏값으로 125가 나오는 경우가 있는데 어떻게 된 걸까요? 다음 코드 블록을 연산하면 80과 90의 평균이 아닌 125라는 엉뚱한 값을 말합니다. (80+90)보다 안쪽에 위치한 (90/2)를 먼저 계산한 다음 80과 45를 더했기 때문에 125라는 결과가 나온 겁니다. 그러므로 복합 연산을 할 때는 먼저 연산되어야 할 블록을 가장 안쪽에 위치시켜야 합니다.

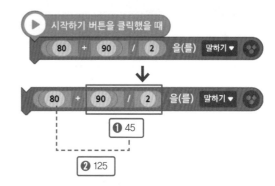

 작품 만들기

∽ 코딩 로드맵

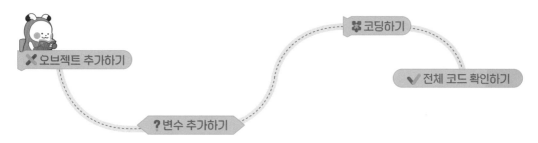

✕ 오브젝트 추가하기

01 새로운 작품을 만들기 위해 [작품 만들기]를 실행하세요. 그런 다음 오브젝트 목록에 있는 '엔트리봇' 오브젝트는 ✕ 를 클릭해 삭제합니다.

02 '오브젝트 추가하기'를 클릭하여 [배경] → [교실(2)], [사람] → [어린이(2)] 오브젝트를 추가합니다.

03 오브젝트 위치를 조정하여 화면을 구성합니다.

? 변수 추가하기

이제 사용자로부터 입력받을 값과 연산 결과를 저장할 변수를 추가합니다. [속성] 탭에서 '변수'를 선택한 후, [변수 추가하기]를 클릭하여 '시간'과 '분' 변수를 추가합니다.

변수	기능	변수 추가 화면
분	분을 저장하는 변수	
시간	시간을 저장하는 변수	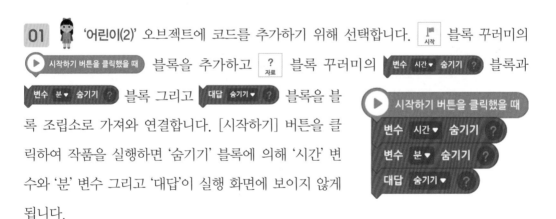

코딩하기

오브젝트 준비와 작품에 사용할 변수 추가까지 완료했습니다. 사용자로부터 입력받은 값을 변수에 저장하고 산술 연산을 통해 올바른 값을 얻을 수 있도록 코드 블록을 이용하여 코딩해봅시다.

01 '어린이(2)' 오브젝트에 코드를 추가하기 위해 선택합니다. 시작 블록 꾸러미의 ▶ 시작하기 버튼을 클릭했을 때 블록을 추가하고 ? 자료 블록 꾸러미의 변수 시간▼ 숨기기 ? 블록과 변수 분▼ 숨기기 ? 블록 그리고 대답 숨기기▼ ? 블록을 블록 조립소로 가져와 연결합니다. [시작하기] 버튼을 클릭하여 작품을 실행하면 '숨기기' 블록에 의해 '시간' 변수와 '분' 변수 그리고 '대답'이 실행 화면에 보이지 않게 됩니다.

▶ 시작하기 버튼을 클릭했을 때
변수 시간▼ 숨기기 ?
변수 분▼ 숨기기 ?
대답 숨기기▼ ?

02 [정지하기] 버튼을 눌러 작품 실행을 종료하고 다시 '어린이(2)' 오브젝트를 클릭하여 시작 블록 꾸러미의 오브젝트를 클릭했을 때 블록과 ? 자료 블록 꾸러미의 분 단위 시간을 입력하세요. 을(를) 묻고 대답 기다리기 ? 와 분▼ 를 대답 (으)로 정하기 ? 를 블록 조립소로 가져와 연결합니다. [시작하기] 버튼을 클릭하고 '어린이(2)' 오브젝트를 클릭하면 질문이 나오며

사용자로부터 분 단위 시간을 입력받을 입력 칸이 나옵니다. 여기에 값을 입력하면 '분' 변수에 저장됩니다.

그렇다면 앞에서와 같이 분 단위 시간을 시간과 분으로 환산할 때 시간과 분에 해당하는 값은 어떻게 구할까요? 분 단위 시간은 1시간에 해당하는 60으로 나눈 몫을 시간으로, 나머지는 분으로 활용하면 됩니다. 예를 들어 '78'분을 입력했다고 가정합시다. 시간과 분 단위로 환산하면 78분 중 60분은 1시간에 해당하고 남는 시간은 18분입니다.

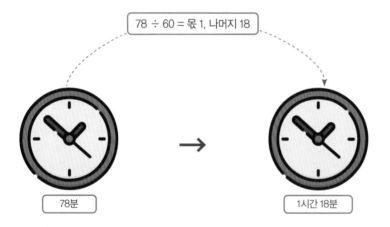

그럼 145분을 시간과 분 단위로 환산하면 어떻게 될까요? 145분 중 120분이 2시간에 해당하고 남는 시간은 25분입니다.

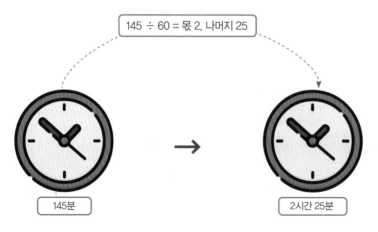

정리하면 78을 60으로 나눈 몫은 1이고 나머지는 18입니다. 그리고 145를 60으로 나눈 몫은 2이고 나머지는 25입니다. 즉, 분 단위 시간을 60으로 나눈 몫은 시간이 되고 나머지는 분이 됩니다.

03  를 추가합니다. 그러면 입력 값인 분 단위 시간을 저장하고 있는 '분' 변수 값을 60으로 나눈 몫, 즉 시간에 해당하는 값을 '시간' 변수에 저장합니다.

'분' 변수 값이 145라면 145를 60으로 나눈 몫인 2를 '시간' 변수에 저장합니다. 아직 '분' 변수 값을 변경하는 코드가 없으므로 '분' 변수 값 145는 그대로 유지됩니다.

변수	
시간	분
2	145

04 블록 탭의 ? 블록 꾸러미와 계산 블록 꾸러미의 코드 블록을 조합하여 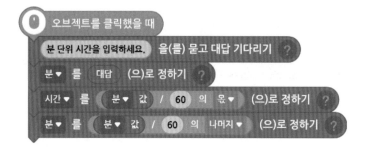 를 추가합니다. 그러면 입력 값인 분 단위 시간을 저장하고 있는 '분' 변수 값을 60으로 나눈 나머지, 즉 시간을 제외하고 분에 해당하는 값을 '분' 변수에 저장합니다. 드디어 시간과 분 단위 시간으로의 변환이 완성됩니다.

'분' 변수 값 145를 60으로 나눈 나머지인 25를 '시간' 변수에 저장합니다.

변수	
시간	분
2	25

05 ?자료 , ⊞계산 , ✿생김새 이 세 가지 블록 꾸러미의 코드 블록을 조합하여

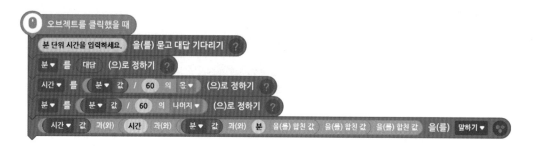 를 추가합

니다. 그러면 사용자가 입력한 분 단위 시간을 시간과 분 단위로 변환한 결과를 말합니다.

✔ 전체 코드 확인하기

오브젝트	코드 블록
[어린이(2)]	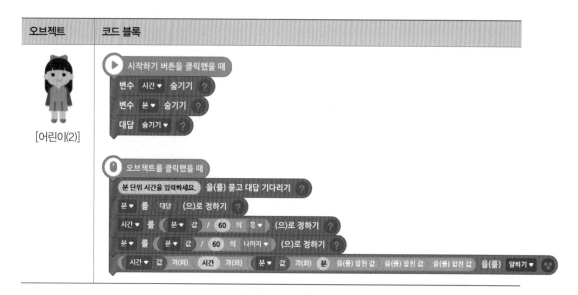

도전해보기

QR 코드를 스캔하면 도전해보기 작품을 볼 수 있어요!

https://naver.me/GxNwH4Gn

사용자로부터 입력받은 분 단위 시간을 산술 연산 명령어 코드 블록을 활용하여 시간과 분으로 바꾸는 방법을 알아봤습니다. '시간 단위 변환하기' 작품을 통해 배운 내용을 바탕으로 이번에는 초 단위 시간을 시간, 분, 초 단위로 변환하는 작품을 완성해보세요.

🔍 실행 화면 살펴보기

다음 실행 화면을 보고 화면 구성 요소와 위치를 파악한 다음 숫자 '8750'을 입력하여 초 단위 시간을 시간, 분, 초로 변환하는 작품을 만들어보세요.

✖ 오브젝트 추가하기

[오브젝트 추가하기]를 클릭하여 '어린이(2)'와 '교실(2)'를 선택한 다음 [추가하기] 버튼을 누릅니다.

어린이(2)

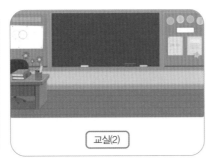
교실(2)

❓ 변수 추가하기

[속성] 탭에서 '변수'를 선택한 후 [변수 추가하기]를 클릭한 다음 추가할 변수 이름을 작성하여 [변수 추가] 버튼을 클릭합니다.

변수	기능	변수 추가 화면
시간	초 단위 시간 중 시간에 해당하는 값을 저장	
분	초 단위 시간 중 시간에 해당하는 값을 제외한 나머지 시간 중 분에 해당하는 값을 저장	
초	처음에는 입력받은 초 단위 시간을 저장하고 마지막에는 시간과 분에 해당하는 값을 제외한 초에 해당하는 값을 저장	

🚩 코딩 정복하기

오브젝트	코드 블록
[어린이 (2)]	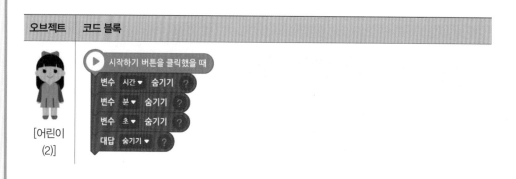

초 단위 시간을 시간, 분, 초 단위로 변환합니다.

▶ 8750초를 시간, 분, 초로 계산한 결과

초 단위 시간	시간, 분, 초 단위 시간으로 변환		
	시간	분	초
8750	2	25	50

8750을 3600(1시간을 초로 나타낸 값)으로 나눈 몫은 2이고 나머지는 1550입니다. 표를 보면 알 수 있듯이 몫이 되는 2가 시간에 해당됩니다. 그리고 나머지 1550은 시간에 해당하는 값을 제외한 초 단위 시간이므로 1550을 분과 초 단위 시간으로 변환해야 합니다. 그러므로 1550을 60(1분을 초로 나타낸 값)으로 나눈 몫인 25가 분이 되고 나머지 50이 초에 해당합니다.

QR을 스캔하여 정답을 확인하세요.

정사각형 그리기

학습 목표
• 순차 구조와 반복 구조에 대해 비교하여 설명할 수 있습니다.
• 붓 기능을 활용하여 정사각형을 그리는 작품을 만들 수 있습니다.

엔트리에는 그림을 그리는 기능도 있습니다. 바로 🖊 블록 꾸러미 블록들을 이용하면 되며 그리기, 채우기, 지우기 등의 기능이 있습니다. LESSON 06에서는 🖊 블록 꾸러미 블록을 활용하여 오브젝트인 사슴벌레가 이동하며 정사각형을 순차 구조와 반복 구조로 그리는 작품을 만들어봅니다.

QR을 스캔하면
유튜브 동영상을 볼 수
있어요!

▶ https://youtu.be/F7ixoS7zTNU?si=P6YlzK4uQ94qf5oi

작품 실행하기

01 다음 주소 또는 QR로 접속하면 '정사각형 그리기' 작품이 나옵니다. 작품의 실행 버튼인 ▶을 클릭하여 작품을 실행해보세요.

• https://naver.me/5qarcFdF

QR을 스캔하면
'정사각형 그리기'
작품이 나와요!

02 사슴벌레가 총 두 번의 정사각형을 그립니다.

 챗GPT ⓧ 질문하기

🧑 챗GPT에게 질문하기

프로그램의 구조인 순차 구조, 선택 구조, 반복 구조에 대해 알려주세요. 10대가 이해할 수 있는 수준으로 코드 예시를 제외하고 되도록 간단하게 답변해주세요.

💠 챗GPT의 답변 확인하기

프로그램의 구조

프로그래밍에서 중요한 세 가지 구조는 **순차 구조, 선택 구조, 반복 구조**예요. 이 세 가지 구조는 프로그램을 짜는 기본적인 방법입니다.

1. 순차 구조
순차 구조는 프로그램이 위에서 아래로 한 줄씩 순서대로 실행되는 구조예요. 우리가 글을 읽는 것처럼, 첫 줄부터 마지막 줄까지 차례로 실행되죠. 예를 들어 "안녕!"을 출력하고, 그 다음에 "나는 AI야."를 출력하는 것처럼 순서대로 실행되는 거예요.

2. 선택 구조
선택 구조는 조건에 따라 프로그램의 실행 흐름을 바꾸는 구조예요. 특정 조건이 맞으면 어떤 코드를 실행하고, 그렇지 않으면 다른 코드를 실행하죠. 이는 우리가 "만약 비가 오면 우산을 가져가고, 그렇지 않으면 그냥 나간다."와 같은 결정을 하는 것과 비슷해요.

3. 반복 구조

반복 구조는 특정 코드를 여러 번 반복해서 실행하는 구조예요. 예를 들어 "안녕!"이라는 말을 5번 반복해서 출력하는 것처럼. 반복 구조를 사용하면 같은 일을 여러 번 쉽게 처리할 수 있어요.

이 세 가지 구조를 잘 이해하면, 프로그램을 더 체계적으로 만들고, 문제를 쉽게 해결할 수 있어요.

 개념 이해하기

붓 알아보기

'정사각형 그리기' 작품을 실행했을 때 사슴벌레는 정사각형을 두 번 그린 후 그리는 동작을 멈춥니다. 이처럼 그림을 그리려면 붓 기능을 이용하면 되며, 선을 그리거나 멈추는 등 그림을 그리는 것과 관련된 [붓] 블록 꾸러미 명령어 블록은 다음과 같습니다.

블록 꾸러미	블록	실행 기능
붓	그리기 시작하기	오브젝트 이동 경로에 선이 그려집니다.
붓	그리기 멈추기	선 그리는 것을 멈춥니다.
붓	도장 찍기	모양을 실행 화면에 찍습니다.
붓	모든 붓 지우기	그려진 선을 모두 지웁니다.

붓 간단하게 실습해보기

'정사각형 그리기'에서 오브젝트인 사슴벌레는 선을 그리며 정사각형을 그렸습니다. 오브젝트가 이동하면서 어떻게 그림을 그리는지 간단한 실습을 통해 알아봅시다.

01 기본 엔트리봇을 이용하여 이동하며 그림을 그리도록 코드 블록을 조립합니다.

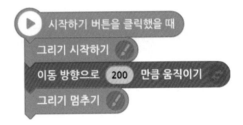

▶시작하기 버튼을 클릭하면 엔트리봇이 이동한 경로에 선이 그려집니다.

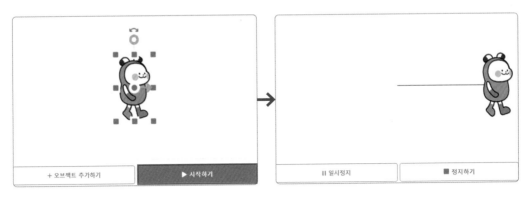

02 이번에는 '박쥐(1)' 오브젝트를 이용하여 박쥐 모양을 화면에 찍고 이동 방향으로 150만큼 움직이게 하겠습니다. 기본 오브젝트를 삭제하고 '박쥐(1)' 오브젝트를 추가합니다. 이번에는 오브젝트 모양을 도장처럼 실행 화면에 찍을 수 있는 🖌붓 블록 꾸러미의 도장 찍기 🖌 명령어 블록을 사용하여 코드 블록을 연결합니다.

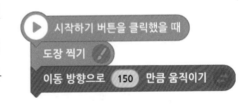

▶시작하기 버튼을 클릭하면 '박쥐(1)' 오브젝트 모양을 화면에 찍고 이동 방향으로 150만큼 이동합니다. 화면에 찍힌 모양은 도장으로 만든 이미지일 뿐 오브젝트가 아닙니다. 오브젝트가 150만큼 이동한 것이므로 이를 구분하기 바랍니다.

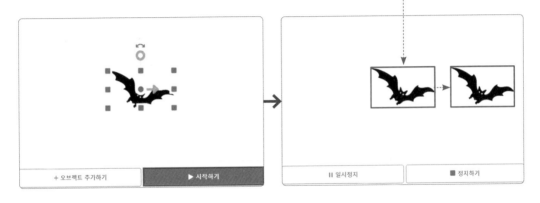

작품 만들기

🎝 코딩 로드맵

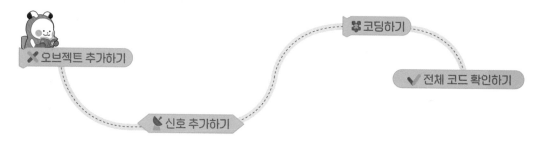

✖ 오브젝트 추가하기

01 새로운 작품을 만들기 위해 [작품 만들기]를 실행하세요. 그런 다음 오브젝트 목록에 있는 기본 오브젝트는 ☒를 클릭해 삭제합니다.

02 '오브젝트 추가하기'를 클릭하여 [배경] → [풀], [동물] → [사슴벌레] 오브젝트를 추가합니다.

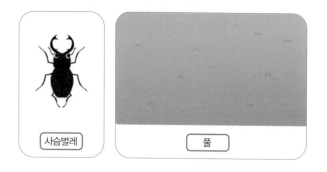

03 사슴벌레가 움직이며 그림을 그릴 공간이 필요하기 때문에 위치를 설정해줘야 합니다. 왼쪽 실행 화면 아래에 위치한 오브젝트 목록에서 '사슴벌레' 오브젝트의 위치를 (−50, −50) 좌표로 설정하고 크기를 50%, 이동 방향을 0도로 설정합니다. 이동 방향이 0도 즉, 위쪽으로 설정되었으므로 사슴벌레는 머리 방향으로 움직입니다.

머리 방향인 위쪽으로 움직임

+ 오브젝트 추가하기   ▶ 시작하기

사슴벌레

-50.0 X -50.0 Y 크기 50.0 %
0.0 0.0 ↺ ↔ →
방향 이동 방향 회전방식

📡 신호 추가하기

오브젝트인 사슴벌레가 정사각형을 그리게 하기 위해 정사각형 그리기 신호를 추가합니다. 한 변을 그리는 작업을 4번 반복해서 정사각형을 그릴 것인데 순차 구조와 반복 구조로 그리는 다음 표의 두 신호를 추가합니다.

신호	기능
정사각형그리기	정사각형을 그리라는 신호
반복구조로그리기	반복 구조로 정사각형을 그리라는 신호

🔩 코딩하기

앞서 간단하게 실습해보기에서 [🖌붓] 블록 꾸러미를 활용하여 오브젝트인 엔트리봇이 선을 그리며 이동하거나 박쥐가 도장처럼 찍히며 이동하는 실습을 통해 그림 그리기 기능을 알아봤습니다. 이제 사슴벌레가 움직이면서 그리는 그림이 정사각형이 될 수 있도록 코드 블록을 이용하여 코딩해봅시다.

01 🪲 '**사슴벌레**' 오브젝트를 선택한 다음 🚩 블록 꾸러미의

🎭 정사각형그리기 ▼ 신호를 받았을 때 을 추가하고 ✏️ 블록 꾸러미의 그리기 시작하기 ✏️ 를 조립합니다. 그런 다음 사슴벌레의 이동 방향과 움직임을 조정할 블록을 🔁과 ⏳ 블록 꾸러미에서 가져와 연결합니다. 이렇게 조립한 블록은 '사슴벌레' 오브젝트가 '정사각형그리기' 신호를 받으면 그림을 그리기 시작하며 이동 방향인 위쪽으로 100만큼 움직이며 선을 그리고 90도 회전하여 오른쪽을 향합니다.

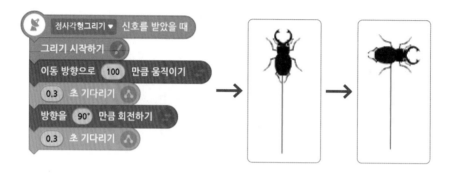

02 '**사슴벌레**' 오브젝트가 방향을 바꾼 상태에서 선을 이어서 그릴 수 있도록 이동 방향으로 100 만큼 움직이기 를 추가하고 방향을 바꿀 수 있도록 방향을 90° 만큼 회전하기 를 추가하여 90도 회전하여 아래쪽을 향하도록 합니다.

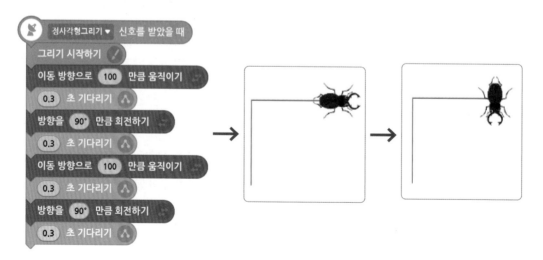

03 다시 사슴벌레가 방향을 바꿔 선을 이어서 그릴 수 있도록 **02**와 같이 코드 블록을 연결하여 아래쪽으로 100만큼 선을 그리고 90도 회전하여 왼쪽으로 100만큼 선을 그리도록 만듭니다. 90도 회전하여 위쪽을 향한 상태에서 그리기를 멈춥니다.

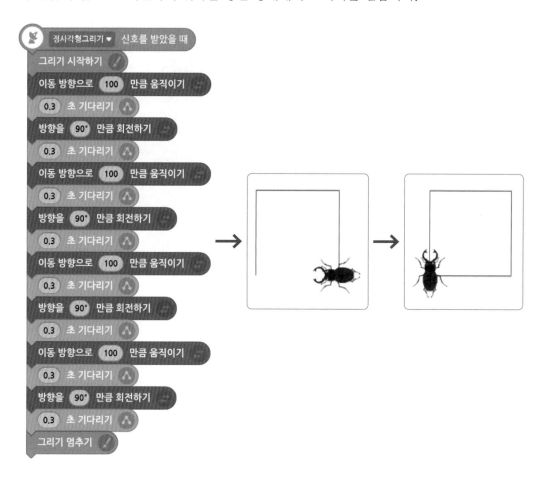

ⓘ 이처럼 위에서부터 아래로 순차적으로 실행되는 프로그램 구조를 순차 구조라 합니다.

04 **03**에서 완성한 코드를 보면 다음 4개의 블록이 4번 반복되는 것을 알 수 있습니다. 이렇게 동일한 블록이 반복될 때는 여러 번 반복해서 블록을 조립하기보다는 **반복 구조**를 이용하면 구조가 간결해지며 효율적으로 만들 수 있습니다.

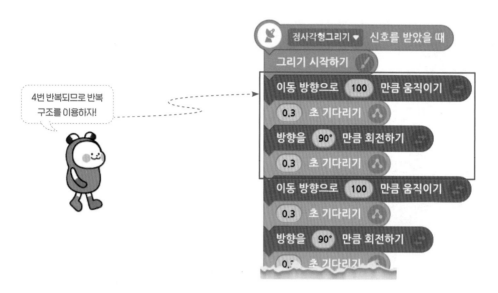

05 **03**에서 완성했던 코드 블록을 반복 구조 블록인 ⚐ 블록 꾸러미의 4 번 반복하기 블록을 이용하여 간결하게 만든 코드는 다음과 같습니다. 이 코드는 '반복구조로그리기' 신호를 받으면 동작합니다. '반복구조로그리기' 신호를 받으면 선을 그리고 회전하는 동작을 4번 반복하면서 정사각형을 그립니다.

06 자, 이제 [시작하기] 버튼을 클릭하면 '정사각형그리기' 신호와 '반복구조로그리기' 신호를 보내 사슴벌레가 정사각형을 두 번 그리도록 코드 블록을 조립합니다. 단, 두 번째 정사각형을 그리기 전에 처음 그려진 정사각형을 지우기 위해 🖌️ 블록 꾸러미의 모든 붓 지우기 🖌️ 를 연결해줍니다.

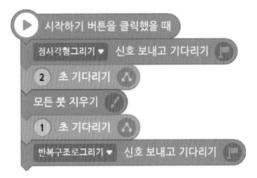

✔ 전체 코드 확인하기

오브젝트	코드 블록
![사슴벌레] [사슴벌레]	❶ 작품을 실행하면 '정사각형그리기' 신호를 보내 ❷를 수행합니다. ❷의 첫 번째 정사각형 그리기가 끝나고 ❶에서 '반복구조로그리기' 신호를 보내면 ❸을 수행합니다. **❶** ▶ 시작하기 버튼을 클릭했을 때 정사각형그리기 ▼ 신호 보내고 기다리기 🏁 2 초 기다리기 ⏴ 모든 붓 지우기 🖌️ 1 초 기다리기 ⏴ 반복구조로그리기 ▼ 신호 보내고 기다리기 🏁 **❷** 🛰️ 정사각형그리기 ▼ 신호를 받았을 때 그리기 시작하기 🖌️ 이동 방향으로 100 만큼 움직이기 0.3 초 기다리기 ⏴ 방향을 90° 만큼 회전하기 0.3 초 기다리기 ⏴ 이동 방향으로 100 만큼 움직이기 0.3 초 기다리기 ⏴ 방향을 90° 만큼 회전하기 0.3 초 기다리기 ⏴ 이동 방향으로 100 만큼 움직이기 0.3 초 기다리기 ⏴ 방향을 90° 만큼 회전하기 0.3 초 기다리기 ⏴ 이동 방향으로 100 만큼 움직이기 0.3 초 기다리기 ⏴ 방향을 90° 만큼 회전하기 0.3 초 기다리기 ⏴ 그리기 멈추기 🖌️

❸
반복구조로그리기 ▼ 신호를 받았을 때
그리기 시작하기
4 번 반복하기
이동 방향으로 100 만큼 움직이기
0.3 초 기다리기
방향을 90° 만큼 회전하기
0.3 초 기다리기
그리기 멈추기

코딩 실력 레벨업!

프로그램 구조에 대해 알아보자!

프로그램 구조는 순차 구조, 반복 구조, 선택 구조로 분류할 수 있습니다. 순차 구조는 위에서부터 아래로 순차적으로 실행되는 구조이고, 반복 구조는 임의의 문장을 반복해서 실행하는 구조입니다. 선택 구조는 조건에 따라 문장을 선택적으로 실행하는 구조로 다음에 나오는 'LESSON 08 홀짝 게임'에서 살펴볼 겁니다. 작성할 프로그램의 흐름을 잘 파악하여 적합한 구조를 활용하면 프로그램을 간결하고 효율적으로 만들 수 있습니다. 다음 그림을 통해 각 구조가 어떤 특징을 가지는지 알아봅시다.

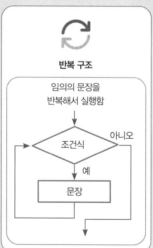

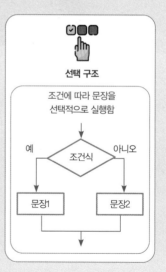

도전해보기

QR 코드를 스캔하면 도전해보기
작품을 볼 수 있어요!

https://naver.me/5VlseSuM

✏️ 블록 꾸러미의 그리기 명령어 블록을 활용하여 그림을 그리고, 반복적인 동작에 대해서는 반복 구조를 이용하여 간결하게 블록을 조립하는 방법을 배웠습니다. '정사각형 그리기'에서는 동일한 도형을 두 번 반복하는 구조를 만들었는데 이번에는 서로 다른 도형인 정삼각형과 정육각형을 그리는 작품을 완성해보세요.

🔍 실행 화면 살펴보기

다음 실행 화면을 보고 화면 구성 요소와 위치를 확인한 다음 사슴벌레가 정삼각형과 정육각형을 차례대로 그리도록 작품을 만들어보세요.

✂️ 오브젝트 추가하기

[오브젝트 추가하기]를 클릭하여 '사슴벌레'와 '풀'를 선택한 다음 [추가하기] 버튼을 누릅니다.

사슴벌레

풀

오브젝트 위치/방향 설정하기

'사슴벌레'의 위치와 방향을 설정해줘야 합니다.

오브젝트	위치/방향 설정
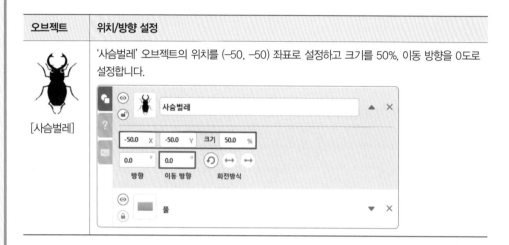 [사슴벌레]	'사슴벌레' 오브젝트의 위치를 (−50, −50) 좌표로 설정하고 크기를 50%, 이동 방향을 0도로 설정합니다.

🛰 신호 추가하기

[속성] 탭에서 '신호'를 선택한 후 [신호 추가하기]를 클릭한 다음 추가할 신호 이름을 작성하고 [신호 추가] 버튼을 클릭합니다.

신호	기능
정삼각형그리기	정삼각형을 그리라는 신호
정육각형그리기	정육각형을 그리라는 신호

🎏 코딩 정복하기

오브젝트	코드 블록
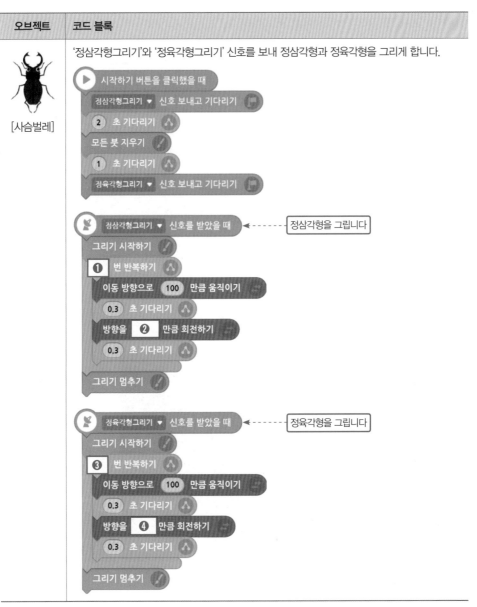[사슴벌레]	'정삼각형그리기'와 '정육각형그리기' 신호를 보내 정삼각형과 정육각형을 그리게 합니다.

LESSON 07

거미줄 그리기

학습 목표 ·함수의 개념을 설명할 수 있습니다.
·함수를 활용하여 거미줄을 그리는 작품을 만들 수 있습니다.

LESSON 06 '정사각형 그리기'는 비교적 간단한 그림을 그리는 작품이었다면 이번엔 여러 블록을 조립해 하나의 블록처럼 사용할 수 있는 함수를 이용합니다. 함수를 이용하면 일련의 행동을 순서대로 모아서 수행하도록 하여 목적을 달성할 수 있는데요, 이러한 함수의 특징을 이용하여 LESSON 07에서는 거미가 이동하며 거미줄을 그리는 작품을 만들어봅시다.

QR을 스캔하면
유튜브 동영상을 볼 수
있어요!

▶https://youtu.be/SK_c-kdTx0E?si=HM11Oui-tzWBwXI9

  작품 실행하기

01 다음 주소 또는 QR로 접속하면 '거미줄 그리기' 작품이 나옵니다. 작품의 실행 버튼인 ▶을 클릭하여 작품을 실행해보세요.

· https://naver.me/F9zmcyH6

QR을 스캔하면
'거미줄 그리기' 작품이
나와요!

02 거미가 거미줄로 정삼각형 6개를 그려 정육각형을 만들고 점점 크기가 더 큰 정육각형을 두 개 더 그립니다. 정육각형이 세 겹인 모양을 띠는 그림을 그리고 나면 거미는 원점으로 돌아옵니다.

 챗GPT ⓧ 질문하기

🧑 챗GPT에게 질문하기

프로그래밍에서 함수란 무엇인가요? 함수의 정의와 개념을 10대가 이해할 수 있는 수준으로 되도록 간단하게 답변해주세요.

ⓖ 챗GPT의 답변 확인하기

프로그래밍에서 함수는 특정 작업을 수행하는 코드 조각이에요. 함수를 사용하면 코드를 재사용하기 쉽고, 프로그램을 더 이해하기 쉽게 만들 수 있어요.

함수의 정의와 개념
- **정의** : 함수를 정의할 때 함수의 이름과 수행할 작업을 작성해요.
- **입력과 출력** : 함수는 입력값(매개변수)을 받아 결과를 반환할 수 있어요.

실행 과정
- **함수 정의** : 함수가 수행할 작업을 작성합니다.
- **함수 호출** : 정의된 함수를 호출하여 작업을 실행합니다.

'거미줄 그리기' 작품을 보면 이전에 실습했던 작품과 달리 별다른 입력 없이 거미가 일정한 모양의 거미줄을 만들고 있으며 거미줄을 만드는 작업이 끝나면 시작점으로 돌아옵니다. 이처럼 거미줄을 그릴 때 삼각형을 그리는 동작을 반복하고 여러 블록을 조립하여 하나의 블록처럼 사용할 수 있도록 함수 블록을 이용하면 편합니다. 설명만으로는 조금 복잡하게 느껴질 수 있으니, 함수에 대한 개념과 간단한 실습으로 이해해봅시다.

함수 알아보기

다음 그림을 통해 **함수 정의**, **함수 호출**, 실행 순서 등이 어떤 과정으로 진행하는지 살펴봅시다. 구체적인 내용은 뒤에서 살펴볼 겁니다.

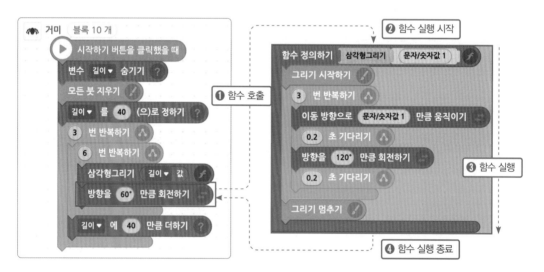

함수 간단하게 실습해보기

함수에 대한 개념을 간단하게 살펴봤습니다. 함수가 무엇인지 잘 이해할 수 있도록 간단한 함수인 '점프' 함수를 만들어보고, 실행해보겠습니다.

01  블록 꾸러미의 '함수 만들기'를 클릭하면 블록 조립소에 가

추가됩니다.

02 '점프' 함수를 만들기 위해서는 코드 블록의 '함수'를 '점프'로 수정하고 블록 꾸러미
의 문자/숫자값 을 드래그하여 점프 오른쪽에 연결합니다. 문자/숫자값 에는 함수를 호
출할 때 전달한 이동 거리를 저장하게 됩니다.

03 '점프' 함수가 수행해야 할 코드를 작성합니다. 수행해야 할 코드의 문자/숫자값 1 은
'점프' 오른쪽에 있는 문자/숫자값 1 을 드래그하여 끼워넣은 겁니다. 화면 아래에 위치한
[저장] 버튼을 누르면 '점프' 함수 정의가 완성됩니다.

좌표로 위치를 찾아보자!

좌표는 특정 위치를 나타내기 위해 사용하며 두 축이 교차하는 지점인 원점을 기준으로 상하좌우로 표현 가능합니다. 엔트리에서도 좌표를 이용하여 위치를 나타내는 경우가 있으므로, 이 좌표를 이용하여 바둑판 모양의 종이 위에 있는 강아지와 고양이의 위치를 어떻게 표현하는지 알아보겠습니다.

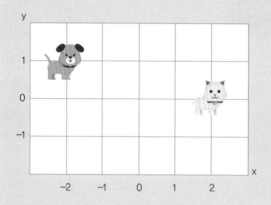

강아지는 -2와 1이 만나는 곳에 있으므로 (-2, 1)로 나타낼 수 있고, 고양이는 2와 0이 만나는 곳에 있으므로 (2, 0)으로 나타낼 수 있습니다. 여기서 오른쪽과 왼쪽의 위치를 구분해주는 수를 x 좌표라 하고, 위아래 위치를 구분해주는 수를 y 좌표라 합니다. 일반적으로 위치를 나타낼 때 x 좌표를 앞에, y 좌표를 뒤에 써서 (x 좌표, y 좌표)로 나타냅니다. 엔트리 역시 좌표를 이용해서 위치를 나타내는데, x 축은 -240부터 240까지의 좌푯값을 갖고 있으며, y 축은 -135부터 135까지의 좌푯값을 갖고 있습니다.

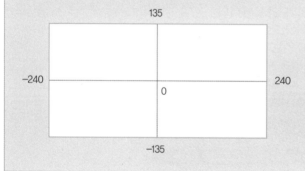

04  블록 꾸러미의 (오브젝트를 클릭했을 때)를 가져와 블록 꾸러미의 점프 50 와 연결하여 오브젝트를 클릭하면 '점프' 함수를 호출하는 코드가 작성됩니다.

05 ❶ '점프 50'을 호출하면 ❷ 50이 전달되어 ❸ 문자/숫자값 1 에 저장됩니다. 그러므로 오브젝트를 클릭하면 ❹ 위아래로 50만큼 움직이는 동작을 10번 반복하게 됩니다.

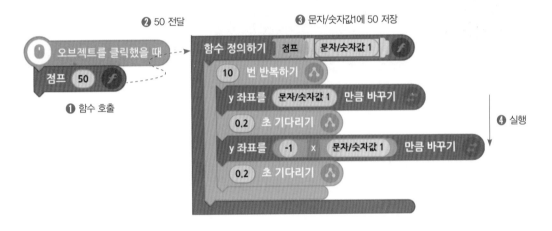

❷ 50 전달   ❸ 문자/숫자값1에 50 저장
❶ 함수 호출   ❹ 실행

작품 만들기

코딩 로드맵

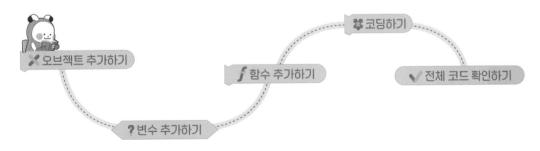

✕ 오브젝트 추가하기

01 새로운 작품을 만들기 위해 [작품 만들기]를 실행하세요. 그런 다음 오브젝트 목록에 있는 기본 오브젝트는 ✕ 를 클릭해 삭제합니다.

02 '오브젝트 추가하기'를 클릭하여 [배경] → [숲속(3)], [동물] → [거미] 오브젝트를 추가합니다.

[거미]

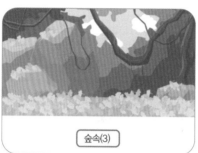

[숲속(3)]

오브젝트 위치/방향 설정하기

오브젝트 '거미'의 크기와 이동할 방향을 설정합니다.

오브젝트	위치/방향 설정
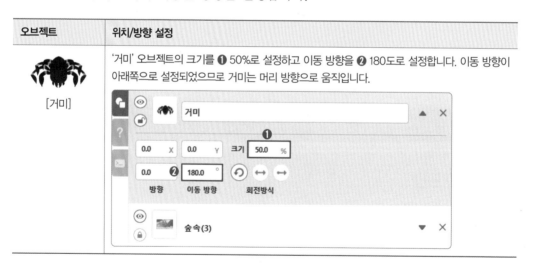 [거미]	'거미' 오브젝트의 크기를 ❶ 50%로 설정하고 이동 방향을 ❷ 180도로 설정합니다. 이동 방향이 아래쪽으로 설정되었으므로 거미는 머리 방향으로 움직입니다.

💡 0도는 위쪽 방향, 90도는 오른쪽 방향, 180도는 아래쪽 방향, 270도는 왼쪽 방향을 의미합니다.

❓ 변수 추가하기

[속성] 탭에서 '변수'를 선택한 후 [변수 추가하기]를 클릭한 다음 변수 이름에 '길이'를 작성하고 [변수 추가] 버튼을 클릭합니다.

변수	기능
길이	그리고자 하는 정삼각형 한 변의 길이를 저장

𝑓 함수 추가하기

'거미줄 그리기'에서 거미는 삼각형 6개를 연속해서 그려 거미줄을 만듭니다. 거미가 이동과 회전을 통해 삼각형을 그리도록 함수를 만들어봅시다.

01 먼저 [𝑓 함수] 블록 꾸러미의 [함수 만들기]를 클릭하여 블록 조립소에  를 추가합니다.

02 함수 정의하기 블록의 '함수'를 '삼각형그리기'로 수정하고 블록 꾸러미의 [문자/숫자값] 을 드래그하여 '삼각형그리기' 오른쪽에 연결합니다. [문자/숫자값 1] 에는 함수를 호출할 때 전달한 삼각형 한 변의 길이를 저장하게 됩니다.

03 '삼각형그리기' 함수가 수행해야 할 코드를 작성합니다. 한 변의 길이가 `문자/숫자값` 인 정삼각형을 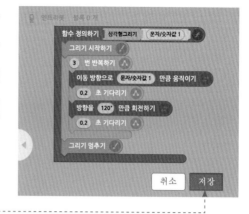 블록을 이용해서 그리게 됩니다. 화면 아래에 위치한 [저장] 버튼을 누르면 '삼각형그리기' 함수 정의가 완성됩니다.

🧩 코딩하기

거미가 반복적으로 수행할 '삼각형그리기'를 함수로 정의했습니다. 이제 본격적으로 '삼각형그리기' 함수 코드 블록을 이용하여 거미줄을 그리도록 코딩해봅시다.

01 🕷️ '거미' 오브젝트를 선택하여 `시작` 블록 꾸러미의 `▶ 시작하기 버튼을 클릭했을 때`를 가져와 [시작하기] 버튼을 클릭하면 `길이 ▼ 를 40 (으)로 정하기 ?` 블록을 통해 '길이' 변수에 40을 저장합니다. 다음으로 '삼각형그리기' 함수를 호출하면 '길이' 변수 값인 '40'이 전달되어 한 변의 길이가 40인 정삼각형을 그립니다.

함수 추가하기에서 미리 정의해놓은 '삼각형그리기' 함수를 호출할 때 '길이' 변수 값인 40이 들어간 `삼각형그리기 40 f`을 호출합니다. 이때 40이 전달되어 `문자/숫자값`에 저장되면서 한 변의 길이가 40인 정삼각형을 그립니다.

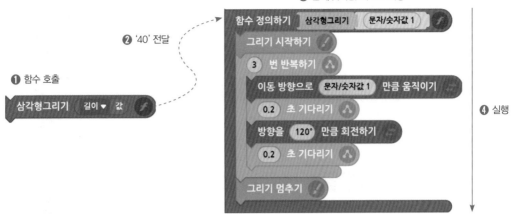

❸ 문자/숫자값1에 '40' 저장

❷ '40' 전달

❶ 함수 호출

❹ 실행

02 삼각형그리기 길이▼ 값 함수를 흐름 블록 꾸러미의 6 번 반복하기 블록을 이용해서 6번 호출하여 정삼각형 6개를 그립니다.

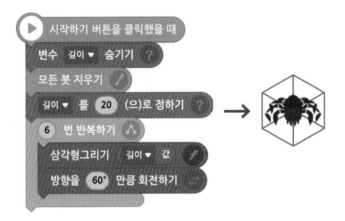

6 번 반복하기 안에 있는 두 블록 삼각형그리기 40 / 방향을 60° 만큼 회전하기 을 통해 정삼각형이 그려지는데, 어떤 방향으로 어떻게 그려지면서 정육각형을 이루는지 상세하게 알아보겠습니다.

첫 번째 반복에서 삼각형그리기 40 / 을 호출하면 한 변의 길이가 40인 정삼각형을 그립니다.

 를 실행하면 '거미' 오브젝트는 시계 방향으로 60도 회전하고 다음 그림과 같이 향하게 됩니다.

60도 회전

두 번째 반복에서 를 실행하면 다음과 같은 그림이 그려집니다.

60도 회전

세 번째 반복에서 블록을 실행하면 다음과 같은 그림이 그려집니다.

 블록을 세 번 더 실행하면 결국 다음과 같은 그림이 그려집니다.

03 거미가 6개의 정삼각형을 이동, 회전, 반복을 통해 그리면서 정육각형의 거미줄이 그려집니다. 다음과 같은 단계로 도형을 3번 반복해서 그리면 거미줄이 그려집니다. 한 변의 길이에 변화를 주지 않고 반복만 한다면 동일한 크기의 도형이 그려지기 때문에 거미줄 모양을 만들기 위해서는 한 변의 길이에 변화를 주면서 그려야 합니다. 다음 그림은 거미줄을 3단계로 나누어서 그린 것을 나타낸 것입니다. 단계 1에서는 한 변의 길이가 40인 정삼각형 6개를, 단계 2에서는 한 변의 길이가 80인 정삼각형 6개를 그립니다. 그리고 단계 3에서 한 변의 길이가 120인 정삼각형 6개를 그립니다.

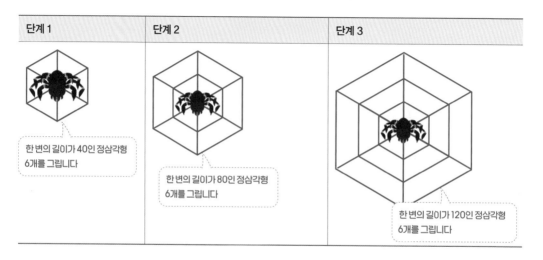

단계 1	단계 2	단계 3

한 변의 길이가 40인 정삼각형 6개를 그립니다

한 변의 길이가 80인 정삼각형 6개를 그립니다

한 변의 길이가 120인 정삼각형 6개를 그립니다

02에서 만든 코드 블록에 길이에 변화를 주는 　길이 ▾ 에 40 만큼 더하기 　? 　블록과
　3 번 반복하기 ∧ 　블록을 추가하여 거미줄을 그리는 코드를 완성해봅시다.

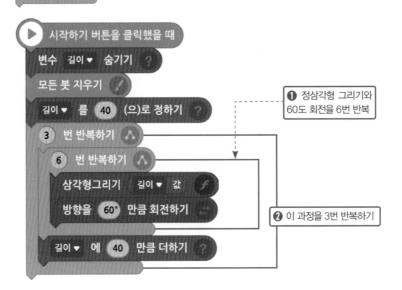

첫 번째 반복에서 '길이' 변수 값이 40이었는데 어떻게 길이가 40씩 늘면서 3번 반복하여 거미줄 그림을 그리게 되는지 그 과정을 상세히 알아봅시다.

바깥쪽 반복 구조의 첫 번째 반복에서는 '길이' 변수 값이 40 이므로 한 변의 길이가 40인 정삼각형 6개를 그린 다음 '길이' 변수 값을 40만큼 증가시켜 80이 됩니다.

바깥쪽 반복 구조의 두 번째 반복에서는 '길이' 변수 값이 80 이므로 한 변의 길이가 80인 정삼각형 6개를 그리고, '길이' 변수 값을 40만큼 증가시켜 120이 됩니다.

바깥쪽 반복 구조의 세 번째 반복에서는 '길이' 변수 값이 120 이므로 한 변의 길이가 120인 정삼각형 6개를 그립니다.

✔ 전체 코드 확인하기

오브젝트	코드 블록
🕷️ [거미]	**시작하기 버튼을 클릭했을 때** 변수 길이▼ 숨기기 ? 모든 붓 지우기 🖌️ 길이▼ 를 40 (으)로 정하기 ? 3 번 반복하기 ∧ 　6 번 반복하기 ∧ 　　삼각형그리기 길이▼ 값 𝑓 　　방향을 60° 만큼 회전하기 　길이▼ 에 40 만큼 더하기 ? 함수 정의하기 삼각형그리기 문자/숫자값 1 𝑓 그리기 시작하기 🖌️ 　3 번 반복하기 ∧ 　이동 방향으로 문자/숫자값 1 만큼 움직이기 　0.2 초 기다리기 ∧ 　방향을 120° 만큼 회전하기 　0.2 초 기다리기 ∧ 그리기 멈추기 🖌️

도전해보기

QR 코드를 스캔하면 도전해보기 작품을 볼 수 있어요!

https://naver.me/5XTCHzWH

이번 장에서는 특정한 기능을 수행하도록 만드는 함수에 대해 학습했습니다. 사용하고자 하는 특정 기능을 하는 함수를 만들어놓으면 필요할 때마다 가져다 쓸 수 있어 코드의 복잡성을 줄여주는 특징을 가집니다. '거미줄 그리기'를 통해 실습한 내용을 바탕으로 육각형그리기 함수를 정의하고 이를 이용해서 육각형 세 개가 붙어 있는 도형을 그리는 작품을 완성해보세요.

🔍 실행 화면 살펴보기

다음 실행 화면을 보고 화면 구성 요소와 위치를 확인한 다음 거미가 정육각형을 세 개씩 연달아 그려 거미줄을 만드는 작품을 만들어보세요.

✕ 오브젝트 추가하기

[오브젝트 추가하기]를 클릭하여 '거미'와 '숲속(3)'를 선택한 다음 [추가하기] 버튼을 누릅니다.

거미

숲속(3)

오브젝트 위치/방향 설정하기

'거미'의 크기와 이동할 방향을 설정합니다.

오브젝트	위치/방향 설정
[거미]	'거미' 오브젝트의 크기를 50%로 설정하고 이동 방향을 180도로 설정합니다. 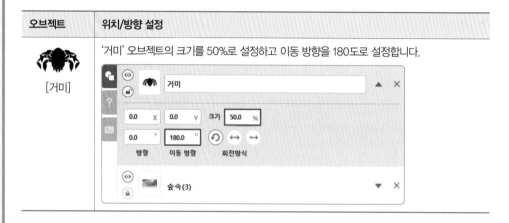

? 변수 추가하기

[속성] 탭에서 '변수'를 선택한 후 [변수 추가하기]를 클릭한 다음 변수 이름에 '길이'를 작성하고 [변수 추가] 버튼을 클릭합니다.

변수	기능
길이	그리고자 하는 정육각형 한 변의 길이를 저장

🎵 코딩 정복하기

오브젝트	코드 블록
 [거미]	육각형그리기 함수를 이용해서 정육각형 모양의 거미줄을 그립니다.

▶ 시작하기 버튼을 클릭했을 때

변수 길이▼ 숨기기 ?

모든 붓 지우기 🖊

길이▼ 를 20 (으)로 정하기 ?

3 번 반복하기 ⌄

　4 번 반복하기 ⌄

　　육각형그리기 길이▼ 값 *f*

　　방향을 120° 만큼 회전하기 ↻

　길이▼ 에 20 만큼 더하기 ?

함수 정의하기 육각형그리기 문자/숫자값 1 *f* ◁---- 정육각형을
그리는 함수

그리기 시작하기 🖊

　① 번 반복하기 ⌄

　이동 방향으로 문자/숫자값 1 만큼 움직이기 ↻

　0.2 초 기다리기 ⌄

　방향을 ② 만큼 회전하기 ↻

　0.2 초 기다리기 ⌄

그리기 멈추기 🖊

QR을 스캔하여
정답을 확인하세요.

홀짝 게임

학습 목표
• 선택 구조의 개념과 논리 연산을 설명할 수 있습니다.
• 선택 구조를 활용하여 홀짝 게임 작품을 만들 수 있습니다.

여러 개의 구슬 중 임의의 구슬을 손에 쥐어 그 구슬의 개수가 홀수인지 짝수인지 알아맞히는 게임을 홀짝 게임이라 합니다. 조건이 있고 그에 따라 판단하는 것을 선택 구조라고 하고, 프로그래밍에서는 선택 구조와 함께 두 값을 비교하는 연산을 자주 사용합니다. LESSON 08에서는 선택 구조와 비교 연산의 개념을 이해하고, 이를 바탕으로 홀짝 게임 작품을 만들겠습니다.

QR을 스캔하면
유튜브 동영상을 볼 수
있어요!

▶ https://youtu.be/bcRGrI6bUjI?si=_6ZJIDZdN3W7xJaK

 ## 작품 실행하기

01 다음 주소 또는 QR로 접속하면 '홀짝 게임' 작품이 나옵니다. 작품의 실행 버튼인 ▶
을 클릭하여 작품을 실행해보세요.

• https://naver.me/FiORgfRK

QR을 스캔하면
'홀짝 게임' 작품이 나와요!

02 소녀를 클릭하면 생각한 수가 홀수인지 짝수인지 맞혀보라는 질문을 합니다. 입력 칸에는 소녀의 질문에 대한 소년의 대답을 입력합니다.

03 소녀는 소년이 대답한 내용과 소녀가 생각한 수가 맞는지 틀리는지 대답을 비교한 결과를 말합니다.

챗GPT ⓧ 질문하기

🤖 챗GPT에게 질문하기

프로그래밍에서 선택 구조란 무엇인가요? 10대가 이해할 수 있는 수준으로 되도록 간단하게 답변해주세요.

⑥ 챗GPT의 답변 확인하기

프로그래밍에서 선택 구조는 프로그램이 특정 조건에 따라 다른 경로를 선택하여 실행되는 방식입니다. 즉, 조건에 따라 다르게 동작하게 만드는 것입니다.

개념

- **조건** : 선택 구조는 조건을 평가합니다. 예를 들어 "이 조건이 참이라면" 또는 "이 조건이 거짓이라면"과 같은 식입니다.
- **분기** : 조건에 따라 프로그램이 다르게 실행됩니다. 예를 들어 조건이 참이면 한 가지 작업을 수행하고, 거짓이면 다른 작업을 수행합니다.

예시

- **만약** : 조건이 참일 때 실행할 코드를 작성합니다.
- **그렇지 않으면** : 조건이 거짓일 때 실행할 코드를 작성합니다.

이렇게 선택 구조를 사용하면 프로그램이 상황에 따라 적절히 대응할 수 있게 됩니다.

 개념 이해하기

'홀짝 게임'을 실행하면 소녀가 생각한 수와 소년이 대답한 답이 홀수, 짝수인지 비교하여 맞는지 틀리는지 알려줍니다. 이처럼 조건이 참인지 거짓인지에 따라 선택적으로 실행되는 것을 선택 구조라하고 두 값을 비교하여 참인지 거짓인지 판단하는 연산을 비교 연산이라 합니다. 선택 구조와 비교 연산과 관련한 명령어 블록을 알아보고 간단한 실습을 통해 어떻게 사용되는지 이해해봅시다.

선택 구조 알아보기

'홀짝 게임'에서 소녀가 생각한 수와 소년의 대답이 일치하는지가 조건일 때 이 조건이 참인지 거짓인지에 따라 명령어 블록이 선택적으로 실행됩니다. 이처럼 조건에 따라 명령어 블록을 선택적으로 실행하는 구조를 **선택 구조**라 합니다. 다음 표를 통해 선택 구조 관련 명령어 블록에는 어떤 것이 있는지 알아봅시다.

블록 꾸러미	블록	실행 기능
흐름	만일 참 (이)라면	조건인 참 이 참이면 블록 안에 있는 명령어 블록들을 실행합니다.
흐름	만일 참 (이)라면 / 아니면	조건인 참 이 참이면 '(이)라면' 아래에 있는 명령어 블록들을 실행하고, 거짓이면 '아니면' 아래에 있는 명령어 블록들을 실행합니다.

비교 연산 알아보기

비교 연산은 두 값을 비교하여 참인지 거짓인지 판단하는 연산으로 비교 연산 블록은 판단 블록 꾸러미에 있습니다. 주로 선택 구조 블록의 참 부분에 비교 연산 블록이 사용되며 다음 표를 통해 비교 연산 명령어 블록에는 어떤 것이 있는지 알아봅시다.

블록 꾸러미	블록	실행 기능
판단	10 = 10	왼쪽에 위치한 값과 오른쪽에 위치한 값이 같으면 참이 되고, 그렇지 않으면 거짓이 됩니다.
판단	10 != 10	왼쪽에 위치한 값과 오른쪽에 위치한 값이 같지 않으면 참이 되고, 그렇지 않으면 거짓이 됩니다.
판단	10 > 10	왼쪽에 위치한 값이 오른쪽에 위치한 값보다 크면 참이 되고, 그렇지 않으면 거짓이 됩니다.
판단	10 < 10	왼쪽에 위치한 값이 오른쪽에 위치한 값보다 작으면 참이 되고, 그렇지 않으면 거짓이 됩니다.
판단	10 ≥ 10	왼쪽에 위치한 값이 오른쪽에 위치한 값보다 크거나 같으면 참이 되고, 그렇지 않으면 거짓이 됩니다.
판단	10 ≤ 10	왼쪽에 위치한 값이 오른쪽에 위치한 값보다 작거나 같으면 참이 되고, 그렇지 않으면 거짓이 됩니다.

선택 구조와 비교 연산 간단하게 실습해보기

1부터 10 사이의 무작위 수를 저장하고 있는 두 변수를 비교하여 큰 수를 판별하는 프로그램을 선택 구조와 비교 연산 블록을 사용하여 코딩해봅시다.

01 먼저 변수 '수1'과 '수2'는 1부터 10 사이의 무작위 수로 정합니다. 그런 다음 선택 구조 블록 중  블록 꾸러미의 을 사용하고, 두 값을 비교하는 비교 연산 블록은 블록 꾸러미의 을 사용합니다.

여기서는 즉, '수1' 값과 '수2' 값을 비교했을 때 '수1' 값이 '수2' 값보다 커야 조건이 참인 구조로 코드 블록을 조립했습니다.

'수1' 값이 '수2' 값보다 커서 조건인 이 참이라면 큰 수인 '수1'을 말하는 블록을 실행하고 '수2'가 '수1' 보다 커서 조건이 거짓이라면 '수2'를 말하는 블록을 실행합니다.

▶ **시작하기** 버튼을 클릭하면 엔트리봇이 두 수를 비교하여 큰 값을 말합니다.

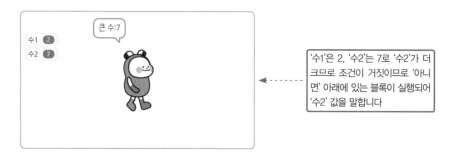

'수1'은 2, '수2'는 7로 '수2'가 더 크므로 조건이 거짓이므로 '아니면' 아래에 있는 블록이 실행되어 '수2' 값을 말합니다

02 이번에는 1부터 6까지 무작위 수로 범위를 정하여 각각 변수 '무작위수1'과 '무작위수2'를 만듭니다. 그런 다음 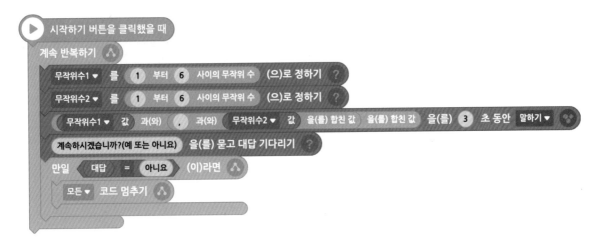 블록 꾸러미의 블록과 블록을 이용해서 무작위 수 2개를 3초 동안 말하는 동작을 반복합니다. 무한 반복을 멈추기 위해 선택 구조 블록 중 블록 꾸러미의 과 참 부분에 위치할 블록 꾸러미의 대답 = 아니요 를 사용합니다. 대답으로 '아니요'를 입력하면 반복을 멈추도록 코드 블록을 조립했습니다.

```
시작하기 버튼을 클릭했을 때
계속 반복하기
    무작위수1 ▼ 를 1 부터 6 사이의 무작위 수 (으)로 정하기
    무작위수2 ▼ 를 1 부터 6 사이의 무작위 수 (으)로 정하기
    무작위수1 ▼ 값 과(와) , 과(와) 무작위수2 ▼ 값 을(를) 합친 값 을(를) 합친 값 을(를) 3 초 동안 말하기 ▼
    계속하시겠습니까?(예 또는 아니요) 을(를) 묻고 대답 기다리기
    만일 대답 = 아니요 (이)라면
        모든 ▼ 코드 멈추기
```

▶ 시작하기 버튼을 클릭하면 엔트리봇이 1부터 6까지의 무작위 수 2개를 말하고 계속할지에 대한 질문을 반복합니다.

이때 반복을 멈추려면 반드시 조건에 맞는 대답인 '아니요'를 입력해야 합니다. 비슷한 대답으로 '아니오', '아니' 등을 입력하면 멈추지 않습니다.

작품 만들기

🖧 코딩 로드맵

✗ 오브젝트 추가하기

01 새로운 작품을 만들기 위해 [작품 만들기]를 실행하세요. 그런 다음 오브젝트 목록에 있는 기본 오브젝트는 ×를 클릭해 삭제합니다.

02 '오브젝트 추가하기'를 클릭하여 [배경] → [놀이터], [사람] → [소녀(5)], [소년(2)] 오브젝트를 추가합니다.

오브젝트 모양 설정하기
'소년(2)가 '소녀(5)'를 마주보도록 모양 설정에서 방향을 바꿔줍니다.

오브젝트	모양 설정
[소년(2)]	[모양] 탭에서 하단 ▷◀ 모양의 [반전] 버튼을 누르고 [저장하기] 버튼을 클릭합니다. 그러면 '소년(2)'의 모양이 좌우로 반전됩니다. 

? 변수 추가하기

[속성] 탭에서 '변수'를 선택한 후 [변수 추가하기]를 클릭한 다음 변수 이름을 작성하고 [변수 추가] 버튼을 클릭합니다.

변수	기능
생각한 수	'소녀(5)'가 무작위로 선택한 수를 저장
대답	'소년(2)'의 대답을 저장
정답	'소녀(5)'가 생각한 수가 홀수인지 짝수인지를 저장

🛰 신호 추가하기

[속성] 탭에서 '신호'를 선택한 후 [신호 추가하기]를 클릭한 다음 추가할 신호 이름을 작성하고 [신호 추가] 버튼을 클릭합니다.

신호	기능
대답말하기	질문에 대해 대답하라는 신호
결과확인	소녀가 생각한 수와 대답이 맞는지 확인

✿ 코딩하기

'홀짝 게임' 작품을 만들기 위해 오브젝트와 사용할 변수, 신호를 모두 추가했습니다. 이제 선택 구조와 비교 연산을 이용해 코딩해봅시다.

먼저 소녀(5)가 동작하는 부분을 코딩하겠습니다.

01 '소녀(5)' 오브젝트를 선택합니다. [시작하기] 버튼을 클릭하면 변수를 실행 화면에 보이지 않도록 변수 대답▼ 숨기기 ? 블록을 이용하여 조립합니다.

02 '소녀(5)' 오브젝트를 클릭하면 1부터 10 사이의 무작위 수 한 개를 '생각한 수' 변수에 저장합니다. '생각한 수'가 홀수인지 짝수인지를 묻는 질문을 한 다음 이에 대해 사용자가 답하면 '대답말하기' 신호를 보냅니다. 사용자가 대답한 내용은 대답 에 저장됩니다.

03 결과확인▼ 신호를 받았을 때 블록을 통해 '결과확인' 신호를 받았을 때 '생각한 수' 변수 값이 짝수이면 '정답'에 짝수를 저장하고, 홀수라면 '정답'에 홀수를 저장합니다.

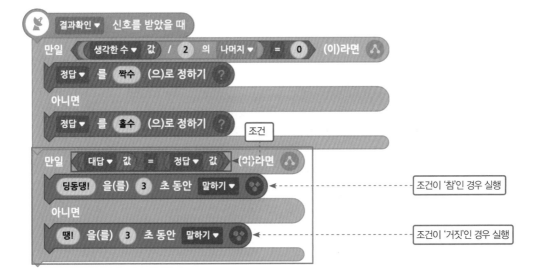

‘생각한 수’ 변수 값이 1인 경우 2로 나눈 나머지는 1이고, 2인 경우 2로 나눈 나머지는 0입니다. 3이면 1이고 4면 0입니다. 결국 ‘생각한 수’ 변수 값을 2로 나눈 나머지가 0이면 ‘생각한 수’ 변수 값은 짝수이고, 그렇지 않으면 ‘생각한 수’ 변수 값은 홀수입니다.

생각한 수	생각한 수를 2로 나눈 나머지	홀수 짝수 여부
1	1	홀수
2	0	짝수
3	1	홀수
4	0	짝수
⋮	⋮	⋮

04 ‘홀수인지 짝수인지 맞혀봐’라는 소녀의 질문에 〈 대답 ▼ 값 = 정답 ▼ 값 〉 블록으로 대답을 비교합니다. 사용자가 대답한 내용을 저장하고 있는 ‘대답’ 변수 값과 ‘정답’ 변수 값이 같으면 ‘딩동댕!’을, 그렇지 않으면 ‘땡!’을 말합니다.

이제 소년(2)가 동작하는 부분을 코딩하겠습니다.

01 '소년(2)' 오브젝트를 선택합니다. '소년(2)' 오브젝트는 소녀(5)로부터 '대답말하기' 신호를 받으면 '홀수인지 짝수인지 맞혀봐'라는 질문에 대해 사용자가 대답한 내용인 `대답` 을 '대답' 변수에 저장하고 '대답' 변수 값을 말합니다. 그리고 `결과확인 ▼  신호 보내기` 블록을 통해 '결과확인' 신호를 보냅니다.

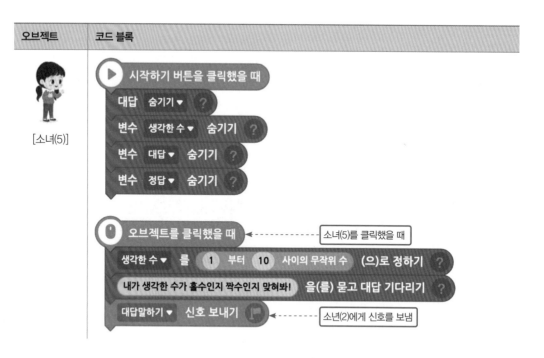

✔ 전체 코드 확인하기

오브젝트	코드 블록
[소녀(5)]	시작하기 버튼을 클릭했을 때 대답 숨기기 ▼ 변수 생각한 수 ▼ 숨기기 변수 대답 ▼ 숨기기 변수 정답 ▼ 숨기기 오브젝트를 클릭했을 때 ◄---- 소녀(5)를 클릭했을 때 생각한 수 ▼ 를 1 부터 10 사이의 무작위 수 (으)로 정하기 내가 생각한 수가 홀수인지 짝수인지 맞혀봐! 을(를) 묻고 대답 기다리기 대답말하기 ▼ 신호 보내기 ◄---- 소년(2)에게 신호를 보냄

[소년(2)]

도전해보기

이번 장에서는 조건에 따라 명령어 블록을 선택적으로 실행하는 선택 구조와 두 값을 비교하여 참인지 거짓인지 판단하는 비교 연산을 학습했습니다. 선택 구조 명령어 블록과 비교 연산 명령어 블록을 활용하여 스포츠스태킹 경기 기록을 정하는 작품을 만들려고 합니다. 스포츠스태킹 경기에서 선수의 개인 기록은 3번의 시도 중 가장 빠른 기록이 됩니다. 입력받은 3개의 기록 중 가장 빠른 기록을 찾아 선수 개인 기록으로 정하는 작품을 완성해보세요.

🔍 실행 화면 살펴보기

다음 실행 화면을 보고 화면 구성 요소와 위치를 확인한 후 스포츠스태킹 경기에서 선수의 기록 3번 중 가장 빠른 기록만 말하도록 작품을 만들어보세요.

QR 코드를 스캔하면 도전해보기
작품을 볼 수 있어요!

https://naver.me/GvdRJwYj

✖ 오브젝트 추가하기

[오브젝트 추가하기]를 클릭하여 '소년(1)'과 '실내체육관'을 선택한 다음 [추가하기]
버튼을 누릅니다.

소년(1)

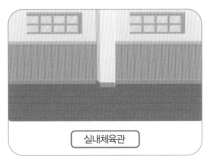

실내체육관

? 변수 추가하기

[속성] 탭에서 '변수'를 선택한 후 [변수 추가하기]를 클릭한 다음 변수 이름을 작성
하고 [변수 추가] 버튼을 클릭합니다.

변수	기능
기록1	첫 번째 기록을 저장
기록2	두 번째 기록을 저장
기록3	세 번째 기록을 저장

🛰️ 신호 추가하기

[속성] 탭에서 '신호'를 선택한 후 [신호 추가하기]를 클릭한 다음 추가할 신호 이름
을 작성하고 [신호 추가] 버튼을 클릭합니다.

신호	기능
기록입력	선수 기록을 입력받으라는 신호
결과확인	3개의 기록 중 가장 빠른 기록을 찾으라는 신호

🚩 코딩 정복하기

오브젝트	코드 블록
[소년(1)]	❶ '기록입력'과 '결과확인' 신호를 보내 선수 기록을 입력 받고 가장 빠른 기록을 정하도록 합니다. 

❷ 선수 기록을 입력받습니다.

❸ ❷에서 입력받은 기록 중 가장 빠른 기록을 찾아 말합니다.

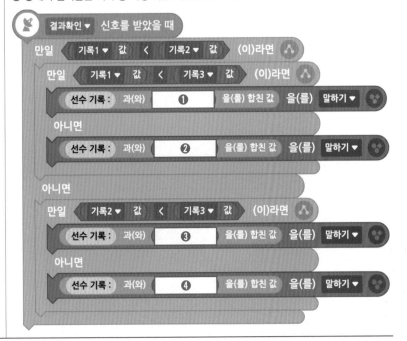

QR을 스캔하여
정답을 확인하세요.

LESSON 09 윤년 판별하기

학습 목표
- 논리 연산을 설명할 수 있습니다.
- 윤년 판별 기준을 이해하며 윤년을 판별하는 작품을 만들 수 있습니다.

보통 2월은 28일까지 있다고 알고 있을 겁니다. 그러나 몇 년에 한 번씩 29일이 있는 해를 본 적도 있을 겁니다. 이처럼 2월에 29일까지 있는 해를 윤년이라 합니다. LESSON 09 '윤년 판별하기' 작품에서는 사용자가 입력한 연도가 윤년인지 아닌지를 논리 연산 블록을 활용하여 판별하는 작품을 만들어봅시다.

QR을 스캔하면
유튜브 동영상을 볼 수
있어요!

▶ https://youtu.be/2gNp1LfESgl?si=5rM456NNH1N2GdZf

 작품 실행하기

01 다음 주소 또는 QR로 접속하면 '윤년 판별하기' 작품이 나옵니다. 작품의 실행 버튼인 ▶을 클릭하여 작품을 실행해보세요.

- https://naver.me/5VlbGA3Z

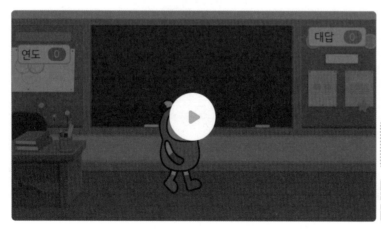

QR을 스캔하면
'윤년 판별하기' 작품이
나와요!

02 엔트리봇이 윤년을 판별할 연도 또는 종료를 입력하라고 묻습니다. 사용자가 연도를 입력하면 연산을 통해 윤년인지 평년인지 답합니다.

03 몇 초 후 윤년을 판별할 연도와 종료를 입력하라는 질문을 다시 묻는데, '종료'를 입력하면 프로그램 실행을 종료합니다.

챗GPT ⓧ 질문하기

🤖 챗GPT에게 질문하기

프로그래밍에서 논리 연산이란 무엇인가요? 10대가 이해할 수 있는 수준으로 되도록 간단하게 답변해주세요.

⑨ 챗GPT의 답변 확인하기

프로그래밍에서 논리 연산은 참(true)과 거짓(false)을 다루는 연산입니다. 논리 연산을 통해 여러 조건을 조합하거나 비교할 수 있습니다.

주요 논리 연산

1. AND (&&) : 두 조건이 모두 참일 때만 결과가 참.
   - 예 : 조건1 AND 조건2 (둘 다 참이어야 참)
2. OR (||) : 두 조건 중 하나라도 참이면 결과가 참.
   - 예 : 조건1 OR 조건2 (하나라도 참이면 참)
3. NOT (!) : 조건의 반대를 반환.
   - 예 : NOT 조건1 (참이면 거짓, 거짓이면 참)

이 연산들은 조건문에서 많이 사용되어 프로그램의 흐름을 제어합니다.

 개념 이해하기

'윤년 판별하기' 작품에서 임의의 연도를 입력하면 윤년인지 평년인지 판별하여 알려줍니다. 윤년은 보통 4년마다 돌아오는 것으로 알지만 100으로 나누어떨어지는 연도는 윤년으로 보지 않습니다. 윤년은 여러 조건을 만족해야 성립합니다. 이와 같이 여러 조건일 때 일반적으로 논리 연산을 활용하여 문제를 해결합니다. 그렇다면 논리 연산이란 무엇인지 알아봅시다.

> 윤년은 2월을 29일까지 둔 해이며, 평년은 2월에 28일까지 있는 것을 말합니다. 정의에 의하면 윤년은 보통 4년에 한 번 돌아오지만 100으로 나누었을 때 나누어떨어지는 해는 윤년으로 보지 않습니다. 하지만 400으로 나누어떨어지는 해는 윤년입니다.

논리 연산 알아보기

논리 연산은 참과 거짓에 대해 논리 동작을 다루는 연산으로, 하나 또는 두 개의 조건을 이 연산자에 의해서 특정 값(참 또는 거짓)이 되도록 합니다. 논리 연산은 선택 구조에서 여러 조건을 조합할 때 주로 사용합니다. 다음 표를 통해 논리 연산 명령어 블록을 알아보고 각각 어떤 기능을 하는지 살펴봅시다.

블록 꾸러미	블록	실행 기능
☑ 판단	참 그리고 ▼ 참	두 조건이 모두 참이면 참이 되고, 그렇지 않으면 거짓이 됩니다.
☑ 판단	참 또는 ▼ 거짓	두 조건 중 하나라도 참이면 참이 되고, 둘 다 거짓이면 거짓이 됩니다.
☑ 판단	참 (이)가 아니다	조건이 참이면 거짓이 되고, 조건이 거짓이면 참이 됩니다.

논리 연산 간단하게 실습해보기

놀이공원 입장료를 구매하는 경우로 예를 들어 실습해봅시다. 나이가 8세 미만 또는 60세 이상이면 놀이공원 입장료가 무료라고 합니다. 입력받은 나이가 범위 안에 해당하는지 논리 연산 블록을 사용하여 코딩해봅시다.

01 변수 '나이'를 추가하고 선택 구조의 조건을 '나이'의 범위인 8세 미만 또는 60세 이상으로 설정합니다. '나이'의 범위는 교집합이 아닌 8 미만, 60 이상인 이 두 조건 중 하나만 충족하더라도 참이기 때문에 ☑ 판단 블록 꾸러미의 〈 참 또는 ▼ 거짓 〉을 이용하여 조립합니다.

'나이' 변수 값이 8 미만이거나 60 이상이면 [무료 입장입니다. 을(를) 말하기▼ ⚙] 를 실행하고, 그렇지 않으면 [입장료는 5000원입니다. 을(를) 말하기▼ ⚙] 를 실행합니다. 만약 '나이' 변수 값이 70이라면 [나이▼ 값 < 8]은 거짓이지만 [나이▼ 값 ≥ 60]은 참이므로 '무료 입장입니다.'를 말합니다.

이번엔 두 조건을 모두 만족해야 참이 되고, 둘 중 하나라도 만족하지 못하면 거짓이 되는 경우를 알아봅시다. 한 학교의 학생 평가 기준에서 일정 성적 이상과 출석일이 합격 여부를 판단한다고 합시다. 이때 성적이 70 이상이고 출석일이 12 이상이어야 합격입니다.

02 '성적' 변수 값이 70 이상이고 '출석일' 변수 값이 12 이상이면 '합격'을 말하고, 그렇지 않으면 '불합격'을 말합니다. 우선 변수 '성적', '출석일'을 추가하고 각각의 조건 범위를 설정합니다. 두 조건을 모두 만족해야 합격을 받을 수 있기 때문에 [✓ 판단] 블록 꾸러미의 [참 그리고▼ 참]을 이용합니다.

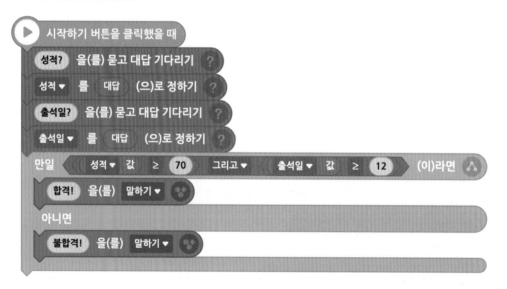

'성적'과 '출석일' 조건인 [성적▼ 값 ≥ 70]과 [출석일▼ 값 ≥ 12]를 모두 만족해야 [합격! 을(를) 말하기▼ ⚙] 블록이 실행되어 '합격!'을 말합니다. 그렇지 않은 경우 [불합격! 을(를) 말하기▼ ⚙] 블록이 실행되어 '불합격!'을 말합니다.

작품 만들기

🔩 코딩 로드맵

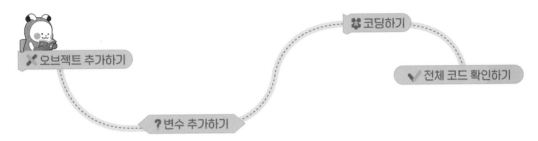

🗶 오브젝트 추가하기 → ❓ 변수 추가하기 → ✿ 코딩하기 → ✔ 전체 코드 확인하기

🗶 오브젝트 추가하기

01 새로운 작품을 만들기 위해 [작품 만들기]를 실행하세요. 이 작품에서는 기본 오브젝트인 엔트리봇을 이용합니다.

02 '오브젝트 추가하기'를 클릭하여 [배경] → [교실(2)]을 추가합니다.

교실(2)

❓ 변수 추가하기

[속성] 탭에서 '변수'를 선택한 후 [변수 추가하기]를 클릭한 다음 변수 이름을 작성하고 [변수 추가] 버튼을 클릭합니다.

변수	기능
연도	윤년을 판별할 연도를 저장

🐾 코딩하기

'윤년 판별하기' 작품을 만들기 위한 오브젝트 준비와 변수 추가를 모두 마쳤습니다. 논리 연산을 이용하여 입력받는 연도를 윤년과 평년으로 판별하도록 코딩해봅시다.

01 🐸 **'엔트리봇'** 오브젝트를 선택합니다. [시작하기] 버튼을 클릭하면 변수들이 실행 화면에 보이지 않도록 변수 대답▼ 숨기기 ? 를 이용합니다. 사용자로부터 입력받는 연도를 '연도' 변수에 저장합니다.

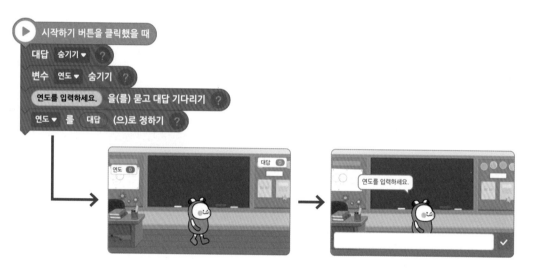

02 윤년은 400의 배수인 해 또는 4의 배수면서 100의 배수가 아닌 해입니다.

- **조건 1** : 400의 배수인 해
- **조건 2** : 4의 배수이면서 100의 배수가 아닌 해

윤년의 첫 번째 조건인 '연도' 변수 값이 400의 배수인 해이면 '윤년'을 말합니다. 즉 '연도'를 400으로 나눈 나머지가 0인 것을 말합니다.

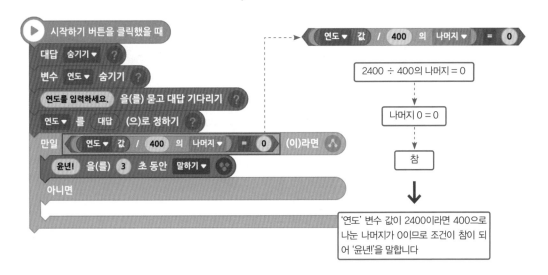

03 윤년의 두 번째 조건인 '연도' 변수 값이 4의 배수면서 100의 배수가 아닌 해이면 '윤년'을 말하고, 그렇지 않으면 '평년'을 말합니다.

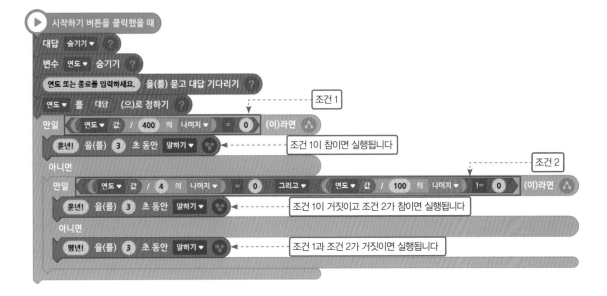

조건 2에서 '연도' 변수 값이 2024이라면 '연도' 변수 값을 4로 나눈 나머지가 0인 조건이 참이고 '연도' 변수 값을 100으로 나눈 나머지가 0이 아닌 조건도 참이므로 참이 되어 '윤년!'을 말하게 됩니다.

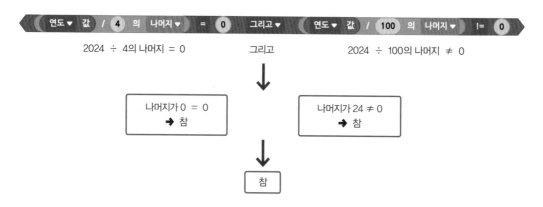

2024 ÷ 4의 나머지 = 0   그리고   2024 ÷ 100의 나머지 ≠ 0

나머지가 0 = 0   나머지가 24 ≠ 0
➔ 참   ➔ 참

참

04 연도를 입력받아 윤년인지를 판별하는 동작을 계속해서 반복하도록 [계속 반복하기] 블록으로 감싸줍니다.

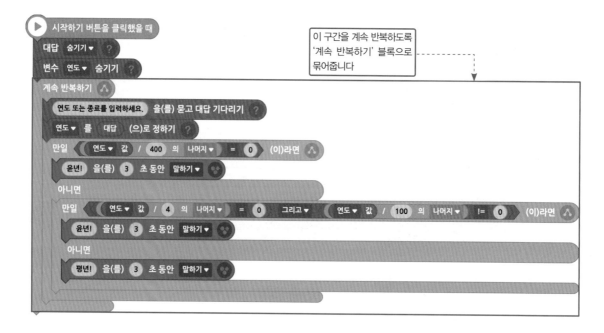

이 구간을 계속 반복하도록
'계속 반복하기' 블록으로
묶어줍니다

05 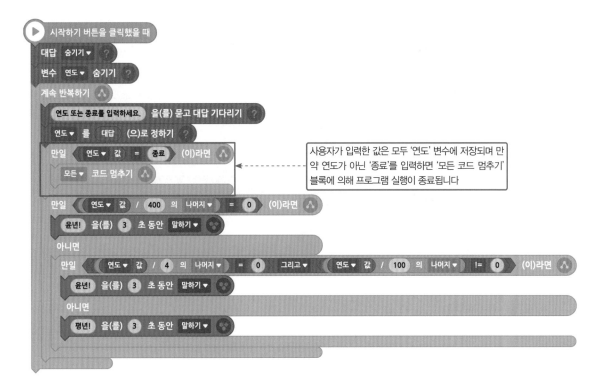 블록으로 인해 프로그램 실행이 종료되지 않고 계속해서 반복됩니다. 그러므로 사용자가 연도가 아닌 '종료'를 입력하면 '연도' 변수에 '종료'가 저장되며 연도 값 = 종료 가 참이 되면서 모든 코드 멈추기 블록에 의해 프로그램 실행을 멈추게 됩니다.

사용자가 입력한 값은 모두 '연도' 변수에 저장되며 만약 연도가 아닌 '종료'를 입력하면 '모든 코드 멈추기' 블록에 의해 프로그램 실행이 종료됩니다

✔ 전체 코드 확인하기

오브젝트	코드 블록

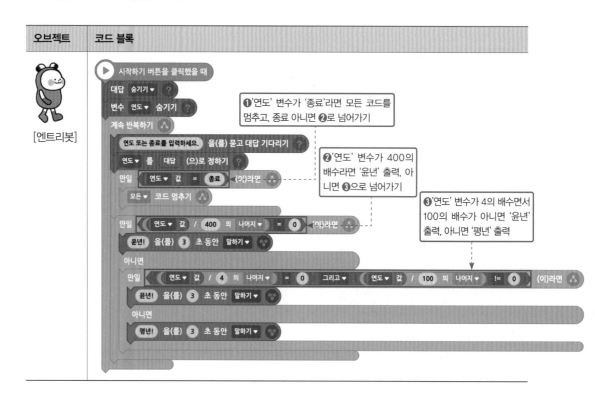

[엔트리봇]

시작하기 버튼을 클릭했을 때
대답 숨기기 ▼
변수 연도 ▼ 숨기기
계속 반복하기

연도 또는 종료를 입력하세요. 을(를) 묻고 대답 기다리기
연도 ▼ 를 대답 (으)로 정하기
만일 연도 ▼ 값 = 종료 (이)라면
모든 ▼ 코드 멈추기

만일 연도 ▼ 값 / 400 의 나머지 ▼ = 0 (이)라면
윤년! 을(를) 3 초 동안 말하기 ▼
아니면
만일 연도 ▼ 값 / 4 의 나머지 ▼ = 0 그리고 연도 ▼ 값 / 100 의 나머지 ▼ != 0 (이)라면
윤년! 을(를) 3 초 동안 말하기 ▼
아니면
평년! 을(를) 3 초 동안 말하기 ▼

❶'연도' 변수가 '종료'라면 모든 코드를 멈추고, 종료 아니면 ❷로 넘어가기

❷'연도' 변수가 400의 배수라면 '윤년' 출력, 아니면 ❸으로 넘어가기

❸'연도' 변수가 4의 배수면서 100의 배수가 아니면 '윤년' 출력, 아니면 '평년' 출력

도전해보기

QR 코드를 스캔하면 도전해보기 작품을 볼 수 있어요!

https://naver.me/5SyV05si

앞에서 배웠던 논리 연산을 이용해서 소녀와 소년이 가위바위보를 하는 작품을 만들어봅시다. 가위, 바위, 보를 했을 때 서로 낸 것에 따라 승, 패, 무승부가 가려지기 때문에 그에 따른 선택 구조 블록을 조립해야 합니다. 이 작품에서 소녀의 가위바위보는 사용자가 선택하고 소년의 가위바위보는 프로그램이 무작위로 선택합니다. 가위바위보를 하고 결과를 말하는 작품을 완성해보세요.

🔍 실행 화면 살펴보기

다음 실행 화면을 보고 화면 구성 요소와 위치를 확인한 후 소녀의 가위바위보는 사용자가 선택하고 소년의 가위바위보는 프로그램이 무작위로 선택했을 때 가위바위보에 대한 결과를 말하는 작품을 만들어보세요.

✖ 오브젝트 추가하기

[오브젝트 추가하기]를 클릭하여 '소녀(2)'와 '소년(3)', 공원(4)'를 선택한 다음 [추가하기] 버튼을 누릅니다.

소녀(2)

소년(3)

공원(4)

❓ 변수 추가하기

[속성] 탭에서 '변수'를 선택한 후 [변수 추가하기]를 클릭한 다음 변수 이름을 작성하고 [변수 추가] 버튼을 클릭합니다.

변수	기능
소녀	사용자가 선택한 가위, 바위, 보 저장
소년	무작위로 선택한 가위, 바위, 보 저장
무작위수	1~3 사이의 무작위 수 저장. 1이면 '소년'에 가위, 2이면 '소년'에 바위, 3이면 '소년'에 보를 저장

🛰 신호 추가하기

[속성] 탭에서 '신호'를 선택한 후 [신호 추가하기]를 클릭한 다음 추가할 신호 이름을 작성하고 [신호 추가] 버튼을 클릭합니다.

신호	기능
상대선택	상대인 소년에게 무작위로 가위, 바위, 보를 선택하라는 신호
결과보기	가위바위보 한 결과를 말하라는 신호

🚩 코딩 정복하기

오브젝트	코드 블록
[소녀(2)]	작품을 시작하면 사용자로부터 가위바위보를 입력받고 상대인 소년(3)에게 가위바위보를 선택하라는 '상대선택' 신호를 보냅니다. 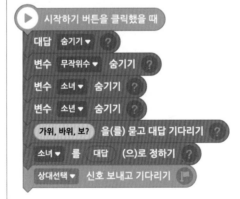

'결과보기' 신호를 받으면 가위바위보 한 결과를 말합니다.

```
결과보기 ▼   신호를 받았을 때
  만일  〈 소녀 ▼ 값  =  소년 ▼ 값 〉 (이)라면  ∧
      ( 소녀 ▼ 값 ) 과(와) ( 무승부! ) 을(를) 합친 값  을(를)  말하기 ▼
  아니면
    만일  〈 소녀 ▼ 값  =  ❶  그리고 ▼  소년 ▼ 값  =  ❷ 〉 (이)라면  ∧
        ( 소녀 ▼ 값 ) 과(와) ( 승! ) 을(를) 합친 값  을(를)  말하기 ▼
    아니면
      만일  〈 소녀 ▼ 값  =  ❸  그리고 ▼  소년 ▼ 값  =  ❹ 〉 (이)라면  ∧
          ( 소녀 ▼ 값 ) 과(와) ( 승! ) 을(를) 합친 값  을(를)  말하기 ▼
      아니면
        만일  〈 소녀 ▼ 값  =  ❺  그리고 ▼  소년 ▼ 값  =  ❻ 〉 (이)라면  ∧
            ( 소녀 ▼ 값 ) 과(와) ( 승! ) 을(를) 합친 값  을(를)  말하기 ▼
        아니면
            ( 소녀 ▼ 값 ) 과(와) ( 패! ) 을(를) 합친 값  을(를)  말하기 ▼
```

[소년(3)]

무작위로 가위바위보를 정합니다.

```
상대선택 ▼   신호를 받았을 때
  무작위수 ▼ 를  ( 1 ) 부터 ( 3 ) 사이의 무작위 수 (으)로 정하기  ?
  만일  〈 무작위수 ▼ 값  =  ( 1 ) 〉 (이)라면  ∧
    소년 ▼ 를  ( 가위 ) (으)로 정하기  ?
  아니면
    만일  〈 무작위수 ▼ 값  =  ( 2 ) 〉 (이)라면  ∧
      소년 ▼ 를  ( 바위 ) (으)로 정하기  ?
    아니면
      소년 ▼ 를  ( 보 ) (으)로 정하기  ?

  결과보기 ▼   신호 보내기  ⚐
```

'결과보기' 신호를 받았을 때 가위바위보 한 결과를 말합니다.

결과보기 ▾ 신호를 받았을 때

만일 〈 소년 ▾ 값 = 소녀 ▾ 값 〉 (이)라면 ⚙

소년 ▾ 값 과(와) 무승부! 을(를) 합친 값 을(를) 말하기 ▾ ⚙

아니면

만일 〈 소년 ▾ 값 = ⑦ 그리고 ▾ 소녀 ▾ 값 = ⑧ 〉 (이)라면 ⚙

소년 ▾ 값 과(와) 승! 을(를) 합친 값 을(를) 말하기 ▾ ⚙

아니면

만일 〈 소년 ▾ 값 = ⑨ 그리고 ▾ 소녀 ▾ 값 = ⑩ 〉 (이)라면 ⚙

소년 ▾ 값 과(와) 승! 을(를) 합친 값 을(를) 말하기 ▾ ⚙

아니면

만일 〈 소년 ▾ 값 = ⑪ 그리고 ▾ 소녀 ▾ 값 = ⑫ 〉 (이)라면 ⚙

소년 ▾ 값 과(와) 승! 을(를) 합친 값 을(를) 말하기 ▾ ⚙

아니면

소년 ▾ 값 과(와) 패! 을(를) 합친 값 을(를) 말하기 ▾ ⚙

QR을 스캔하여
정답을 확인하세요.

조선 왕 계보

학습 목표
• 리스트의 개념을 설명할 수 있습니다.
• 리스트를 활용하여 조선 왕의 계보를 알려주는 작품을 만들 수 있습니다.

학교 다닐 때 누구나 학급에서 각자 부여받은 번호가 있었을 겁니다. 번호에 따라 순서대로 밥을 먹기도 하고 줄을 서기도 하죠. 이처럼 순서대로 값을 저장한 구조를 리스트라고 하며 프로그래밍에서 아주 중요하게 사용되므로 여기서 잘 습득하기를 바랍니다. LESSON 10에서는 리스트 개념을 바탕으로 입력받은 순서에 해당하는 조선 왕의 묘호를 알려주는 작품을 만들겠습니다.

QR을 스캔하면
유튜브 동영상을 볼 수
있어요!

▶ https://youtu.be/LF5CmspHGdc?si=pb7dkyyPevFNSa7P

 작품 실행하기

01 다음 주소 또는 QR로 접속하면 '조선 왕 계보' 작품이 나옵니다. 작품의 실행 버튼인
▶을 클릭하여 작품을 실행해보세요.

• https://naver.me/xn6ygPGe

QR을 스캔하면
'조선 왕 계보' 작품이
나와요!

02 소녀가 조선 왕 1대부터 27대까지의 왕의 묘호를 말합니다.

> 💡 묘호란 황제나 왕이 죽은 뒤 종묘에 신위를 모실 때 붙이는 호로, 조선시대 왕을 칭하는 호칭 중 하나입니다.

03 27대 왕의 묘호까지 다 말하면 왕의 순서를 묻는 질문을 합니다. 사용자가 1~27까지의 번호 중 하나를 입력하면 해당 순서의 왕에 대한 묘호를 말합니다. 이런 동작은 '종료'를 입력할 때까지 반복됩니다.

챗GPT ⓧ 질문하기

챗GPT에게 질문하기

프로그래밍에서 리스트란 무엇인가요? 10대가 이해할 수 있는 수준으로 되도록 간단하게 답변해주세요.

챗GPT의 답변 확인하기

프로그래밍에서 리스트는 여러 값을 하나의 변수에 저장할 수 있는 데이터 구조입니다. 리스트는 값들을 순서대로 저장하며, 각 값은 '요소'라고 불립니다. 리스트를 사용하면 여러 데이터를 효율적으로 관리하고 접근할 수 있습니다.

주요 특징
- **순서** : 리스트의 요소들은 순서대로 저장됩니다.
- **인덱스** : 각 요소는 인덱스(위치 번호)를 가지고 있으며, 이를 통해 접근할 수 있습니다. (예: 첫 번째 요소는 인덱스 0)
- **다양한 데이터** : 숫자, 문자, 다른 리스트 등 다양한 종류의 데이터를 저장할 수 있습니다.

리스트를 사용하면 여러 값을 쉽게 관리하고, 필요한 값을 빠르게 찾을 수 있습니다.

 개념 이해하기

'조선 왕 계보'를 실행하면 소녀(5)가 1부터 27까지 순서대로 왕의 묘호를 말합니다. 그런 다음 1부터 27까지 왕의 순서에서 입력받은 번호에 대한 왕의 묘호를 답합니다. 여기서는 27개 왕의 묘호를 27개의 변수에 저장하지 않고 리스트라는 구조에 저장합니다. 리스트는 여러 개의 자료를 순서대로 저장한 구조를 말합니다. 리스트에 저장된 자료는 순서가 있고 각 순서에 따른 번호가 있기 때문에 번호를 선택하면 앞 작품에서 해당 번호의 왕의 묘호를 답한 것처럼 해당 위치의 자료를 알려줍니다. 그러면 리스트란 무엇이고 어떤 명령어 블록이 있는지 알아보며 간단한 실습으로 어떻게 구성되는지 이해해봅시다.

리스트 알아보기
리스트는 하나 이상의 자료를 순서대로 저장하는 공간으로, 변수와 마찬가지로 이름을 붙여 관리합니다. 리스트의 속성에는 항목과 위치가 있는데, 항목은 저장된 값을 의미하고 위치는 자료가 저장되어 있는 순서 번호를 의미합니다. 다음 그림을 통해 리스트에 대해 좀 더 알아봅시다.

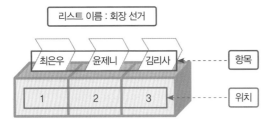

'회장 선거'라는 리스트가 있습니다. 3명의 학생이 회장 선거 후보입니다. 신청한 순서대로 번호를 받았으며 각자 부여받은 번호는 본인의 순서를 의미합니다. 이처럼 각자 부여받은 번호 1, 2, 3은 리스트의 저장 공간 **위치**를 의미하고, 최은우, 윤제니, 김리사는 저장된 값인 **항목**을 의미합니다.

리스트는 [속성] 탭에서 생성할 수 있으며 리스트를 만들면 ?자료 블록 꾸러미에 해당 리스트와 관련된 명령어 블록이 생성됩니다. 다음 표를 통해 어떤 명령어 블록이 있는지 알아봅시다.

블록 꾸러미	블록	실행 기능
? 자료	메뉴 ▼ 의 1 번째 항목	리스트에서 선택한 위치의 항목을 확인합니다.
? 자료	10 항목을 메뉴 ▼ 에 추가하기	리스트에 설정한 항목을 추가합니다.
? 자료	1 번째 항목을 메뉴 ▼ 에서 삭제하기	리스트에서 선택한 위치의 항목을 삭제합니다.
? 자료	10 을(를) 메뉴 ▼ 의 1 번째에 넣기	리스트의 선택한 위치에 설정한 항목을 추가합니다.
? 자료	메뉴 ▼ 1 번째 항목을 10 (으)로 바꾸기	리스트의 선택한 위치의 항목을 설정한 값으로 바꿉니다.
? 자료	메뉴 ▼ 항목 수	리스트에 있는 항목의 개수를 확인합니다.
? 자료	메뉴 ▼ 에 10 이 포함되어 있는가?	리스트에 설정한 항목이 있는지 확인합니다.
? 자료	리스트 메뉴 ▼ 보이기	실행 화면에 설정한 리스트를 보이게 합니다.
? 자료	리스트 메뉴 ▼ 숨기기	실행 화면에 설정한 리스트를 보이지 않게 합니다.

리스트 간단하게 실습해보기

01 리스트를 이용하려면 우선 사용할 리스트를 만들어야 합니다. ❶ [속성] 탭에서 ❷ '리스트'를 선택한 후, ❸ [리스트 추가하기] 버튼을 클릭하여 추가할 리스트 이름인 ❹ '회장 선거'를 입력하고 ❺ [리스트 추가]를 클릭하면 리스트가 만들어집니다.

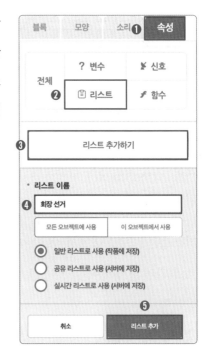

02 '회장 선거' 리스트에 회장으로 출마한 사람을 순서대로 저장합니다. 이 중에서 한 명의 이름을 무작위로 선택해서 말하도록 합니다.

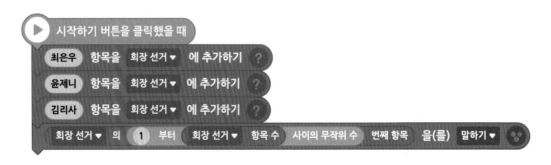

'회장 선거' 리스트를 그림으로 나타내면 다음과 같습니다. '회장 선거' 리스트의 첫 번째 항목은 '최은우'이고, 두 번째 항목은 '윤제니'이고, 세 번째 항목은 '김리사'입니다.

▶ 시작하기 버튼을 클릭하면 실행 화면 오른쪽 위에 회장 선거 리스트 항목들이 나타나고, 이 중 무작위로 선택된 항목, 즉 이름을 말합니다.

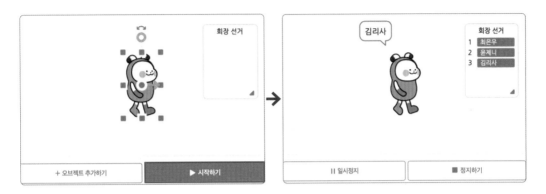

만약 1 부터 회장 선거 ▼ 항목 수 사이의 무작위 수 로 2가 선택되었다면 '회장 선거'의 두 번째 항목인 '윤제니'가 선택됩니다.

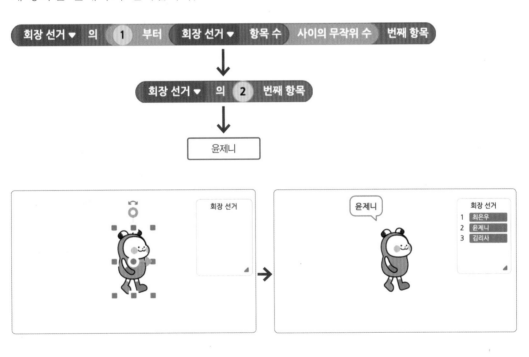

작품 만들기

코딩 로드맵

오브젝트 추가하기

? 변수 추가하기

리스트 추가하기

신호 추가하기

코딩하기

전체 코드 확인하기

✕ 오브젝트 추가하기

01 새로운 작품을 만들기 위해 [작품 만들기]를 실행하세요. 그런 다음 오브젝트 목록에 있는 기본 오브젝트는 ✕를 클릭해 삭제합니다.

02 '오브젝트 추가하기'를 클릭하여 [배경] → [경회루], [사람] → [소녀(5)] 오브젝트를 추가합니다.

소녀(5)

경회루

? 변수 추가하기

[속성] 탭에서 '변수'를 선택한 후 [변수 추가하기]를 클릭한 다음 변수 이름에 '위치'를 작성하고 [변수 추가] 버튼을 클릭합니다.

변수	기능
위치	리스트 항목의 위치를 저장

📋 리스트 추가하기

[속성] 탭에서 '리스트'를 선택한 후 [리스트 추가하기]를 클릭한 다음 리스트 이름에 '조선 왕'을 작성하고 [리스트 추가] 버튼을 클릭합니다.

리스트	기능
조선왕	조선 왕 묘호를 저장

📡 신호 추가하기

[속성] 탭에서 '신호'를 선택한 후 [신호 추가하기]를 클릭한 다음 추가할 신호 이름을 작성하고 [신호 추가] 버튼을 클릭합니다.

신호	기능
조선왕초기화	조선 왕 묘호를 '조선왕' 리스트에 저장하라는 신호
조선왕계보출력하기	'조선왕' 리스트에 저장된 묘호를 순서대로 말하라는 신호
조선왕계보사전	입력받은 순서에 대한 왕 묘호를 말하는 동작을 수행하라는 신호

🧩 코딩하기

1대부터 27대까지 저장할 조선 왕 계보는 다음 표와 같습니다.

순서	묘호	순서	묘호	순서	묘호	순서	묘호
1	태조	8	예종	15	광해군	22	정조
2	정종	9	선종	16	인조	23	순조
3	태종	10	연산군	17	효종	24	헌종
4	세종	11	중종	18	현종	25	철종
5	문종	12	인종	19	숙종	26	고종
6	단종	13	명종	20	경종	27	순종
7	세조	14	선조	21	영조		

01 먼저 '소녀(5)' 오브젝트를 클릭합니다.

`조선왕초기화 신호를 받았을 때` 블록을 통해 '조선왕초기화' 신호를 받았을 때 27명의 조선 왕 묘호를 순서대로 `?`자료 블록 꾸러미의 `10 항목을 조선왕 ▼ 에 추가하기` 블록을 이용하여 '조선왕' 리스트에 저장합니다.

02 '조선왕계보출력하기' 신호를 받았을 때 '조선왕' 리스트에 저장된 항목, 즉 왕 묘호를 순서대로 말합니다. 순서대로 말할 위치를 정한 다음 '조선왕' 리스트의 항목을 말하게 하기 위해서 `흐름` 블록 꾸러미의 `조선왕 ▼ 항목 수 번 반복하기` 를 이용합니다. 각 항목의 '위치' 변수 값, '조선왕' 리스트의 '위치' 값 번째 항목을 함께 말하기 위해 코드 블록을 조합합니다.

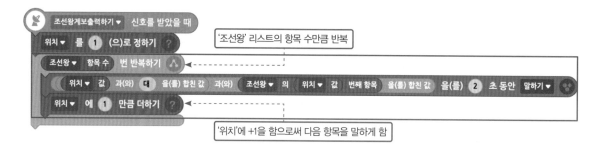

'조선왕' 리스트를 그림으로 나타내면 다음과 같습니다.

'조선왕' 항목 수는 27이므로 27번 반복합니다. 첫 번째 반복에서는 '위치' 변수 값이 1이므로 '조선왕' 리스트의 첫 번째 항목인 '태조'를 말합니다. 동일한 값이 아닌 다음 값을 말하기 위해 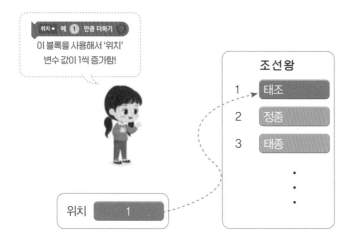 블록을 추가합니다. 그러면 '위치' 변수 값이 1씩 증가하므로 다음 값을 말하게 됩니다.

두 번째 반복에서는 '위치' 변수 값 '1+1'이 되어 2이므로 '조선왕' 리스트의 두 번째 항목인 '정종'을 말합니다. 이와 같은 방법으로 '조선왕' 리스트에 저장된 항목인 조선 왕 묘호 27개를 순서대로 말합니다.

03 '소녀(5)'가 '조선왕' 리스트를 다 말한 다음 '조선왕계보사전' 신호를 받았을 때 사용자로부터 입력받은 순서에 대한 왕 묘호를 말하도록 블록을 조립해봅시다. 먼저 사용자에게 왕의 순서(1~27) 또는 종료? 을(를) 묻고 대답 기다리기 블록을 통해 질문을 하고 사용자가 대답한 왕의 순서를 대답에 저장합니다. 조선왕▼ 의 대답 번째 항목 을(를) 2 초 동안 말하기▼ 블록을 통해 '조선왕' 리스트에서 대답 번째 항목을 말합니다.

사용자 대답을 저장하고 있는 대답 이 '3'이라면 '조선 왕' 리스트의 세 번째 항목인 '태종'을 말하게 됩니다.

04 사용자로부터 입력받은 왕의 순서에 대한 왕 묘호를 말하는 동작을 계속해서 반복하도록 _{계속 반복하기} 블록으로 감싸줍니다. 만약 순서가 아닌 '종료'를 입력하면 프로그램 실행을 멈추도록 비교 연산 블록과 선택 구조 블록을 이용해서 완성합니다.

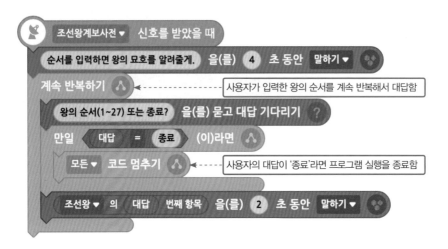

05 [시작하기] 버튼을 클릭하면 리스트와 변수, 대답을 실행 화면에 보이지 않게 합니다. 그런 다음 신호에 따라 각 코드 블록이 실행될 수 있도록 '조선왕초기화', '조선왕계보출력하기', '조선왕계보사전' 신호를 순서대로 보냅니다.

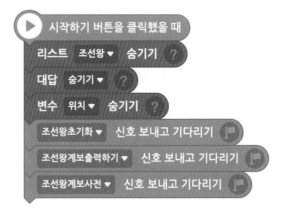

✔ 전체 코드 확인하기

오브젝트	코드 블록
[소녀(5)]	❶ '조선왕초기화', '조선왕계보출력하기', '조선왕계보사전' 신호를 보냅니다. ❷ '조선왕' 리스트에 조선 왕 묘호를 순서대로 저장합니다. ❸ '조선왕' 리스트에 조선 왕 묘호를 순서대로 말합니다. ❹ 입력받은 순서에 대한 왕 묘호를 말합니다.

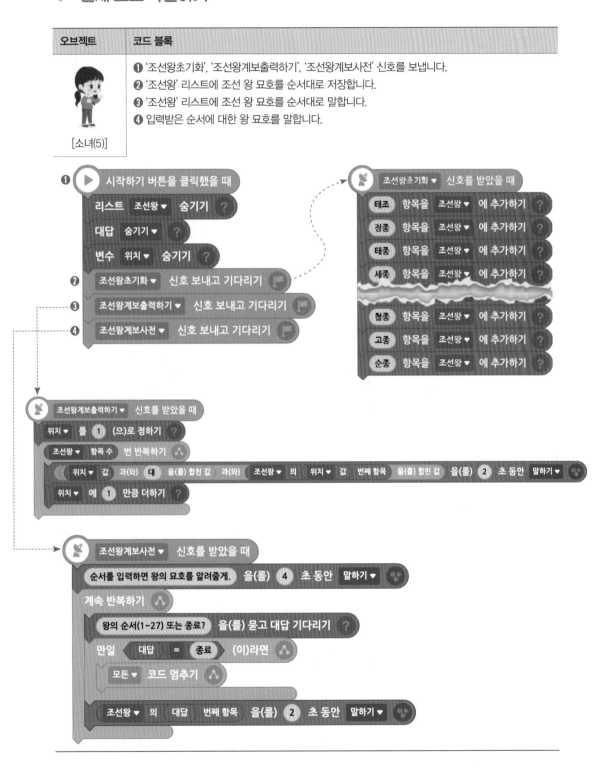

도전해보기

여러 개의 자료를 순서대로 저장하는 구조인 리스트를 이해하고 '조선 왕 계보' 작품을 만들며 리스트에 저장한 값을 순서대로 출력해봤습니다. 또한 사용자가 입력한 순서에 맞는 항목 값인 왕 묘호를 확인할 수 있도록 비교 연산과 선택 구조도 활용했습니다. 이번에는 입력받은 순서의 왕 묘호를 말하는 동작에서 왕의 순서 범위(1~27)를 벗어난 수를 입력하면 잘못 입력했다는 말을 하도록 다음 작품을 완성해보세요.

🔍 실행 화면 살펴보기

다음 실행 화면을 보고 구성할 오브젝트와 위치를 확인하고 화면을 구성하세요.

✂ 오브젝트 추가하기

[오브젝트 추가하기]를 클릭하여 '소녀(5)'와 '경회루'를 선택한 다음 [추가하기] 버튼을 누릅니다.

? 변수 추가하기

[속성] 탭에서 '변수'를 선택한 후 [변수 추가하기]를 클릭한 다음 변수 이름에 '위치'를 작성하고 [변수 추가] 버튼을 클릭합니다.

변수	기능
위치	리스트 항목의 위치를 저장

📋 리스트 추가하기

[속성] 탭에서 '리스트'를 선택한 다음 [리스트 추가하기]를 클릭하여 리스트 이름에 '조선왕'을 작성하고 [리스트 추가] 버튼을 클릭합니다.

변수	기능
조선왕	조선 왕 묘호를 저장

🎌 신호 추가하기

[속성] 탭에서 '신호'를 선택한 후 [신호 추가하기]를 클릭한 다음 추가할 신호 이름을 작성하고 [신호 추가] 버튼을 클릭합니다.

신호	기능
조선왕초기화	조선 왕 묘호를 '조선왕' 리스트에 저장하라는 신호
조선왕계보출력하기	'조선왕' 리스트에 저장된 묘호를 순서대로 말하라는 신호
조선왕계보사전	입력받은 순서에 대한 왕 묘호를 말하는 동작을 수행하라는 신호

🚩 코딩 정복하기

오브젝트	코드 블록
 [소녀(5)]	❶ '조선왕초기화', '조선왕계보출력하기', '조선왕계보사전' 신호를 보냅니다. ❶ ▶ 시작하기 버튼을 클릭했을 때 　리스트　조선왕 ▼　숨기기　❓ 　대답　숨기기 ▼　❓ 　변수　위치 ▼　숨기기　❓ ❷ 조선왕초기화 ▼　신호 보내고 기다리기 🏳 ❸ 조선왕계보출력하기 ▼　신호 보내고 기다리기 🏳 ❹ 조선왕계보사전 ▼　신호 보내고 기다리기 🏳 ❷ '조선왕' 리스트에 조선 왕 묘호를 순서대로 저장합니다. 📡 조선왕초기화 ▼　신호를 받았을 때 　태조　항목을　조선왕 ▼　에 추가하기　❓ 　정종　항목을　조선왕 ▼　에 추가하기　❓ 　태종　항목을　조선왕 ▼　에 추가하기　❓ 　세종　항목을　조선왕 ▼　에 추가하기　❓ 　〜〜〜〜〜〜〜〜〜〜〜〜 　헌종　항목을　조선왕 ▼　에 추가하기　❓ 　철종　항목을　조선왕 ▼　에 추가하기　❓ 　고종　항목을　조선왕 ▼　에 추가하기　❓ 　순종　항목을　조선왕 ▼　에 추가하기　❓

❸ '조선왕' 리스트에 조선 왕 묘호를 순서대로 말합니다.

```
조선왕계보출력하기 ▾  신호를 받았을 때
위치 ▾  를  ①  (으)로 정하기  ?
조선왕 ▾  항목 수  번 반복하기  ∧
    위치 ▾  값  과(와)  대  을(를) 합친 값  과(와)  조선왕 ▾  의  위치 ▾  값  번째 항목  을(를) 합친 값  을(를)  ②  초 동안  말하기 ▾  ⚙
    위치 ▾  에  ①  만큼 더하기  ?
```

❹ 입력받은 순서에 대한 왕 묘호를 말합니다. 왕의 순서 범위를 벗어나는 값을 입력하면 잘못 입력했다고 말합니다.

```
조선왕계보사전 ▾  신호를 받았을 때
순서를 입력하면 왕의 묘호를 알려줄게.  을(를)  ④  초 동안  말하기 ▾  ⚙
계속 반복하기  ∧
    왕의 순서(1~27) 또는 종료?  을(를) 묻고 대답 기다리기  ?
    만일  ⟨ 대답  =  종료 ⟩  (이)라면  ∧
        모든 ▾  코드 멈추기  ∧

    만일  ⟨       ❶       그리고 ▾        ❷       ⟩  (이)라면  ∧
        조선왕 ▾  의  대답  번째 항목  을(를)  ②  초 동안  말하기 ▾  ⚙
    아니면
        잘못 입력했어. 1~27 사이의 수로 다시 입력해줘.  을(를)  ②  초 동안  말하기 ▾  ⚙
```

QR을 스캔하여
정답을 확인하세요.

PART

02

코딩
완성하기

PART 01에서는 엔트리를 통해 코딩 개념을 익히고 프로그래밍의
기초적인 원리를 알아봤습니다. PART 02에서는 이전에 학습한 코딩
개념과 문법을 바탕으로 본격적으로 다양한 작품을 만들고 따라하는
실습을 합니다. 실생활과 관련된 다양한 원리와 상황을 작품에 적용하여
직접 만들어보는 과정을 통해 문제 해결력을 키우고 융합적 사고와
알고리즘적 사고를 높입니다.

LESSON 11

학용품 가격 계산기

학습 목표 • 변수 값을 누적하는 원리를 이해하며 학용품 가격을 계산하는 작품을 만들 수 있습니다.

문구점에서 문구용품을 여러 개 구입한 적 한 번쯤은 있을 겁니다. 계산할 때도 한꺼번에 계산했겠죠? 그렇습니다. LESSON 11에서는 블록 꾸러미의 변수와 관련된 명령어 블록을 이용하여 따로따로 계산하는 것이 아닌 변수 값을 누적하는 원리를 이용하여 합계를 구하는 작품을 만들어볼 겁니다. 구입할 학용품이 여러 종류일 때 학용품의 총금액을 계산하는 작품을 만들어봅시다.

> QR을 스캔하면 유튜브 동영상을 볼 수 있어요!

▶ https://youtu.be/XX8JwbxcHPQ?si=1PlRsqZ60w-F5j9h

작품 실행하기

01 다음 주소 또는 QR로 접속하면 '학용품 가격 계산기' 작품이 나옵니다. 작품의 실행 버튼인 ▶을 클릭하여 작품을 실행해보세요.

• https://naver.me/FawNlxXy

> QR을 스캔하면 '학용품 가격 계산기' 작품이 나와요!

02 소년을 클릭하면 구입할 노트와 연필, 지우개 개수를 묻습니다. 각각 구입할 개수를 입력하면 소년이 총 금액을 말합니다.

작품을 재생하면 변수는 보이지 않고, 각 변수에 가격이 저장됨

각 품목별 구매할 개수 입력

구매하는 품목별로 가격과 개수를 계산하여 총금액을 말함

 **챗GPT ⊗ 질문하기**

🐼 챗GPT에게 질문하기

노트 가격이 2000원, 연필 가격이 800원, 지우개 가격이 500원일 때 구입한 학용품의 총합을 계산하는 프로그램의 알고리즘은 어떻게 짜야 할까요? 10대가 이해할 수 있는 수준으로 간단하게 답변해주세요.

🌀 챗GPT의 답변 확인하기

학용품의 총합을 계산하는 프로그램을 짜는 건 생각보다 간단해요. 여기서 노트, 연필, 지우개의 가격이 주어졌으니, 우리가 해야 할 일은 각 품목의 개수를 입력받아 총합을 계산하는 거예요. 알고리즘은 다음과 같이 만들 수 있어요:

1. 가격을 변수에 저장하기 :

- 노트 가격 : 2000원
- 연필 가격 : 800원
- 지우개 가격 : 500원

2. 사용자로부터 각 품목의 개수를 입력받기 :

- 노트 개수
- 연필 개수
- 지우개 개수

3. 총합 계산하기 :

- 노트 총합 = 노트 가격 * 노트 개수
- 연필 총합 = 연필 가격 * 연필 개수
- 지우개 총합 = 지우개 가격 * 지우개 개수
- 학용품 총합 = 노트 총합 + 연필 총합 + 지우개 총합

4. 결과 출력하기 :

- 학용품 총합을 화면에 출력

 **작품 만들기**

코딩 로드맵

✕ 오브젝트 추가하기

[오브젝트 추가하기]를 클릭하여 '소년(2)'와 '학교 앞 문구점'을 선택한 다음 [추가하기] 버튼을 누릅니다.

소년(2)

학교 앞 문구점

❓ 변수 추가하기

[속성] 탭에서 '변수'를 선택한 후 [변수 추가하기]를 클릭한 다음 변수 이름을 작성하고 [변수 추가] 버튼을 클릭합니다.

변수	기능
노트가격	노트 가격 2000을 저장
연필가격	연필 가격 800을 저장
지우개가격	지우개 가격 500을 저장
합계	구입한 학용품에 대한 총금액을 저장

🧩 코딩하기

'학용품 가격 계산기' 프로그램은 한 가지 연산이 아닌 곱하기와 더하기가 함께 있는 복합 연산 기능을 수행해야 합니다. 변수가 여러 개이지만, 각 학용품의 구입 금액을 따로따로 계산하여 별도의 변수에 저장하는 것이 아니라 하나의 변수에 각 학용품의 금액을 누적해 가며 총합계를 구하는 방식으로 코딩해봅시다.

01 '소년(2)' 오브젝트를 클릭합니다. [시작하기] 버튼을 클릭하면 변수들이 실행 화면에 보이지 않게 합니다. 그런 다음 '노트가격', '연필가격', '지우개가격' 변수에 각 학용품의 가격을 저장합니다.

02 '소년(2)' 오브젝트를 클릭했을 때 총금액을 저장할 '합계' 변수를 0으로 저장합니다. 초깃값을 0으로 설정하여 오류가 없게 하기 위함입니다.

💡 다른 프로그래밍 언어와는 달리 엔트리에서는 변수를 만들면 자동으로 0을 저장하지만 명확하게 0으로 초기화하는 습관을 들이는 것이 바람직합니다.

03 '소년(2)' 오브젝트가 사용자에게 구입할 노트 개수에 대한 질문을 합니다. 사용자로부터 노트 개수를 입력받아 대답 에 저장한 후, 노트 가격인 '노트가격' 변수 값과 노트 구매 개수인 대답 을 곱한 값만큼 '합계' 변수 값을 증가시킵니다.

예를 들어 A라는 사용자가 구입할 노트 개수로 한 대답이 3이라면 이미 저장되어 있던 '노트가격' 변수 값인 2000과 대답 3을 곱한 값만큼 '합계' 변수 값이 증가되어 합계는 6000이 됩니다.

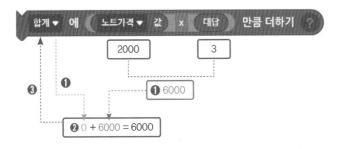

코딩 실력 레벨업!

변수와 관련된 명령어 블록의 차이점을 알아보자!

변수와 관련된 명령어 블록은 ⚬ 자료 블록 꾸러미에서 확인할 수 있습니다. 그중에서 다음 표의 두 명령어 블록은 헷갈리기 쉬우니 어떤 차이점이 있고 어떤 때에 쓰이는지 살펴봅시다.

블록 꾸러미	블록	기능
⚬ 자료	점수▼ 에 10 만큼 더하기 ?	변수의 현재 값을 설정한 값만큼 변경
⚬ 자료	점수▼ 를 10 (으)로 정하기 ?	설정한 값을 변수에 저장

다음 코드 블록은 '정하기' 블록을 이용하여 조립한 것으로 '정하기' 블록을 이용하면 설정한 값을 변수에 저장합니다. ❶ 블록은 '점수' 변수에 70을 저장한 후에 ❷ 블록에서 다시 10을 저장합니다. 이때 기존 값인 70은 삭제되고 10이 저장됩니다. 결국 '점수' 변수 값은 10이 됩니다.

❶ 점수▼ 를 70 (으)로 정하기 ?
❷ 점수▼ 를 10 (으)로 정하기 ?

다음은 '정하기'와 '더하기' 블록을 이용하여 조립한 예입니다. '더하기' 블록은 변수의 현재 값을 설정한 값만큼 더해주는 기능을 합니다. ❸ 블록을 보면 '점수' 변수에 70을 저장한 후에 ❹ 10만큼 증가시켜 '점수' 변수 값은 80이 됩니다.

❸ 점수▼ 를 70 (으)로 정하기 ?
❹ 점수▼ 에 10 만큼 더하기 ?

이처럼 점수▼ 에 10 만큼 더하기 ? 블록과 점수▼ 를 10 (으)로 정하기 ? 블록은 같은 블록 꾸러미에 있기도 하고 비슷하게 생겼지만 전혀 다른 명령어 블록이니 주의해서 사용하기 바랍니다.

04 같이 구입할 품목인 연필과 지우개에 대해서도 유사한 동작을 수행하도록 코드 블록을 조립합니다. 결국 '합계' 변수에는 '노트가격' 변수 값과 노트 개수를 곱한 값, '연필가격' 변수 값과 연필 개수를 곱한 값, '지우개가격' 변수 값과 지우개 개수를 곱한 값을 모두 합친 총금액이 저장됩니다.

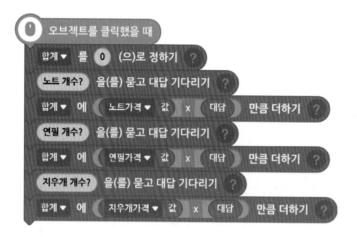

어떻게 '합계' 변수 값이 구해지는지 살펴봅시다. 앞에서 노트 3개를 구입한 사용자가 연필은 4개, 지우개 3개도 함께 구입한다고 가정합시다. 그랬을 때 각 변수 값을 모두 더한 합계는 어떻게 구해질까요?

연필 개수로 입력받은 대답이 4라면 '연필가격' 변수 값인 800과 대답 인 4를 곱한 값인 3200만큼 '합계' 변수 값이 증가되어 9200이 됩니다.

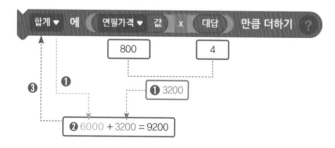

지우개 개수로 입력받은 대답이 3이라면 '지우개가격' 변수 값인 500과 대답 인 3을 곱한
값인 1500만큼 '합계' 변수 값이 증가되어 10700이 됩니다.

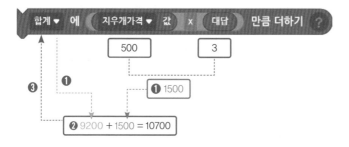

05 '소년(2)' 오브젝트가 총금액인 '합계' 변수 값을 말하도록 코드 블록을 완성합니다.

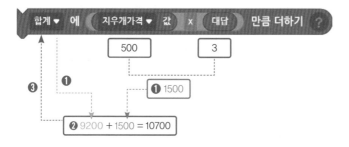

✔ 전체 코드 확인하기

오브젝트	코드 블록
[소년(2)]	❶ 변수들을 실행 화면에 보이지 않게 하고, '노트', '연필', '지우개' 각 변수에 가격을 저장합니다.

<블록 1>

```
시작하기 버튼을 클릭했을 때
변수  노트가격 ▼  숨기기  ?
변수  연필가격 ▼  숨기기  ?
변수  지우개가격 ▼  숨기기  ?
변수  합계 ▼  숨기기  ?
대답  숨기기 ▼  ?
노트가격 ▼  를  2000  (으)로 정하기  ?
연필가격 ▼  를  800  (으)로 정하기  ?
지우개가격 ▼  를  500  (으)로 정하기  ?
```

❷ 사용자로부터 입력받은 각 품목의 구입 개수 × 가격을 모두 합한 총구입 금액을 말합니다.

```
오브젝트를 클릭했을 때
합계 ▼  를  0  (으)로 정하기  ?
노트 개수?  을(를) 묻고 대답 기다리기  ?
합계 ▼  에  ( 노트가격 ▼ 값 )  x  ( 대답 )  만큼 더하기  ?
연필 개수?  을(를) 묻고 대답 기다리기  ?
합계 ▼  에  ( 연필가격 ▼ 값 )  x  ( 대답 )  만큼 더하기  ?
지우개 개수?  을(를) 묻고 대답 기다리기  ?
합계 ▼  에  ( 지우개가격 ▼ 값 )  x  ( 대답 )  만큼 더하기  ?
총 금액은  과(와)  ( 합계 ▼ 값 )  과(와)  원  을(를) 합친 값  을(를) 합친 값  을(를)  말하기 ▼
```

도전해보기

QR 코드를 스캔하면 도전해보기 작품을 볼 수 있어요!

https://naver.me/xzns4xUe

이번에 도전해볼 작품은 주문한 음료에 대한 가격을 계산하는 작품으로 '학용품 가격 계산기' 작품에서 실습한 내용과 원리가 같습니다. 음료 가격이 다음 표와 같을 때 주문한 메뉴에 대한 총금액을 계산하는 작품을 완성해보세요.

메뉴	가격
아메리카노	2000원
녹차	2500원
주스	1800원

실행 화면 살펴보기

다음 실행 화면을 미리 살펴보고 구성할 오브젝트와 위치를 확인하여 화면을 구성하세요.

작품을 실행하면 실행 화면에 변수가 안 보이고 각 변수에 가격을 저장합니다.

'학생(1)' 오브젝트를 클릭하여 각 음료별 주문 수량을 입력합니다.

각 음료별 수량과 가격에 따라 계산하여 총금액을 말합니다.

✕ 오브젝트 추가하기

[오브젝트 추가하기]를 클릭하여 '학생(1)'과 '놀이동산(2)'를 선택한 다음 [추가하기]
버튼을 누릅니다.

학생(1)

놀이동산(2)

? 변수 추가하기

[속성] 탭에서 '변수'를 선택한 후 [변수 추가하기]를 클릭한 후 다음 표의 변수 이름
을 작성하고 [변수 추가] 버튼을 클릭합니다.

변수	기능
아메리카노가격	아메리카노 가격 2000을 저장
녹차가격	녹차 가격 2500을 저장
주스가격	주스 가격 1800을 저장
합계	주문한 메뉴에 대한 총금액을 저장

🏴 코딩 정복하기

오브젝트	코드 블록
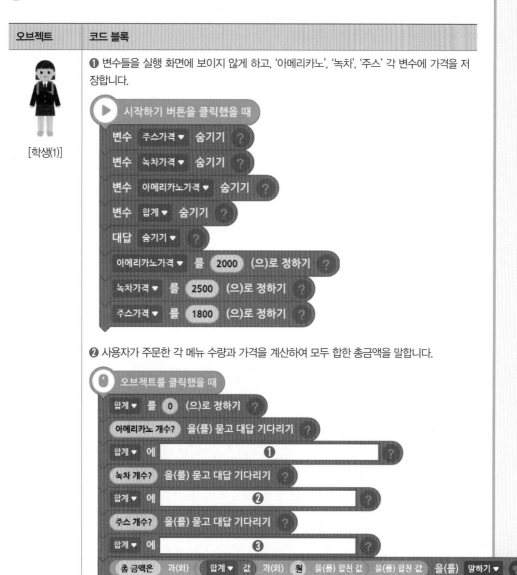 [학생(1)]	❶ 변수들을 실행 화면에 보이지 않게 하고, '아메리카노', '녹차', '주스' 각 변수에 가격을 저장합니다.

QR을 스캔하여
정답을 확인하세요.

LESSON 12 주사위 굴리기

• 무작위 수를 이용해서 모양을 선택하는 원리를 이해하며 주사위를 굴리는 작품을 만들 수 있습니다.

1부터 6까지 눈이 있는 주사위 두 개를 굴렸을 때 우리는 주사위 눈을 보고 어떤 주사위가 더 큰지 판단할 수 있습니다. LESSON 12에서는 1부터 6 사이의 무작위 수를 저장한 두 개의 변수를 이용하여 주사위 두 개의 모양을 정한 다음, 주사위를 무작위로 굴린 효과를 만듭니다. 그런 다음 비교를 통해 어느 주사위의 눈이 더 큰지 알려주는 작품을 만들어 봅시다.

QR을 스캔하면
유튜브 동영상을 볼 수
있어요!

▶ https://youtu.be/AXXv4WDtQfc?si=dKCniTa_doYu5okW

 작품 실행하기

01 다음 주소 또는 QR로 접속하면 '주사위 굴리기' 작품이 나옵니다. 작품의 실행 버튼 인 ▶을 클릭하여 작품을 실행해보세요.

• https://naver.me/5v4Up4vl

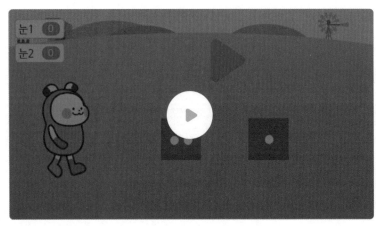

QR을 스캔하면
'주사위 굴리기' 작품이
나와요!

02 주사위 굴리기를 하려면 엔트리봇이 실행 버튼인 ▶ 오브젝트를 누르라는 말을 합니다.

03 실행 버튼 ▶을 클릭하면 두 개의 주사위 면이 무작위로 선택되며, 엔트리봇이 어느 쪽 주사위 눈이 큰지 말합니다.

🐼 챗GPT에게 질문하기

학생 두 명이 두 개의 주사위를 굴렸을 때 둘 중 한 명이 이길 확률과 동점이 될 확률을 구해주세요. 10대가 이해할 수 있는 수준으로 간단하게 답변해주세요.

⑨ 챗GPT의 답변 확인하기

동점이 될 확률

두 학생이 주사위를 굴려서 나오는 숫자가 같을 때 동점이 되겠죠. 주사위 눈의 경우의 수는 다음과 같아요:

- (1, 1)
- (4, 4)
- (2, 2)
- (5, 5)
- (3, 3)
- (6, 6)

이렇게 6가지 경우가 있어요. 주사위가 나올 수 있는 모든 경우의 수는 36가지니까, 동점이 될 확률은 $\frac{6}{36} = \frac{1}{6}$ 입니다. 즉, 약 16.7%예요.

한 명이 이길 확률

한 명이 이기려면 두 학생의 주사위 눈이 달라야 해요. 전체 경우의 수 36가지 중 동점이 되는 6가지를 빼면 30가지가 남죠. 따라서, 한 명이 이길 확률은 $\frac{30}{36} = \frac{5}{6}$ 입니다. 즉, 약 83.3%예요.
요약

- 동점이 될 확률: 16.7%
- 한 명이 이길 확률: 83.3%

이렇게 하면 두 학생이 주사위를 굴렸을 때 어떤 경우가 더 자주 일어나는지 알 수 있을 거예요.

 작품 만들기

코딩 로드맵

✘ 오브젝트 추가하기

[오브젝트 추가하기]를 클릭하여 '엔트리봇'과 '실행 버튼', '들판(4)'를 선택한 다음 [추가하기] 버튼을 누릅니다.

오브젝트 추가/변경하기

기본 오브젝트에서는 만들려고 하는 작품과 어울리는 오브젝트가 없으므로 직접 주사위 오브젝트를 만들어 추가해보겠습니다.

오브젝트	추가 및 변경 설정

[주사위1]

01 '주사위1' 오브젝트를 직접 만들기 위해 실행 화면 아래에 있는 ❶ [오브젝트 추가하기]를 클릭합니다. '오브젝트 추가하기' 화면에서 ❷ [새로 그리기] 탭을 클릭하고 ❸ [이동하기] 버튼을 눌러 '모양 추가하기' 화면으로 이동합니다.

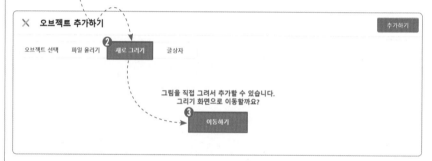

02 화면 상단 중앙에 위치한 ❶ '벡터'를 선택한 다음 그리기 도구 모음에서 ❷ 사각형 도구 ▮ 를 선택합니다. 격자무늬 아래 사각형 설정에서 ❸ '윤곽선 색상'과 '채우기 색상'을 **빨간색**으로 설정하고 '윤곽선 굵기'를 1로 설정합니다. 그런 다음 ❹ Shift 키를 누른 상태에서 정사각형을 그립니다.

⑨ Shift 키를 누른 상태에서 사각형을 그리면 정사각형으로 그려집니다.

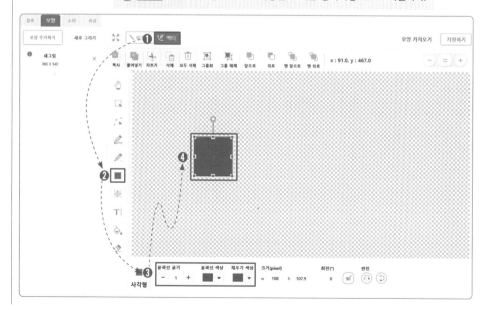

03 이제 주사위 눈을 그려줄 차례입니다. 그리기 도구 모음에서 원 도구 ❶ ░ 를 선택하고 ❷ 원 설정에서 '윤곽선 색상'과 '채우기 색상'을 흰색으로 설정하고 '윤곽선 굵기'를 1로 설정합니다. ❸ Shift 키를 누른 상태에서 원을 그리고 ❹ [저장하기] 버튼을 클릭합니다.

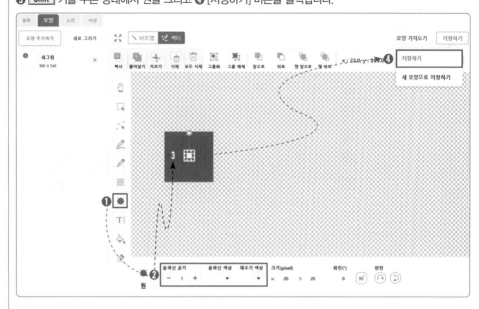

04 [모양] 탭을 눌러 모양의 이름을 '1'로 변경합니다. 주사위는 6개의 면을 가지고 있기 때문에 모양 '1'을 마우스 오른쪽 버튼으로 클릭하고 '복제하기'를 눌러 모양 5개를 추가합니다. 각각의 이름을 '2', '3', '4', '5', '6'으로 변경합니다.

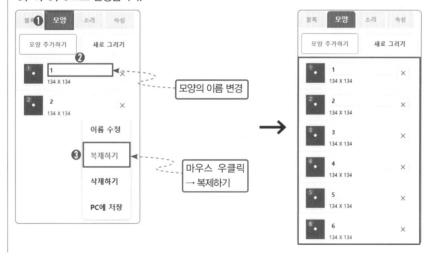

05 주사위 눈을 그려줍니다. 모양 '2'를 선택하고 선택 도구 를 클릭한 다음 원 모양의 눈을 선택하고 Ctrl + C 키를 눌러 복사한 다음 Ctrl + V 키를 눌러 붙여 넣습니다. 두 눈의 위치를 적당하게 이동시키고 저장합니다.

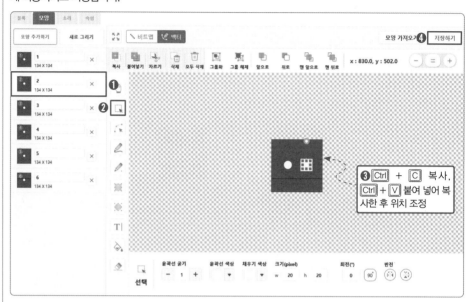

06 동일한 방법으로 모양 '3', '4', '5', '6'을 주사위 눈 수에 맞게 수정하고 나서 오브젝트 이름을 '주사위1'로 변경합니다.

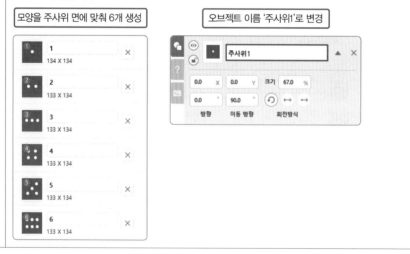

[주사위2]

01 오브젝트 목록의 '주사위1' 오브젝트에서 마우스 오른쪽 버튼으로 클릭하고 [복제하기]를 눌러 '주사위2' 오브젝트를 추가합니다.

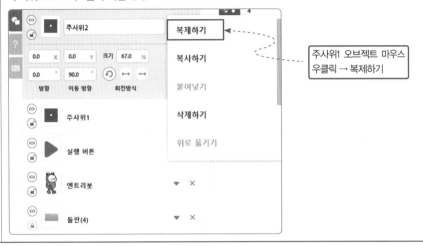

? 변수 추가하기

[속성] 탭에서 '변수'를 선택한 후 [변수 추가하기]를 클릭한 다음 변수 이름 '눈1'과 '눈2'를 작성하고 [변수 추가] 버튼을 클릭합니다.

변수	기능
눈1	주사위1 눈의 수를 저장
눈2	주사위2 눈의 수를 저장

신호 추가하기

[속성] 탭에서 '신호'를 선택한 후 [신호 추가하기]를 클릭한 후 다음 표의 추가할 신호 이름을 작성하여 [신호 추가] 버튼을 클릭합니다.

신호	기능
주사위굴리기	주사위를 굴리라는 신호
결과알려줘	주사위 굴린 결과를 알려달라는 신호

🎯 코딩하기

'실행 버튼' 오브젝트를 클릭했을 때 두 개의 주사위가 무작위로 구르며 어떤 주사위의 눈이 큰지 결괏값을 알려주는 작품을 만들겠습니다. 엔트리봇과 실행 버튼, 주사위1, 주사위2가 기능을 할 수 있도록 코드 블록을 조립해봅시다.

01 '엔트리봇' 오브젝트를 클릭합니다. [시작하기] 버튼을 클릭하면 변수 '눈1', '눈2'를 실행 화면에 보이지 않게 하고, '엔트리봇'이 실행 버튼을 누르라는 말을 합니다.

02 다른 오브젝트인 '실행 버튼'을 클릭하여 '주사위1', '주사위2' 오브젝트를 굴린 후 〔결과알려줘 ▼ 신호를 받았을 때〕 '엔트리봇' 오브젝트는 두 주사위 중 어느 주사위의 눈이 큰지 결괏값을 알려줘야 합니다. 선택 구조와 비교 연산 명령어 블록을 이용하여 왼쪽에 위치한 주사위1의 눈 수인 '눈1' 변수 값과 오른쪽에 위치한 주사위2의 눈 수인 '눈2' 변수 값을 비교하여 어느 주사위 눈이 큰지 말하는 코드 블록을 조립합니다.

다음으로 사용자가 주사위를 굴릴 수 있도록 동작하게 하는 '실행 버튼' 오브젝트에 대한 블록을 조립합니다.

01 ▶ **'실행 버튼'** 오브젝트를 클릭합니다. '실행 버튼' 오브젝트를 클릭했을 때 '주사위굴리기' 신호와 '결과알려줘' 신호를 보냅니다.

```
오브젝트를 클릭했을 때
주사위굴리기 ▼  신호 보내고 기다리기 🏳
결과알려줘 ▼  신호 보내기 🏳
```

'실행 버튼' 오브젝트를 클릭했을 때 주사위1, 주사위2가 동작하여 결괏값을 받을 수 있도록 블록을 조립합니다.

01 먼저 ● **'주사위1'** 오브젝트를 클릭합니다. '실행 버튼' 오브젝트로부터

(주사위굴리기 ▼ 신호를 받았을 때) '눈1' 변수에 1부터 6 사이의 무작위 수가 저장되고 '눈1' 변수에 저장된 값으로 '주사위1' 오브젝트의 모양이 바뀝니다.

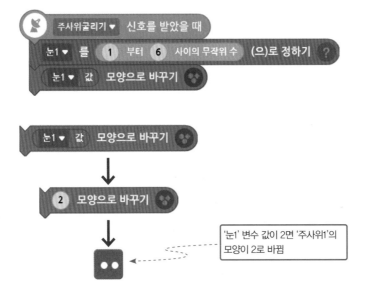

```
주사위굴리기 ▼  신호를 받았을 때
눈1 ▼  를  1  부터  6  사이의 무작위 수  (으)로 정하기 ❓
눈1 ▼  값  모양으로 바꾸기 ✺
```

```
눈1 ▼  값  모양으로 바꾸기 ✺
```
↓
```
2  모양으로 바꾸기 ✺
```
↓

'눈1' 변수 값이 2면 '주사위1'의
모양이 2로 바뀜

02 다음으로  '주사위2' 오브젝트를 클릭합니다. '주사위1'과 마찬가지로 '눈2' 변수에 1부터 6 사이의 무작위 수가 저장되고 '눈2' 변수에 저장된 값으로 '주사위2' 오브젝트의 모양이 바뀝니다.

✓ 전체 코드 확인하기

오브젝트	코드 블록
[엔트리봇]	❶ 작품을 실행하면 변수들을 실행 화면에 보이지 않게 하고 실행 버튼을 누르라고 말합니다. ❹ '결과알려줘' 신호를 받으면 '눈1' 값과 '눈2' 값을 비교하여 큰 수를 가진 주사위를 말합니다. 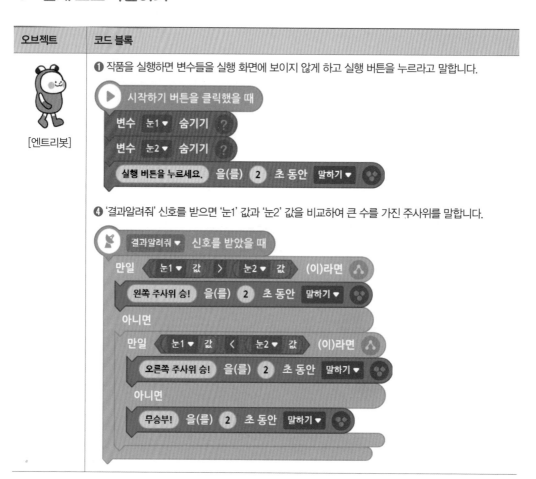

[실행 버튼]	❷ '실행 버튼' 오브젝트를 클릭하면 아래의 두 신호를 보냅니다. 오브젝트를 클릭했을 때 주사위굴리기 ▼ 신호 보내고 기다리기 결과알려줘 ▼ 신호 보내기
[주사위1]	❸ '주사위굴리기' 신호를 받으면 변수 '눈1'에 무작위로 나온 수를 저장하고 주사위1 모양을 바꿉니다. 주사위굴리기 ▼ 신호를 받았을 때 눈1 ▼ 를 1 부터 6 사이의 무작위 수 (으)로 정하기 눈1 ▼ 값 모양으로 바꾸기
[주사위2]	❸ '주사위굴리기' 신호를 받으면 변수 '눈2'에 무작위로 나온 수를 저장하고 주사위2 모양을 바꿉니다. 주사위굴리기 ▼ 신호를 받았을 때 눈2 ▼ 를 1 부터 6 사이의 무작위 수 (으)로 정하기 눈2 ▼ 값 모양으로 바꾸기

 # 도전해보기

'주사위 굴리기'에서는 주사위 2개를 이용하여 실행했다면 도전해보기에서는 주사위 3개를 이용해봅시다. 주사위 3개를 굴렸을 때 어떻게 값을 비교하고 그중에서 가장 큰 값을 어떻게 말하는지 확장한 작품을 완성해보세요.

🔍 실행 화면 살펴보기

다음 실행 화면을 보고 구성할 오브젝트와 위치를 확인하고 화면을 구성하세요.

✖ 오브젝트 추가하기

[오브젝트 추가하기]를 클릭하여 추가할 오브젝트를 선택한 다음 [추가하기] 버튼을 누릅니다.

QR 코드를 스캔하면 도전해보기
작품을 볼 수 있어요!

https://naver.me/5uirn6nq

? 변수 추가하기

[속성] 탭에서 '변수'를 선택한 후 [변수 추가하기]를 클릭한 다음 변수 이름을 작성하고 [변수 추가] 버튼을 클릭합니다.

변수	기능
눈1	주사위1 눈의 수를 저장
눈2	주사위2 눈의 수를 저장
눈3	주사위3 눈의 수를 저장

📡 신호 추가하기

[속성] 탭에서 '신호'를 선택한 후 [신호 추가하기]를 클릭한 다음 추가할 신호 이름을 작성하고 [신호 추가] 버튼을 클릭합니다.

신호	기능
주사위굴리기	주사위를 굴리라는 신호
결과알려줘	주사위 굴린 결과를 알려달라는 신호

🎵 코딩 정복하기

오브젝트	코드 블록
[엔트리봇]	작품을 실행하면 변수들을 실행 화면에 보이지 않게 하고 실행 버튼을 누르라고 말합니다. 시작하기 버튼을 클릭했을 때 변수 눈1 ▼ 숨기기 ? 변수 눈2 ▼ 숨기기 ? 변수 눈3 ▼ 숨기기 ? 실행 버튼을 누르세요. 을(를) 2 초 동안 말하기 ▼

주사위를 굴린 후 선택 구조와 비교 연산 블록을 통해 3개의 주사위 중 어느 주사위의 눈이
가장 큰지 말합니다.

- **결과알려줘 ▾** 신호를 받았을 때
- 만일 〈 눈1 ▾ 값 〉 눈2 ▾ 값 〉 (이)라면 ∧
  - 만일 〈 눈1 ▾ 값 〉 눈3 ▾ 값 〉 (이)라면 ∧
    - **주사위1 승!** 을(를) 5 초 동안 말하기 ▾
  - 아니면
    - 만일 〈 눈1 ▾ 값 = 눈3 ▾ 값 〉 (이)라면 ∧
      - **주사위1, 3 무승부!** 을(를) 5 초 동안 말하기 ▾
    - 아니면
      - **주사위3 승!** 을(를) 5 초 동안 말하기 ▾
- 아니면
  - 만일 〈 눈1 ▾ 값 = 눈2 ▾ 값 〉 (이)라면 ∧
    - 만일 〈 눈1 ▾ 값 〉 눈3 ▾ 값 〉 (이)라면 ∧
      - ❶
    - 아니면
      - 만일 〈 눈1 ▾ 값 = 눈3 ▾ 값 〉 (이)라면 ∧
        - ❷
      - 아니면
        - ❸
  - 아니면
    - 만일 〈 눈2 ▾ 값 〉 눈3 ▾ 값 〉 (이)라면 ∧
      - ❹
    - 아니면
      - 만일 〈 눈2 ▾ 값 = 눈3 ▾ 값 〉 (이)라면 ∧
        - ❺
      - 아니면
        - ❻

[실행 버튼]	▶를 클릭했을 때 '주사위굴리기'와 '결과알려줘' 신호를 보냅니다. 오브젝트를 클릭했을 때 주사위굴리기 ▼ 신호 보내고 기다리기 결과알려줘 ▼ 신호 보내기
[주사위1]	'눈1'에 1부터 6사이의 무작위 수를 저장하고, 주사위1 모양을 '눈1' 값으로 바꿉니다. 주사위굴리기 ▼ 신호를 받았을 때 눈1 ▼ 를 1 부터 6 사이의 무작위 수 (으)로 정하기 눈1 ▼ 값 모양으로 바꾸기
[주사위2]	'눈2'에 1부터 6사이의 무작위 수를 저장하고, 주사위2 모양을 '눈2' 값으로 바꿉니다. 주사위굴리기 ▼ 신호를 받았을 때 눈2 ▼ 를 1 부터 6 사이의 무작위 수 (으)로 정하기 눈2 ▼ 값 모양으로 바꾸기
[주사위3]	'눈3'에 1부터 6사이의 무작위 수를 저장하고, 주사위3 모양을 '눈3' 값으로 바꿉니다. 주사위굴리기 ▼ 신호를 받았을 때 눈3 ▼ 를 1 부터 6 사이의 무작위 수 (으)로 정하기 눈3 ▼ 값 모양으로 바꾸기

QR을 스캔하여
정답을 확인하세요.

스마트 전등

학습 목표 • 오브젝트 간의 거리에 따라 다르게 동작하는 원리를 이해하며 스마트 전등 작품을 만들 수 있습니다.

화장실에서 손 건조기로 손을 말려본 적 있나요? 손 건조기에 손을 대면 바람이 나오고 손을 다시 떼면 바람이 멈추며 손 건조를 종료했을 겁니다. 이것은 손과 손 건조기 사이의 거리에 따라 기능이 동작 또는 멈추도록 했기 때문입니다. 이처럼 오브젝트 간의 거리에 따라 다르게 동작하는 원리를 바탕으로, 좌우로 움직이는 엔트리봇이 전등 가까이 위치하면 전등이 켜지고 멀어지면 전등이 꺼지는 작품을 만들어봅시다.

QR을 스캔하면 유튜브 동영상을 볼 수 있어요!

▶ https://youtu.be/R4fe49aOsRY?si=mPHPp0ciA-COSBT5

 ## 작품 실행하기

01 다음 주소 또는 QR로 접속하면 '스마트 전등' 작품이 나옵니다. 작품의 실행 버튼인 ▶을 클릭하여 작품을 실행해보세요.

• https://naver.me/xTbfgZyT

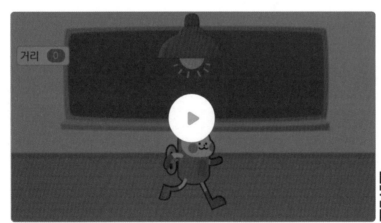

QR을 스캔하면 '스마트 전등' 작품이 나와요!

02 작품을 실행하면 엔트리봇이 좌우로 움직입니다. 엔트리봇이 좌우로 움직이면서 전등 가까이에 위치하면 전등이 켜지고 전등과 멀어지면 전등이 꺼집니다.

 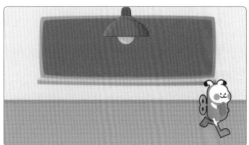

 챗GPT ⓧ 질문하기

🧑 챗GPT에게 질문하기

물체와 전등 간의 거리에 따라 전등이 켜지고 꺼지는 것은 어떤 원리일까요? 10대가 이해할 수 있는 수준으로 간단하게 답변해주세요.

◉ 챗GPT의 답변 확인하기

물체와 전등 간의 거리에 따라 전등이 켜지고 꺼지는 원리를 쉽게 설명해줄게요.

기본 원리

전등이 자동으로 켜지고 꺼지는 것은 **거리 센서** 덕분이에요. 이 센서는 물체가 얼마나 가까이 있는지 측정할 수 있어요.

작동 방식

1. **거리 센서** : 전등에 달린 거리 센서는 물체가 가까이 오거나 멀어지는 것을 감지해요. 센서는 초음파나 적외선 같은 신호를 보내고, 그 신호가 반사되어 돌아오는 시간을 측정해 거리를 계산해요.

단계별 작동 예시

1. **사람이 가까워질 때 :**

   ◦ 사람이 전등에 가까이 오면 센서가 이를 감지해요.

   ◦ 센서가 "사람이 가까워졌으니 전등을 켜야 해"라는 신호를 전등에 보내요.

   ◦ 전등이 켜져서 방이 밝아져요.

2. **사람이 멀어질 때 :**

   ◦ 사람이 전등에서 멀어지면 센서가 이를 감지해요.

   ◦ 센서가 "사람이 멀어졌으니 전등을 꺼야 해"라는 신호를 전등에 보내요.

   ◦ 전등이 꺼져서 방이 어두워져요.

요약

1. **거리 센서**가 물체(사람)가 얼마나 가까운지 측정해요.

2. **사람이 가까이 오면 전등이 켜지고**, 사람이 멀어지면 전등이 꺼져요.

이렇게 거리 센서 덕분에 전등이 사람의 움직임에 따라 자동으로 켜지고 꺼질 수 있어요!

⚙ 코딩 로드맵

✕ 오브젝트 추가하기

[오브젝트 추가하기]를 클릭하여 '(1)엔트리봇'과 '전등(1)', '칠판'을 선택한 다음 [추가하기] 버튼을 누릅니다.

(1)엔트리봇

전등(1)

칠판

오브젝트 추가/변경하기

오브젝트 변경에서 '(1)엔트리봇'이 양옆으로 움직이도록 회전 방식을 설정해줍니다.

오브젝트	추가 및 변경 설정
 [(1)엔트리봇]	오브젝트 목록에서 '(1)엔트리봇' 오브젝트의 회전 방식을 좌우 방향 ↔으로 설정합니다.

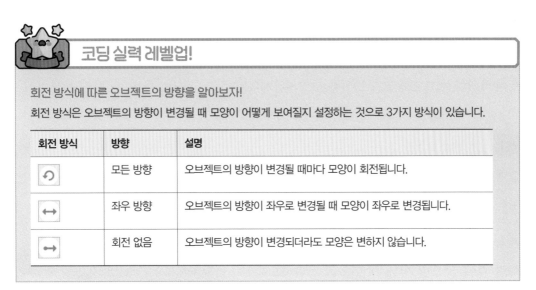

코딩 실력 레벨업!

회전 방식에 따른 오브젝트의 방향을 알아보자!

회전 방식은 오브젝트의 방향이 변경될 때 모양이 어떻게 보여질지 설정하는 것으로 3가지 방식이 있습니다.

회전 방식	방향	설명
↻	모든 방향	오브젝트의 방향이 변경될 때마다 모양이 회전됩니다.
↔	좌우 방향	오브젝트의 방향이 좌우로 변경될 때 모양이 좌우로 변경됩니다.
→	회전 없음	오브젝트의 방향이 변경되더라도 모양은 변하지 않습니다.

? 변수 추가하기

[속성] 탭에서 '변수'를 선택한 후 [변수 추가하기]를 클릭한 다음 변수 이름에 '거리'를 작성하고 [변수 추가] 버튼을 클릭합니다.

변수	기능
거리	x 좌표를 기준으로 '(1)엔트리봇'과 '전등(1)'과의 거리를 저장

📡 신호 추가하기

[속성] 탭에서 '신호'를 선택한 후 [신호 추가하기]를 클릭한 다음 추가할 신호 이름 '전등켜기', '전등끄기'를 작성하고 [신호 추가] 버튼을 클릭합니다.

신호	기능
전등켜기	전등을 켜라는 신호
전등끄기	전등을 끄라는 신호

✿ 코딩하기

'(1)엔트리봇' 오브젝트와 '전등(1)' 오브젝트의 떨어진 정도에 따라 다르게 동작하도록 오브젝트 간 거리를 저장하는 '거리' 변수를 설정합니다. 그런 다음 '거리' 변수 값에 따라 전등이 켜졌다 꺼지도록 코드 블록을 조립해봅시다.

01 🏃 '(1)엔트리봇' 오브젝트를 클릭합니다. [시작하기] 버튼을 클릭하면 '거리' 변수를 실행 화면에 보이지 않도록 합니다. 그리고 '(1)엔트리봇'이 `이동 방향으로 2 만큼 움직이기` 동작을 계속해서 반복하게 합니다. '(1)엔트리봇'이 화면 끝에 닿으면 반대 방향으로 전환하도록 '튕기기' 블록을 이용합니다.

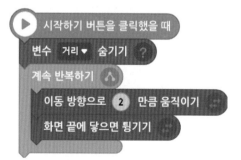

02 '(1)엔트리봇'의 x 좌표를 기준으로 '전등(1)'과의 떨어진 정도를 구해 '거리' 변수에 저
장합니다.

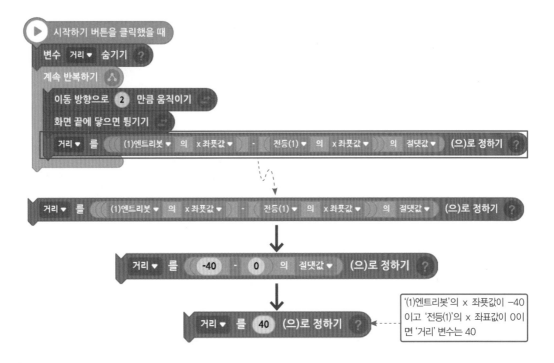

03 `거리 ▼ 값 ≤ 50` 이라면 '전등켜기' 신호를 보내고, 그렇지 않으면 '전등끄기' 신호
를 보냅니다.

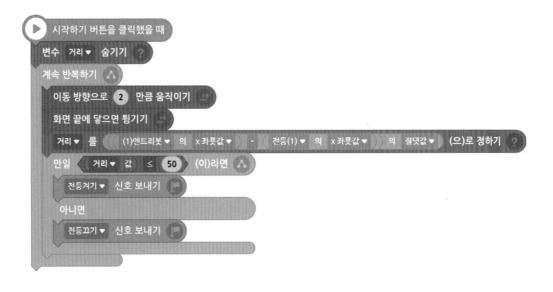

04 [시작하기] 버튼을 클릭하면  블록을 추가하여 (1)엔트리봇의 모양이 0.4초 간격으로 바꿔서 걷는 것처럼 보이게 합니다.

다음은 '전등(1)' 오브젝트가 '전등켜기'와 '전등끄기' 신호를 받았을 때 그에 따라 전등의 모양이 바뀌도록 블록을 조립해봅시다.

01 🔺 **'전등(1)'** 오브젝트를 클릭합니다.  '전등(1)' 오브젝트는 '전등(1)_켜짐' 모양으로 바꿉니다.

02  '전등(1)' 오브젝트는 '전등(1)_꺼짐' 모양으로 바꿉니다.

✔ 전체 코드 확인하기

오브젝트	코드 블록
[(1)엔트리봇]	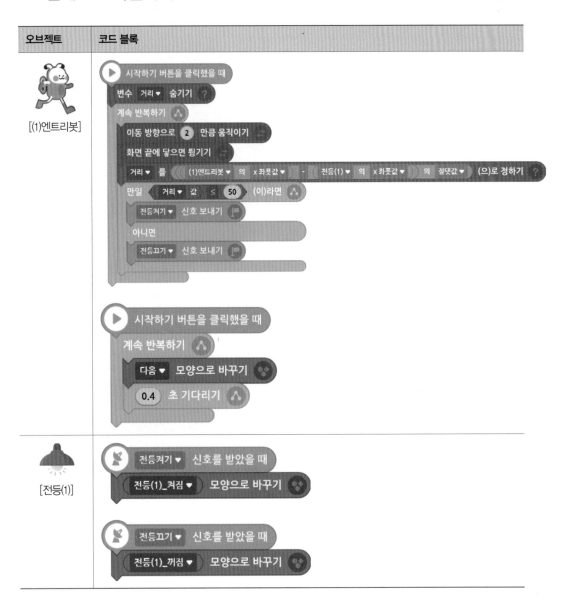
[전등(1)]	

도전해보기

‘스마트 전등’ 작품은 ‘(1)엔트리봇’과 ‘전등(1)’의 변수 ‘거리’ 값에 따라 전등이 켜지고 꺼지도록 했습니다. 이번에는 스위치가 on인 상태에서만 전등이 켜지도록 작품을 완성해보세요. 즉, ‘스위치’ 변수를 추가하고 이 값이 on이면서 ‘(1)엔트리봇’이 전등에 가까이 위치해야 전등이 켜집니다. ‘(1)엔트리봇’이 전등과 가깝더라도 스위치가 off라면 전등이 켜지지 않습니다.

🔍 실행 화면 살펴보기

‘(1)엔트리봇’이 전등 아래에 위치해도 스위치를 켜지 않으면 전등이 켜지지 않도록 합니다. 다음 실행 화면을 보고 구성할 오브젝트와 위치를 확인하고 화면을 구성하세요.

✖ 오브젝트 추가하기

[오브젝트 추가하기]를 클릭하여 추가할 오브젝트를 선택한 다음 [추가하기] 버튼을 누릅니다.

> 💡 (1)엔트리봇이 여기서도 좌우로만 다니므로 ‘오브젝트 추가/변경하기’에서와 같이 회전 방식을 좌우로 설정해줍니다.

(1)엔트리봇

전등(1)

스위치(2)

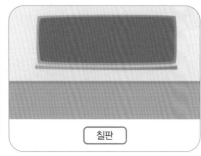

칠판

? 변수 추가하기

[속성] 탭에서 '변수'를 선택한 후 [변수 추가하기]를 클릭한 다음 변수 이름 '스위치'
와 '거리'를 작성하고 [변수 추가] 버튼을 클릭합니다.

변수	기능
스위치	on 또는 off를 저장
거리	x 좌표를 기준으로 '(1)엔트리봇'과 '전등(1)'과의 거리를 저장

📡 신호 추가하기

[속성] 탭에서 '신호'를 선택한 후 [신호 추가하기]를 클릭한 다음 추가할 신호 이름
'전등켜기'와 '전등끄기'를 작성하고 [신호 추가] 버튼을 클릭합니다.

신호	기능
전등켜기	전등을 켜라는 신호
전등끄기	전등을 끄라는 신호

코딩 정복하기

오브젝트	코드 블록
 [(1)엔트리봇]	전등 스위치가 'on' 상태에서 '(1)엔트리봇'과 전등의 거리가 50 이하라면 전등을 켜고 그렇지 않으면 전등을 끕니다. 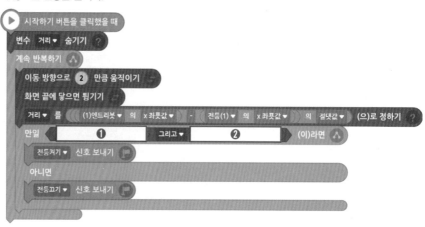 모양을 바꾸는 동작을 반복하여 '(1)엔트리봇'이 걷는 것처럼 보이게 합니다. 

[스위치(2)]

'스위치' 변수가 실행 화면에 보이지 않게 하고 '스위치'에 off를 저장합니다.

'스위치'를 클릭했을 때, '스위치' 값이 off면 '스위치'에 on을 저장하고 그렇지 않으면 '스위치'에 off를 저장합니다.

[전등(1)]

'전등켜기' 신호를 받으면 전등이 켜진 모양으로 바꿉니다.

'전등끄기' 신호를 받으면 전등이 꺼진 모양으로 바꿉니다.

QR을 스캔하여 정답을 확인하세요.

로또

학습 목표 • 추첨 프로그램의 동작 원리를 이해하며 로또 작품을 만들 수 있습니다.

로또는 사용자가 기재 또는 특정 표시한 수와 추첨을 통해 뽑힌 수가 일치하면 상금이나 상품을 주는 일종의 복권입니다. LESSON 14에서는 각각 1부터 7이 적힌 7개의 모양으로 구성된 공 오브젝트를 직접 만듭니다. 만든 7개의 공 모양에서 무작위로 3개를 추첨하는 미니 로또 작품을 만들어봅시다.

QR을 스캔하면
유튜브 동영상을 볼 수
있어요!

▶ https://youtu.be/BqqYa6a58L0?si=Q18EBsrY4Z5eInwB

 작품 실행하기

01 다음 주소 또는 QR로 접속하면 '로또' 작품이 나옵니다. 작품의 실행 버튼인 ▶을 클릭하여 작품을 실행해보세요.

• https://naver.me/xXEvRNqK

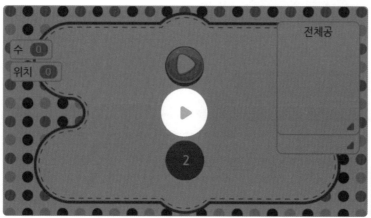

QR을 스캔하면 '로또'
작품이 나와요!

02 다음 화면에서 왼쪽이 기본 화면으로 시작 버튼을 클릭하면 오른쪽 화면과 같이 3개의 공이 무작위로 선택됩니다.

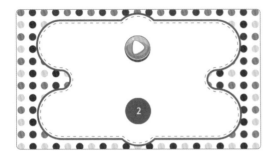 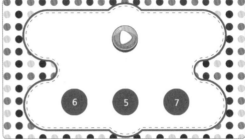

챗GPT ⊗ 질문하기

🧑 챗GPT에게 질문하기

'로또'가 당첨되는 원리를 10대가 이해할 수 있는 수준으로 간단하게 답변해주세요.

⑥ 챗GPT의 답변 확인하기

로또가 당첨되는 원리

로또란 무엇인가요?

- 로또는 사람들이 숫자를 선택해서 복권을 사는 게임입니다.
- 특정한 날짜에 번호가 무작위로 뽑히고, 선택한 번호가 뽑힌 번호와 맞으면 상금을 받습니다.

로또의 기본 원리

1. **숫자 선택 :**
   - 로또 복권에는 1부터 45까지의 숫자가 적혀 있습니다.
   - 사람들은 이 숫자들 중 6개를 선택합니다.
2. **번호 추첨 :**
   - 특정한 날짜에 로또 추첨 기계가 1부터 45까지의 숫자 중 무작위로 6개를 뽑습니다.
   - 이 번호들은 그 주의 당첨 번호가 됩니다.

3. 당첨 확인 :

- 자신이 선택한 숫자 6개가 추첨된 번호 6개와 모두 일치하면 1등 당첨입니다.

- 일치하는 숫자의 개수에 따라 2등, 3등, 4등 등 상금이 달라집니다.

왜 당첨되기 어려운가요?

- 1부터 45까지의 숫자 중 6개를 정확히 맞추는 확률은 매우 낮습니다.

- 총 가능한 조합 수는 약 814만 개이기 때문에, 당첨될 확률은 약 814만 분의 1입니다.

간단한 예시

- 예를 들어, 로또 복권을 사면서 숫자 3, 12, 19, 23, 34, 41을 선택했다고 가정해봅시다.

- 추첨 날에 3, 12, 19, 23, 34, 41이 뽑히면, 당신은 1등 당첨이 되는 것입니다.

로또는 순전히 운에 의존하는 게임이기 때문에, 당첨될 확률이 매우 낮다는 점을 항상 기억해야 합니다.

작품 만들기

코딩 로드맵

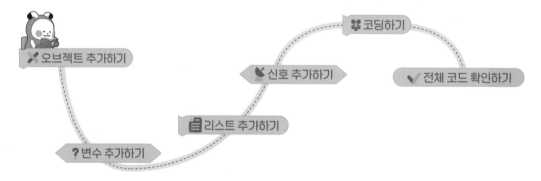

✖ 오브젝트 추가하기

[오브젝트 추가하기]를 클릭하여 '시작 버튼'과 '패턴배경'을 선택한 다음 [추가하기] 버튼을 누릅니다.

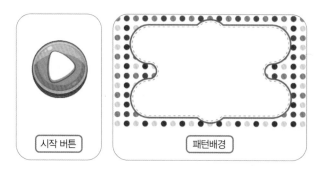

오브젝트 추가/변경하기

기존의 오브젝트에는 우리가 원하는 공 모양이 없습니다. 오브젝트 추가에서 공을 새로 그리고, 1부터 7까지 수가 적힌 공 모양을 추가합니다.

오브젝트	추가 및 변경 설정
1 [공]	**01** '공' 오브젝트를 직접 만들기 위해 실행 화면 아래에 위치한 [오브젝트 추가하기]를 클릭하면 '오브젝트 추가하기' 창이 열립니다. ❶ '새로 그리기' 탭을 클릭하고 ❷ [이동하기] 버튼을 클릭합니다. 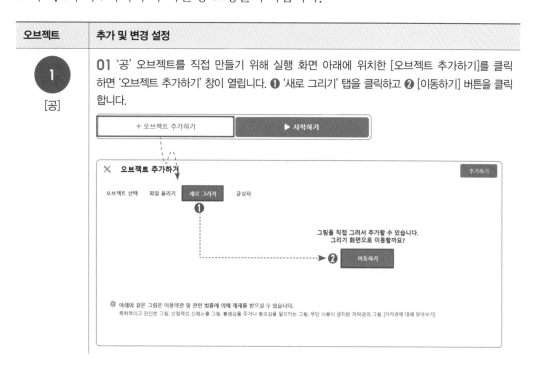

02 그리기 도구 모음에서 ❶ 원 도구 [🔆]를 선택합니다. ❷ 윤곽선 색상과 채우기 색상을 빨간색으로 설정하고 윤곽선 굵기를 1로 설정합니다. [Shift] 키를 누른 상태에서 ❸ 원을 그리고 ❹ 저장합니다. 그럼 오브젝트가 추가됩니다.

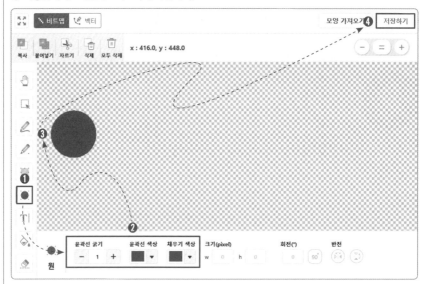

03 가운데 위치한 '모양' 탭의 오브젝트 ❶ 모양의 이름을 '1'로 변경합니다. 모양 '1'을 마우스 오른쪽 버튼으로 클릭하여 ❷ [복제하기]를 눌러 모양 6개를 추가하여 총 7개를 만듭니다. 각각의 이름을 '2', '3', '4', '5', '6', '7'로 변경합니다.

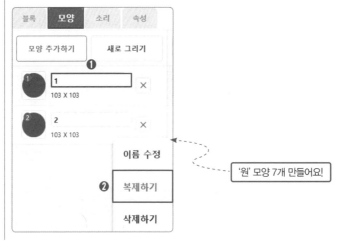

'원' 모양 7개 만들어요!

04 모양 '1'을 선택합니다. 글상자 도구 T 를 클릭하고 윤곽선 색상과 채우기 색상을 흰색으로 설정한 후 원 안에 1을 입력하고 저장합니다.

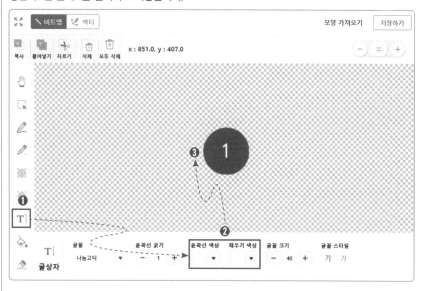

05 동일한 방법으로 모양 '2', '3', '4', '5', '6', '7' 각각에 2, 3, 4, …, 7을 입력합니다. 오브젝트 이름을 '공'으로 변경합니다.

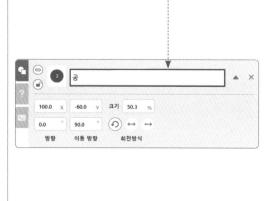

? 변수 추가하기

[속성] 탭에서 '변수'를 선택한 후 [변수 추가하기]를 클릭한 다음 변수 이름을 작성하고 [변수 추가] 버튼을 클릭합니다.

변수	기능
위치	리스트 항목의 위치를 저장
수	1, 2, 3, …, 7을 저장

리스트 추가하기

[속성] 탭에서 '리스트'를 선택한 다음 [리스트 추가하기]를 클릭하여 리스트 이름을 작성하고 [리스트 추가] 버튼을 클릭합니다.

리스트	기능
전체공	'공' 오브젝트의 전체 모양 이름을 저장
선택공	당첨된 모양 이름을 저장

신호 추가하기

[속성] 탭에서 '신호'를 선택한 후 [신호 추가하기]를 클릭한 다음 추가할 신호 이름을 작성하고 [신호 추가] 버튼을 클릭합니다.

신호	기능
리스트초기화	'전체공'과 '선택공' 리스트를 초기화하라는 신호
출력하기	선택된 번호에 해당하는 공을 출력하라는 신호

코딩하기

'로또' 작품은 시작 버튼을 눌렀을 때 번호가 적힌 공 세 개가 무작위로 뽑혀 실행 화면에 나타납니다. 이처럼 7개의 공 중에서 3개의 공을 무작위로 뽑는 동작을 위해 공에 적힌 번호를 저장할 리스트가 필요합니다. 전체 공의 번호와 선택된 공의 번호를 저장하는 리스트를 추가하여 7개의 공에서 무작위로 3개의 공을 추첨하여 화면에 보이도록 코드 블록을 조립해봅시다.

01 ⓞ '**시작 버튼**' 오브젝트를 클릭합니다. [시작하기] 버튼을 클릭하면 변수와 리스트를 실행 화면에 보이지 않게 합니다.

02 🛰 리스트초기화 ▾ 신호를 받았을 때 '시작 버튼' 오브젝트는 '전체공' 리스트와 '선택공' 리스트의 모든 항목을 삭제한 다음 '전체공' 리스트에 1, 2, 3, 4, 5, 6, 7을 저장합니다.

💡 작품 실행 후에 리스트에 저장된 항목은 지워지지 않으므로 새롭게 항목을 저장할 경우에는 리스트의 모든 항목을 지워야 합니다.

03 '시작 버튼' 오브젝트를 클릭했을 때 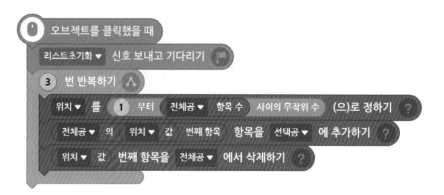 를 통해 '리스트초기화' 신호를 보내 리스트가 초기화되길 기다립니다. 그런 다음 '전체공' 리스트에서 무작위로 3개의 항목을 선택해서 '선택공' 리스트에 저장합니다.

'전체공' 리스트에서 무작위로 3개의 항목이 선택되어 '선택공' 리스트에 저장되는 과정을 그림을 통해 상세히 알아봅시다.

반복 구조를 실행하기 전 '리스트초기화'를 한 '전체공'과 '선택공' 리스트를 그림으로 나타내면 다음과 같습니다.

첫 번째 반복에서 1부터 '전체공' 리스트의 항목 수인 7 사이의 무작위 수 하나를 '위치' 변수에 저장합니다. 예를 들어 '위치' 변수에 3이 저장되었다고 가정합시다. '전체공' 리스트의 세 번째 항목인 3을 '선택공' 리스트에 저장합니다.

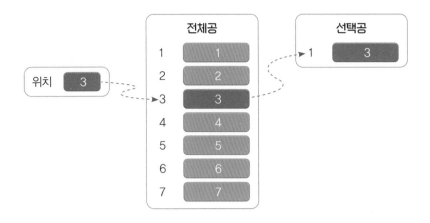

'전체공' 리스트에서 세 번째 항목인 3을 삭제합니다. 뒤에 위치한 항목들이 한 칸씩 앞으로 이동하게 됩니다.

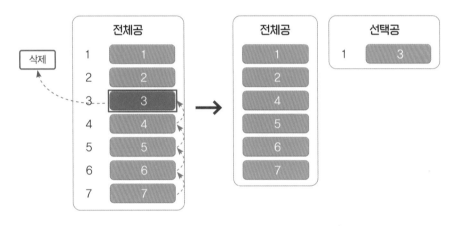

두 번째 반복에서 1부터 '전체공' 리스트의 항목 수인 6 사이의 무작위 수 하나를 '위치' 변수에 저장합니다. '위치' 변수에 4가 저장되었다고 가정하면 '전체공' 리스트의 네 번째 항목인 5를 '선택공' 리스트에 저장합니다.

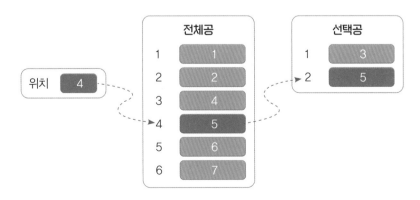

'전체공' 리스트에서 네 번째 항목인 5를 삭제합니다. 뒤에 위치한 항목들이 한 칸씩 앞으로 이동하게 됩니다.

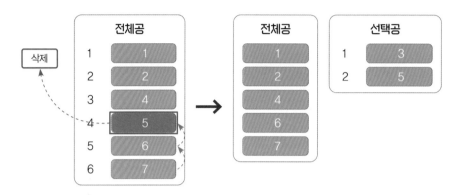

세 번째 반복에서도 '전제공' 리스트에서 하니의 항목을 무작위로 선택해서 '선택공' 리스트에 저장합니다. 결국 '전체공' 리스트에서 3개의 항목이 무작위로 선택되어 '선택공' 리스트에 저장됩니다.

04 출력하기 ▼ 신호 보내기 📍 을 통해 '출력하기' 신호를 보냅니다.

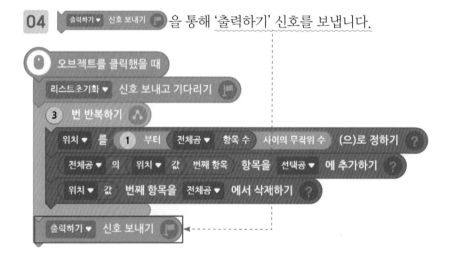

다음으로 '선택공' 리스트에 저장된 항목, 즉 공 번호가 적힌 모양의 공 세 개가 나란히 보이도록 코드 블록을 조립해봅시다.

01 **❶** '공' 오브젝트를 클릭합니다. '시작 버튼' 오브젝트를 중심으로 그 아래 선택된 공

세 개를 겹치지 않게 가로로 나란히 배치하여 보여줄 겁니다.  '공'

오브젝트는 모든 붓을 지우고 모양을 숨깁니다. 그

런 다음 '선택공' 리스트의 항목 위치를 의미하는 '위

치'를 1로 저장합니다. 그리고 '공' 오브젝트를 x 좌

표 −100으로 이동한 후 모양을 보여줍니다. 가로로

만 이동하기 때문에 y 좌표는 변경하지 않았으며 아

직 '공' 오브젝트의 모양은 변경되지 않았습니다.

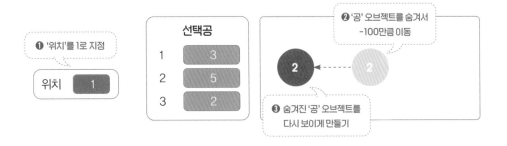

02 작품을 실행했을 때 공이 3개가 나와야 하므로 공 모양을 바꾸고 도장 찍는 동작

을 2번 더 반복합니다. 이제 ![선택공 ▼ 의 위치 ▼ 값 번째 항목 모양으로 바꾸기] 블록을 적용하여 '공'

오브젝트의 모양을 '선택공'

리스트의 '위치'값 번째 항

목으로 바꿉니다. 그런 다음

![도장 찍기] 블록을 통해 바뀐

모양을 찍습니다.

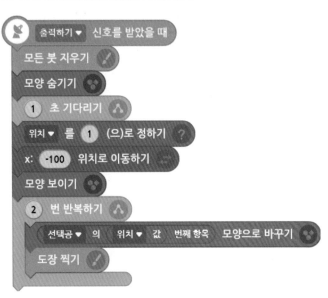

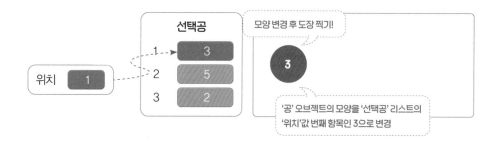

'위치' 변수가 1이므로 '공' 오브젝트의 모양이 '선택공' 리스트의 첫 번째 항목인 3 모양으로 바꾸고 도장 찍기 블록을 통해 찍습니다. 이를 통해 첫 번째 공 모양이 도장으로 찍힙니다.

03 이제 '공' 오브젝트의 위치를 옮깁니다. 오브젝트의 위치를 옮기기 위해 x 좌푯값을 100만큼 바꾸고 '위치' 변수 값을 1 증가시킵니다. 반복이 1번 끝났습니다.

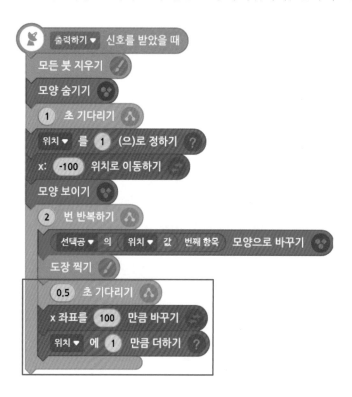

04 이제 한 번 더 반복합니다. '공' 오브젝트의 모양이 '선택공' 리스트의 두 번째 항목인 5 모양으로 바뀐 다음 도장을 찍고, x 좌푯값을 100만큼 바꾸고, '위치' 변수 값을 1만큼 더합니다.

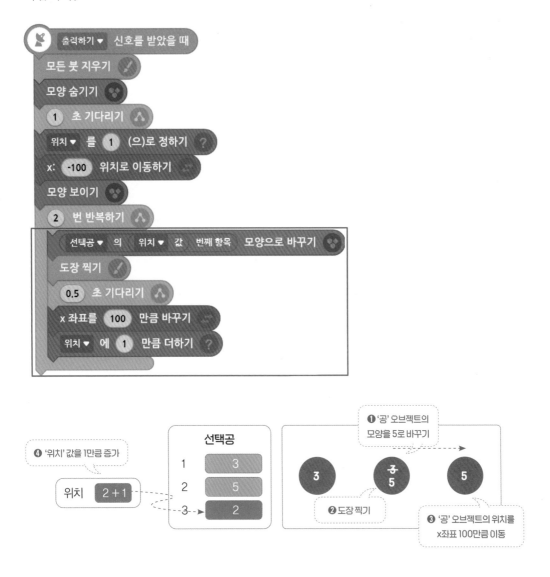

05 두 번째 반복이 끝났습니다. 이제 마지막으로 '공' 오브젝트의 모양만 '선택공' 리스트의 '위치' 값 번째 항목으로 바꿔주면 됩니다.

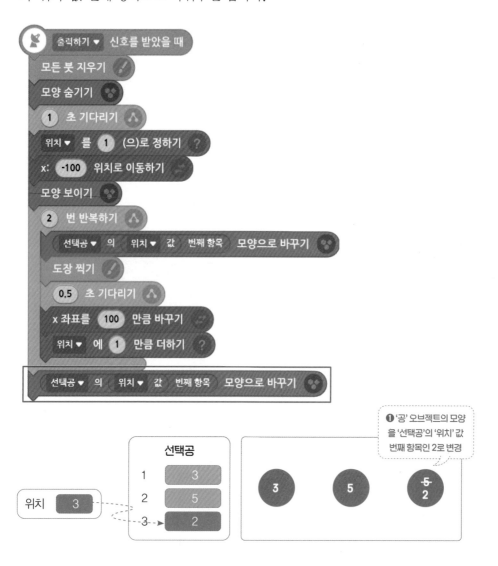

'위치' 변수가 3이므로 '공' 오브젝트의 모양이 '선택공' 리스트의 세 번째 항목인 '2' 모양으로 바뀝니다. 결국 '선택공' 리스트에 저장된 항목 값이 적힌 모양의 공 3개가 실행 화면에 다음과 같이 출력됩니다.

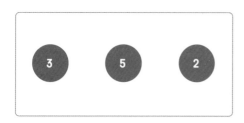

✔ 전체 코드 확인하기

오브젝트	코드 블록
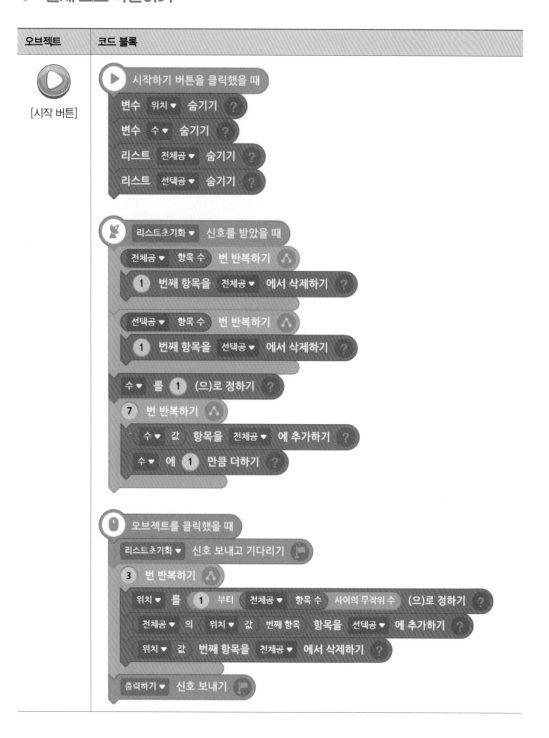 [시작 버튼]	

시작하기 버튼을 클릭했을 때
변수 위치▼ 숨기기 ?
변수 수▼ 숨기기 ?
리스트 전체공▼ 숨기기 ?
리스트 선택공▼ 숨기기 ?

리스트초기화▼ 신호를 받았을 때
전체공▼ 항목 수 번 반복하기 ∧
   1 번째 항목을 전체공▼ 에서 삭제하기 ?
선택공▼ 항목 수 번 반복하기 ∧
   1 번째 항목을 선택공▼ 에서 삭제하기 ?
수▼ 를 1 (으)로 정하기 ?
7 번 반복하기 ∧
   수▼ 값 항목을 전체공▼ 에 추가하기 ?
   수▼ 에 1 만큼 더하기 ?

오브젝트를 클릭했을 때
리스트초기화▼ 신호 보내고 기다리기
3 번 반복하기 ∧
   위치▼ 를 1 부터 전체공▼ 항목 수 사이의 무작위 수 (으)로 정하기 ?
   전체공▼ 의 위치▼ 값 번째 항목 항목을 선택공▼ 에 추가하기 ?
   위치▼ 값 번째 항목을 전체공▼ 에서 삭제하기 ?
출력하기▼ 신호 보내기

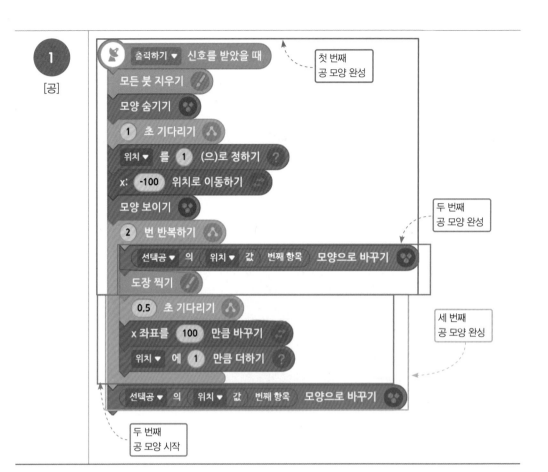

1

[공]

- 출력하기 ▼ 신호를 받았을 때 ⟶ 첫 번째 공 모양 완성
- 모든 붓 지우기
- 모양 숨기기
- 1 초 기다리기
- 위치 ▼ 를 1 (으)로 정하기
- x: -100 위치로 이동하기
- 모양 보이기
- 2 번 반복하기
  - 선택공 ▼ 의 위치 ▼ 값 번째 항목 모양으로 바꾸기 ⟵ 두 번째 공 모양 완성
  - 도장 찍기
- 0.5 초 기다리기 ⟵ 세 번째 공 모양 완성
- x 좌표를 100 만큼 바꾸기
- 위치 ▼ 에 1 만큼 더하기
- 선택공 ▼ 의 위치 ▼ 값 번째 항목 모양으로 바꾸기

두 번째 공 모양 시작

도전해보기

QR 코드를 스캔하면 도전해보기 작품을 볼 수 있어요!

https://naver.me/FYIOIWoN

'로또'는 7개의 공 모양을 만들고 그중에서 무작위로 3개를 뽑아 추첨하는 원리의 작품이었습니다. 이번에는 원하는 수만큼 학생을 무작위로 추첨하는 작품을 만들 어봅시다. '로또'에서 이해했던 원리를 바탕으로 전체 학생을 5명이라고 가정했을 때, 학생들의 이름을 입력받고 이 중 3명을 무작위로 추첨하여 이름을 말하게 합니 다. 단, 학생 이름은 입력받은 전체 학생 수만큼 입력받습니다.

🔍 실행 화면 살펴보기

다음 실행 화면을 보고 구성할 오브젝트와 위치를 확인하고 화면을 구성하세요.

✖ 오브젝트 추가하기

[오브젝트 추가하기]를 클릭하여 '엔트리봇'과 '교실(2)'를 선택한 다음 [추가하기]
버튼을 누릅니다.

엔트리봇

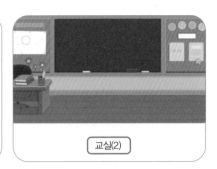

교실(2)

❔ 변수 추가하기

[속성] 탭에서 '변수'를 선택한 후 [변수 추가하기]를 클릭한 다음 변수 이름을 작성
하고 [변수 추가] 버튼을 클릭합니다.

변수	기능
전체학생수	전체 학생 수를 저장
추첨학생수	추첨 학생 수를 저장
위치	리스트 항목의 위치를 저장
결과	선정된 학생들 이름을 저장

📋 리스트 추가하기

[속성] 탭에서 '리스트'를 선택한 다음 [리스트 추가하기]를 클릭하여 리스트 이름을 작성하고 [리스트 추가] 버튼을 클릭합니다.

리스트	기능
전체학생	전체 학생 이름을 저장
선택학생	선택된 학생 이름을 저장

📡 신호 추가하기

[속성] 탭에서 '신호'를 선택한 후 [신호 추가하기]를 클릭한 다음 추가할 신호 이름을 작성하고 [신호 추가] 버튼을 클릭합니다.

신호	기능
초기화	변수와 리스트를 실행 화면에 보이지 않게 하라는 신호
이름등록하기	학생 이름을 '전체학생' 리스트에 저장하라는 신호
추첨하기	추첨하라는 신호
결과보기	선택된 학생 이름을 말하라는 신호

♪ 코딩 정복하기

오브젝트	코드 블록
 [엔트리봇]	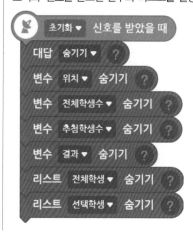

'초기화' 신호를 받으면 변수와 리스트를 실행 화면에 보이지 않게 합니다.

전체 학생 이름을 입력받아 '전체학생' 리스트에 저장합니다.

'전체학생'에서 '추첨학생수' 만큼 무작위로 선택한 학생 이름을 '선택학생' 리스트에 저장합니다.

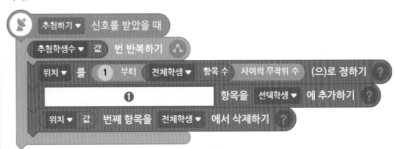

'선택학생' 리스트에 저장된 모든 학생 이름을 '결과' 변수에 저장하여 말합니다.

QR을 스캔하여
정답을 확인하세요.

PART

03

코딩
심화 도전하기

PART 03에서는 지금까지 학습한 내용을 바탕으로 코딩 심화에
도전합니다. PART 03는 '단리 복리 계산기', 'ISBN 검증하기', '국가
수도 검색기', '모스부호 변환기' 이렇게 4개의 LESSON으로 구성되어
있습니다. 심도 있는 LESSON으로 구성되어 있기 때문에 작품마다 각각
어떠한 원리가 있고 그 원리를 파악하고 문제를 해결하며 결과를 얻는
과정에서 컴퓨팅 사고력과 창의력이 향상됩니다.

단리 복리 계산기

학습 목표 • 단리와 복리를 이해하며 단리와 복리를 계산하는 작품을 만들 수 있습니다.

단리와 복리는 이자율을 계산하는 방법으로 은행 업무뿐만 아니라 금융과 관련하여 기본적으로 알아두면 좋은 개념입니다. 단리는 원금에 대한 이자가 붙고 복리는 '원금 + 이자'에 대해서 이자가 붙는 것을 말합니다. 단리와 복리 계산을 어떻게 하는지 알아보고 단리와 복리를 계산하는 작품을 만들어봅시다.

QR을 스캔하면
유튜브 동영상을 볼 수
있어요!

▶https://youtu.be/qz1GgB4eXfk?si=vdqyNdUN9Ic49X-w

 ## 작품 실행하기

01 다음 주소 또는 QR로 접속하면 '단리 복리 계산기' 작품이 나옵니다. 작품의 실행 버튼인 ▶을 클릭하여 작품을 실행해보세요.

• https://naver.me/Fm27uCPn

QR을 스캔하면
'단리 복리 계산기' 작품이
나와요!

02 회사원이 이자율을 계산하는 방법인 단리, 복리에 대해 물어봅니다. 이렇게 예금 금리 방법과 원금, 이자율, 가입 기간을 물어보면 사용자가 대답을 입력합니다.

03 회사원이 가입 기간에 따른 각 연별 원리 합계를 말합니다.

🐼 챗GPT에게 질문하기

단리와 복리란 무엇인가요? 10대가 이해할 수 있는 수준으로 간단하게 답변해주세요.

🍥 챗GPT의 답변 확인하기

단리와 복리에 대해 간단히 설명해볼게요.

단리

- **단리**는 예금한 돈(원금)에 대해서만 이자를 계산하는 방법이에요.
- 예를 들어, 100만 원을 은행에 1년 동안 연 5% 단리로 예금하면, 1년 후에 5만 원의 이자를 받게 돼요. 그래서 총액은 105만 원이 돼요.
- 매년 같은 금액의 이자를 받게 되는 거예요.

복리

- **복리**는 예금한 돈뿐만 아니라, 그동안 쌓인 이자에도 이자를 붙이는 방법이에요.
- 예를 들어, 100만 원을 1년 동안 연 5% 복리로 예금하면, 1년 후에 5만 원의 이자를 받아서 105만 원이 돼요. 그리고 그 다음 해에는 105만 원에 대해 5% 이자가 붙어서 더 많은 이자를 받게 돼요.
- 이렇게 시간이 지날수록 이자가 더 많이 불어나는 거예요.

예시

- **단리** : 100만 원을 연 5% 단리로 3년 동안 예금하면, 매년 5만 원씩 총 15만 원의 이자를 받아서, 3년 후에 총액은 115만 원이 돼요.
- **복리** : 100만 원을 연 5% 복리로 3년 동안 예금하면, 첫해에는 5만 원, 두 번째 해에는 5만 2500원, 세 번째 해에는 5만 5125원이 붙어 총 115만 7625원의 이자를 받아서, 3년 후에 총액은 115만 7625원이 돼요.

결론

- 복리가 단리보다 이자를 더 많이 받을 수 있어요.
- 따라서, 예금을 할 때는 복리로 하는 것이 더 유리해요.

이렇게 이해하면 쉬울 거예요!

개념 이해하기

단리와 복리

보통 예금, 적금에서 이자율인 금리를 계산하는 방법에 따라 단리와 복리로 구분할 수 있습니다. **단리는 일정 기간 오로지 원금에 대해서만 약정한 이율을 적용하여 이자를 계산하는 방법입니다. 복리는 처음에는 원금에 이자가 붙지만, 다음부터는 원금+이자에 다시 이자가 붙는 방법입니다.** 원금과 이자를 합한 금액을 원리합계라고 합니다. 단리와 복리가 각각 어떻게 다른지 사례를 통해 알아봅시다. 단리 방법으로 이자를 계산하는 식은 다음과 같습니다.

$$원금 \times 이자율 \times 기간$$

원금이 100,000원일 때 3년짜리 예금을 가입한다고 가정해봅시다. 단리 방법으로 이자를 계산하면 100,000원에 대한 1년 이자율이 5%일 때 1년 후의 이자는 100,000원의 5%인 5,000원이고, 2년 후에도 원금이 100,000원으로 같기 때문에 이자는 5,000원입니다. 단리 방법으로 계산했을 때 원금 100,000원에 대한 3년 동안의 이자 누적 금액은 다음 표와 같습니다.

시간(년)	원금	이자 누적	원금+이자
1	100,000	5,000	105,000
2	100,000	10,000	110,000
3	100,000	15,000	115,000

그렇다면 복리는 이자가 어떻게 붙을까요? 복리는 원금에 일정 기간 동안 발생한 이자를 더한 금액이 다음 기간의 원금이 되고 또 거기에 이자가 붙는 방법으로 이자를 계산합니다. 위와 같이 100,000원의 원금이 있다고 가정해봅시다. 100,000원에 대한 1년 이자율이 5%면 1년이 지난 뒤의 이자는 100,000원의 5%인 5,000원으로 여기까지는 단리와 같습니다. 하지만 2년이 지난 뒤에는 원금 100,000원에 대한 이자를 계산하는 것이 아니라 원금에 1년 뒤의 이자인 5,000원을 더한 105,000원에 대한 이자를 계산합니다. 즉 2년 차 이자는 5,250원이 됩니다. 다음 표는 복리 방법으로 계산했을 때 원금 100,000원에 대한

3년 동안의 이자 누적 금액입니다.

시간(년)	원금	이자 누적	원금+이자
1	100,000	5,000	105,000
2	100,000	10,250	110,250
3	100,000	15,762.5	115,762.5

 작품 만들기

코딩 로드맵

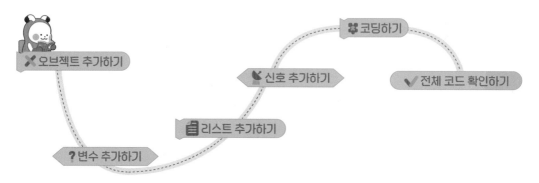

✕ 오브젝트 추가하기

[오브젝트 추가하기]를 클릭하여 '바쁜 회사원(3)'과 '도시(2)'를 선택한 다음 [추가하기] 버튼을 누릅니다.

바쁜 회사원(3)

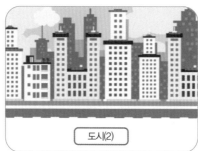

도시(2)

❓ 변수 추가하기

[속성] 탭에서 '변수'를 선택한 후 [변수 추가하기]를 클릭한 다음 변수 이름을 작성하고 [변수 추가] 버튼을 클릭합니다.

변수	기능
선택	단리 또는 복리를 저장
원금	예금 원금을 저장
이자율	이자율을 저장
가입기간	가입 기간을 저장
원리합계	원금과 이자를 합한 금액인 원리합계를 저장
위치	리스트 항목의 위치를 저장

📋 리스트 추가하기

[속성] 탭에서 '리스트'를 선택한 다음 [리스트 추가하기]를 클릭하여 리스트 이름 '원리합계리스트'를 작성하고 [리스트 추가] 버튼을 클릭합니다.

리스트	기능
원리합계리스트	연별 원리합계를 저장

📡 신호 추가하기

[속성] 탭에서 '신호'를 선택한 후 [신호 추가하기]를 클릭한 다음 추가할 신호 이름을 작성하고 [신호 추가] 버튼을 클릭합니다.

신호	기능
초기화	변수와 리스트를 실행 화면에 보이지 않게 하라는 신호
단리로계산하기	단리로 계산하라는 신호
복리로계산하기	복리로 계산하라는 신호

🎯 코딩하기

이자율을 계산하는 방법인 단리와 복리가 무엇인지 그리고 어떤 차이점이 있는지 알아봤습니다. 차례대로 추가한 오브젝트와 속성을 가지고 코드 블록을 이용하여 '단리 복리 계산기' 작품을 만들어봅시다.

01 '바쁜 회사원(3)' 오브젝트를 클릭합니다. 초기화 ▼ 신호를 받았을 때 블록을 통해 '초기화' 신호를 받으면 변수와 리스트를 실행 화면에 보이지 않게 합니다.

02 [시작하기] 버튼을 클릭했을 때 초기화 ▼ 신호 보내고 기다리기 블록을 통해 '초기화' 신호를 보내고 사용자로부터 예금 금리 방법, 원금, 이자율, 가입 기간을 입력받아 '선택', '원금', '이자율', '가입기간' 변수에 저장합니다.

03 '바쁜 회사원(3)'이 사용자에게 '단리 복리?'를 묻는 질문에 '단리'를 대답했다고 가정해봅시다. '선택' 변수 값이 단리라면 [단리로계산하기 ▼ 신호 보내고 기다리기 🏁] 블록으로 '단리로계산하기' 신호를 보냅니다.

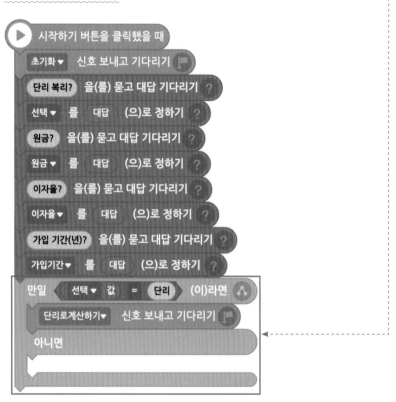

04 [🐱 단리로계산하기 ▼ 신호를 받았을 때] 블록으로 '단리로계산하기' 신호를 받았을 때 연별 원금과 이자를 합한 원리합계를 계산해서 '원리합계리스트'에 저장합니다.

예를 들어 사용자가 '원금'은 100000, '이자율'은 5, '가입기간'은 3년인 예금을 가입한다고 가정합시다.

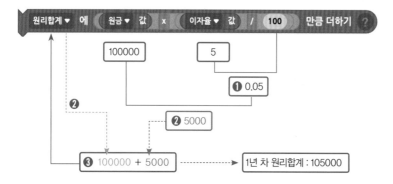 블록에 따라 '원리합계'에는 '원금' 100000이 저장됩니다. 원리합계 계산은 '가입기간' 변수 값이 3이므로 3번 반복합니다. '원금' 변수 값은 100000이고 '이자율' 변수 값은 5이므로 첫 번째 반복에서는 계산한 이자인 5000만큼 '원리합계' 변수 값을 증가시켜 105000이 됩니다.

'원리합계' 변수 값인 105000을 '원리합계리스트'에 저장합니다. 이 값은 예금 가입 1년 후 원리합계입니다.

두 번째 반복에서도 원금과 이자율을 계산한 이자인 5000만큼 '원리합계' 변수 값을 증가시키므로, 105000에 5000이 더해져 110000이 됩니다.

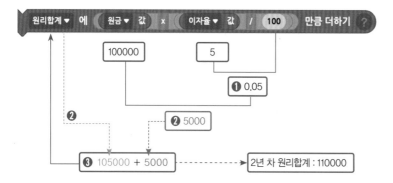

'원리합계' 변수 값인 110000을 '원리합계리스트'에 저장합니다.
이 값은 2년 후 원리합계입니다.

세 번째 반복도 위와 동일하게 동작하므로 '원리합계'는 115000이
되고 이 값을 '원리합계리스트'에 저장합니다.

05 반대로 사용자가 '단리 복리?'를 묻는 질문에 '복리'를 대답했다고 가정해봅시다. '선
택' 변수 값이 복리라면 복리로계산하기▼ 신호 보내고 기다리기 블록으로 '복리로계산하기' 신호를 보
냅니다.

06 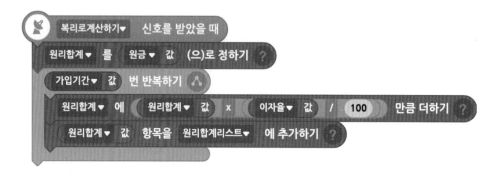 블록으로 '복리로계산하기' 신호를 받으면 연별 원금과 이자를 합한 원리합계를 계산해서 '원리합계리스트'에 저장합니다.

앞의 단리를 계산했던 것과 마찬가지로 사용자가 '원금'은 100000, '이자율'은 5, '가입기간'은 3년인 예금을 가입한다고 가정합시다.

원리합계▼ 를 원금▼ 값 (으)로 정하기 ? 블록에 따라 '원리합계'에는 '원금' 100000이 저장됩니다. 원리합계 계산은 '가입기간' 변수 값이 3이므로 3번 반복합니다. '원리합계' 변수 값은 100000이고 '이자율' 변수 값은 5이므로 첫 번째 반복에서는 계산한 이자인 5000만큼 '원리합계' 변수 값을 증가시켜 105000이 됩니다. 단리와 달리 **복리는 이자를 계산할 때 원금을 이용하는 것이 아니라 원리합계를 이용합니다.**

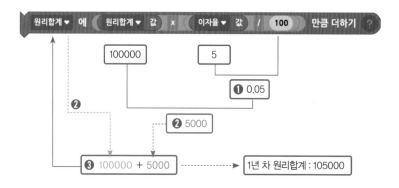

'원리합계' 변수 값인 105000을 '원리합계리스트'에 저장합니다. 이 값은 예금 가입 1년 후 원리합계입니다.

복리는 이자를 계산할 때 원금이 아닌 **원리합계**를 이용하므로 두 번째 반복에서는 '원리합계' 값인 105000과 '이자율' 값 5를 계산한 이자인 5250만큼 '원리합계' 변수 값을 증가시켜 110250이 됩니다.

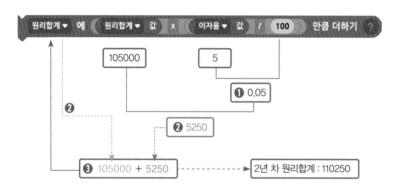

'원리합계' 변수 값인 110250을 '원리합계리스트'에 저장합니다. 이 값은 2년 후 원리합계입니다.

세 번째 반복도 위와 동일하게 동작하여 '원리합계'는 115762.5이 되고 이 값을 '원리합계리스트'에 저장합니다.

07 사용자로부터 입력받은 예금 금리 방법, 원금, 이자율, 가입 기간을 바탕으로 그에 맞게 계산되어 '원리합계리스트'에 저장된 연별 원리합계를 말하도록 합니다.

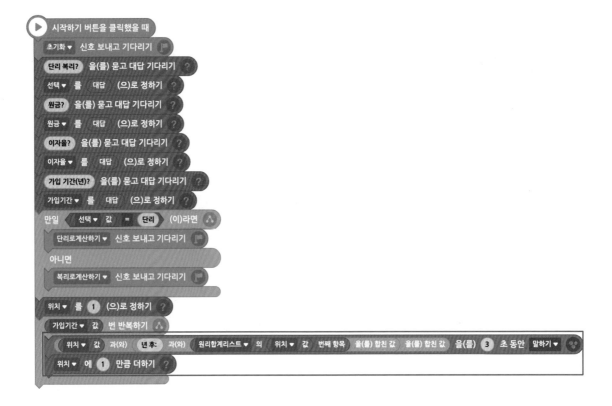

✔ 전체 코드 확인하기

오브젝트	코드 블록
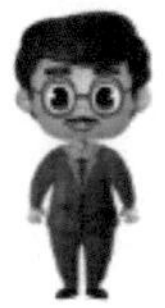 [바쁜 회사원 (3)]	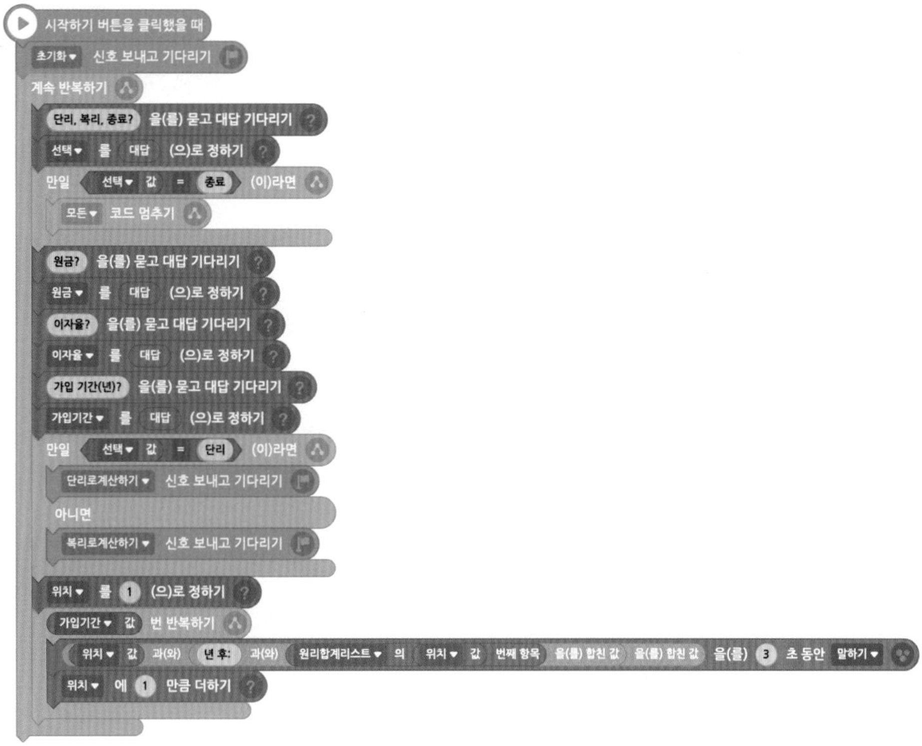

초기화 ▼ 신호를 받았을 때
대답 숨기기 ▼ ?
변수 선택 ▼ 숨기기 ?
변수 원금 ▼ 숨기기 ?
변수 이자율 ▼ 숨기기 ?
변수 가입기간 ▼ 숨기기 ?
변수 원리합계 ▼ 숨기기 ?
변수 위치 ▼ 숨기기 ?
리스트 원리합계리스트 ▼ 숨기기 ?

단리로계산하기 ▼ 신호를 받았을 때
원리합계 ▼ 를 원금 ▼ 값 (으)로 정하기 ?
가입기간 ▼ 값 번 반복하기
  원리합계 ▼ 에 (원금 ▼ 값 x 이자율 ▼ 값 / 100) 만큼 더하기 ?
  원리합계 ▼ 값 항목을 원리합계리스트 ▼ 에 추가하기 ?

복리로계산하기 ▼ 신호를 받았을 때
원리합계 ▼ 를 원금 ▼ 값 (으)로 정하기 ?
가입기간 ▼ 값 번 반복하기
  원리합계 ▼ 에 (원리합계 ▼ 값 x 이자율 ▼ 값 / 100) 만큼 더하기 ?
  원리합계 ▼ 값 항목을 원리합계리스트 ▼ 에 추가하기 ?

도전해보기

QR 코드를 스캔하면 도전해보기 작품을 볼 수 있어요!

https://naver.me/GRmWc6qr

'단리 복리 계산기'에서는 사용자가 입력한 하나의 경우에 대해서만 계산을 하고 결과를 알려주며 작품이 끝났습니다. 이번에는 사용자가 '종료'를 입력할 때까지 단리와 복리 계산을 반복하도록 작품을 만들어봅시다. 작품을 실행했을 때 '바쁜 회사원(3)'이 예금 금리 방법인 단리와 복리뿐만 아니라 '종료'까지 질문해야 합니다. 원하는 예금 계산 방법이 끝난 후에도 반복해야 하며 사용자가 '종료'를 입력했을 때 작품이 종료되도록 완성해보세요.

🔍 실행 화면 살펴보기

다음 실행 화면을 보고 구성할 오브젝트와 위치를 확인하고 화면을 구성하세요.

✗ 오브젝트 추가하기

[오브젝트 추가하기]를 클릭하여 '바쁜 회사원(3)'과 '도시(2)'를 선택한 다음 [추가하기] 버튼을 누릅니다.

바쁜 회사원(3)

도시(2)

❓ 변수 추가하기

[속성] 탭에서 '변수'를 선택한 후 [변수 추가하기]를 클릭한 다음 변수 이름을 작성하고 [변수 추가] 버튼을 클릭합니다.

변수	기능
선택	단리 또는 복리를 저장
원금	예금 원금을 저장
이자율	이자율을 저장
가입기간	가입 기간을 저장
원리합계	원금과 이자를 합한 금액인 원리합계를 저장
위치	리스트 항목의 위치를 저장

📑 리스트 추가하기

[속성] 탭에서 '리스트'를 선택한 다음 [리스트 추가하기]를 클릭하여 리스트 이름을 작성하고 [리스트 추가] 버튼을 클릭합니다.

리스트	기능
원리합계리스트	연별 원리합계를 저장

🛰 신호 추가하기

[속성] 탭에서 '신호'를 선택한 후 [신호 추가하기]를 클릭한 다음 추가할 신호 이름 '초기화', '단리로계산하기', '복리로계산하기'를 작성하고 [신호 추가] 버튼을 클릭합니다.

신호	기능
초기화	변수와 리스트를 실행 화면에 보이지 않게 하라는 신호
단리로계산하기	단리로 계산하라는 신호
복리로계산하기	복리로 계산하라는 신호

🚩 코딩 정복하기

오브젝트	코드 블록
[바쁜 회사원(3)]	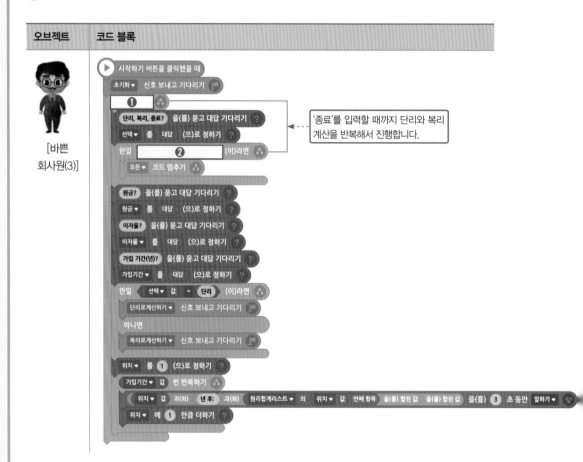

'종료'를 입력할 때까지 단리와 복리 계산을 반복해서 진행합니다.

초기화 ▾ 신호를 받았을 때
대답 숨기기 ▾ ?
변수 선택 ▾ 숨기기 ?
변수 원금 ▾ 숨기기 ?
변수 이자율 ▾ 숨기기 ?
변수 가입기간 ▾ 숨기기 ?
변수 원리합계 ▾ 숨기기 ?
변수 위치 ▾ 숨기기 ?
리스트 원리합계리스트 ▾ 숨기기 ?

단리로계산하기 ▾ 신호를 받았을 때
원리합계 ▾ 를 원금 ▾ 값 (으)로 정하기 ?
가입기간 ▾ 값 번 반복하기 ∧
원리합계 ▾ 에 (원금 ▾ 값 x 이자율 ▾ 값 / 100) 만큼 더하기 ?
원리합계 ▾ 값 항목을 원리합계리스트 ▾ 에 추가하기 ?

복리로계산하기 ▾ 신호를 받았을 때
원리합계 ▾ 를 원금 ▾ 값 (으)로 정하기 ?
가입기간 ▾ 값 번 반복하기 ∧
원리합계 ▾ 에 (원리합계 ▾ 값 x 이자율 ▾ 값 / 100) 만큼 더하기 ?
원리합계 ▾ 값 항목을 원리합계리스트 ▾ 에 추가하기 ?

QR을 스캔하여
정답을 확인하세요.

ISBN 검증하기

학습 목표 • ISBN의 체크기호를 구하는 원리를 이해하며 ISBN을 검증하는 작품을 만들 수 있습니다.

책에 제목과 지은이, 부제 등 책과 관련한 각종 정보가 담겨 있는 것을 본 적 있을 겁니다. 이 외에도 책의 뒷면에는 바코드와 함께 하이픈으로 나눠진 13자리의 숫자가 있습니다. 이 숫자가 바로 국제표준도서번호인 ISBN으로 도서에 부여되는 고유의 도서 번호입니다. ISBN을 이용하면 도서의 정보와 유통을 파악할 수 있습니다. 각 도서에 부여된 ISBN이 어떻게 구성되는지 살펴보고 ISBN이 정확한 것인지 검증하는 작품을 만들어봅시다.

QR을 스캔하면
유튜브 동영상을 볼 수
있어요!

▶ https://youtu.be/UNi42tOGZ88?si=Ggdn2hGrW17MsQts

작품 실행하기

01 다음 주소 또는 QR로 접속하면 'ISBN 검증하기' 작품이 나옵니다. 작품의 실행 버튼 ▶을 클릭하여 작품을 실행해보세요.

• https://naver.me/GKxi9iTo

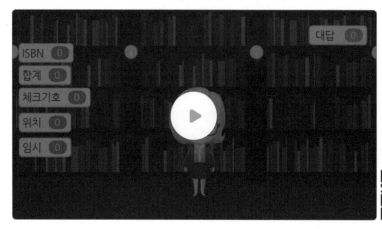

QR을 스캔하면
'ISBN 검증하기' 작품이
나와요!

02 임의의 도서 뒷면에 있는 ISBN 13자리 숫자를 입력합니다.

03 검증된 ISBN인지 아닌지를 말합니다. 검증된 ISBN은 '검증된 ISBN'을 말하고 검증되지 않았다면 '검증되지 않은 ISBN'을 말합니다.

 ## 챗GPT ⓧ 질문하기

👧 챗GPT에게 질문하기

도서의 ISBN이란 무엇인지 알려주세요. 10대가 이해할 수 있는 수준으로 간단하게 답변해주세요.

🖼 챗GPT의 답변 확인하기

ISBN에 대해 간단히 설명해볼게요.

ISBN이란?

- ISBN은 "International Standard Book Number"의 약자로, "국제 표준 도서 번호"를 의미해요.
- ISBN은 책마다 고유하게 부여되는 일련번호로, 전 세계 어디서나 같은 책을 찾을 수 있도록 도와주는 코드예요.

왜 필요할까요?

책을 쉽게 찾고, 구매하고, 도서관에서 빌릴 수 있게 해줘요.

도서 관리, 판매, 유통 등에서 매우 유용해요.

어떻게 생겼나요?

- ISBN은 13자리 숫자로 이루어져 있어요. 예전에는 10자리였지만, 2007년부터 13자리로 바뀌었어요.
- 예를 들어, "978-3-16-148410-0" 같은 형태로 표기돼요.

구성

ISBN은 몇 부분으로 나뉘어요:

1. **접두어 (Prefix)** : 보통 978이나 979로 시작해요.
2. **등록 그룹 (Registration Group)** : 국가나 지역, 언어를 나타내요.
3. **등록자 (Registrant)** : 출판사를 나타내요.
4. **출판 항목 (Publication)** : 책의 고유 번호예요.
5. **체크 숫자 (Check Digit)** : 오류를 방지하기 위한 숫자예요.

예시

만약 어떤 책의 ISBN이 "978-3-16-148410-0"이라면, 이 숫자만으로도 그 책을 정확히 찾을 수 있어요. 이렇게 ISBN은 책의 고유한 '주민등록번호' 같은 역할을 한다고 생각하면 쉬울 거예요!

 개념 이해하기

ISBN

국제표준도서번호인 ISBN^{International Standard Book Number}은 국제적으로 표준화된 방법에 따라 전 세계에서 생산되는 도서에 부여된 고유 번호로 ISBN이라는 텍스트 뒤에 13자리 숫자로 구성됩니다. 13자리 숫자는 5개의 군으로 나뉘며 각 군은 하이픈(-)이나 공백을 두어 구분합니다. 각 군의 순서는 접두부, 국가번호(출판 국가), 발행자번호(출판사 번호), 서명식별번호, 체크기호 순입니다.

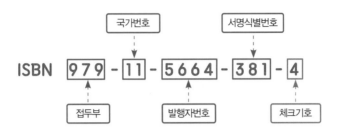

여기서 마지막 한 자리 숫자인 체크기호는 ISBN의 정확성 여부를 검사하는 기호로, 접두부, 국가번호, 발행자번호, 서명식별번호를 이용해서 구해지며 계산법은 다음과 같습니다.

STEP 01 ISBN 처음 12자리 숫자에 가중치 1과 3을 번갈아 가며 곱한 값의 합을 구합니다.

STEP 02 가중치를 곱한 값의 합을 10으로 나눈 나머지를 구합니다.

STEP 03 10에서 'step 02'에서 구한 나머지를 뺀 값이 체크기호가 되는데 단, 뺀 값이 10이면 체크기호는 0이 됩니다.

그러면 체크기호 계산법을 이용해서 ISBN 979 - 11 - 5664 - 381-4의 체크기호 4를 계산해보겠습니다.

STEP 01 ISBN 처음 12자리 숫자에 가중치 1과 3을 번갈아 가며 곱한 값의 합을 구하면 106이 됩니다.

9x1	7x3	9x1	1x3	1x1	5x3	6x1	6x3	4x1	3x3	8x1	1x3
= 9	= 21	= 9	= 3	= 1	= 15	= 6	= 18	= 4	= 9	= 8	= 3

STEP 02 가중치를 곱한 값의 합인 106을 10으로 나눈 나머지를 구하면 6이 됩니다.

STEP 03 10에서 나머지인 6을 뺀 값인 4가 체크기호가 됩니다.

작품 만들기

🕹 코딩 로드맵

✖ 오브젝트 추가하기

[오브젝트 추가하기]를 클릭하여
'선생님(2)'과 '도서관'을 선택한 다
음 [추가하기] 버튼을 누릅니다.

선생님(2)

도서관

❓ 변수 추가하기

[속성] 탭에서 '변수'를 선택한 후 [변수 추가하기]를 클릭한 다음 변수 이름을 작성하고
[변수 추가] 버튼을 클릭합니다.

변수	기능
ISBN	검증할 ISBN을 저장
위치	ISBN의 각 숫자 위치를 저장
합계	가중치를 곱한 값의 합을 저장
임시	계산 중 임시 값을 저장
체크기호	계산한 체크기호를 저장

🛰 신호 추가하기

[속성] 탭에서 '신호'를 선택한 후 [신호 추가하기]를 클릭한 다음 추가할 신호 이름 '초기화'를 작성하고 [신호 추가] 버튼을 클릭합니다.

신호	기능
초기화	변수를 실행 화면에 보이지 않게 하라는 신호

✖ 코딩하기

작품을 실행했을 때 '선생님(2)'가 사용자가 입력한 임의의 ISBN에 대해 검증하여 대답하도록 코드 블록을 완성해봅시다.

01 🧑‍🦱 '선생님(2)' 오브젝트를 클릭합니다. `초기화 ▼ 신호를 받았을 때` 블록을 통해 '초기화' 신호를 받으면 변수를 실행 화면에 보이지 않게 합니다.

02 [시작하기] 버튼을 클릭했을 때 `초기화 ▼ 신호 보내고 기다리기` 블록으로 '초기화' 신호를 보냅니다. '선생님(2)' 오브젝트가 'ISBN?'이라고 질문했을 때 사용자로부터 입력받은 ISBN을 'ISBN' 변수에 저장합니다. 가중치를 곱한 값의 합을 저장할 '합계' 변수에 0을 저장하고, ISBN의 각 숫자 위치를 나타내는 '위치' 변수에 1을 저장합니다.

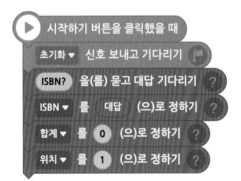

03 'ISBN' 변수에 저장된 ISBN의 처음 12자리 숫자에 가중치 1과 3을 번갈아가며 곱한 값의 합을 '합계'에 저장합니다.

앞 코드 블록에서 어떠한 원리로 값이 연산되는지 자세히 알아보겠습니다. 사용자가 입력한 ISBN은 9791156643814로 'ISBN' 변수에 저장된 값이라고 가정하겠습니다.

ISBN	9791156643814

'ISBN' 변수 값의 글자 수 13에서 1을 뺀 12번을 반복합니다. 입력한 ISBN은 13자리이지만 마지막 열세 번째 수인 체크기호는 코드 블록으로 12자리 수를 이용하여 연산한 체크기호와 같은지 확인하는 대상으로 체크기호 연산에는 포함되지 않습니다.

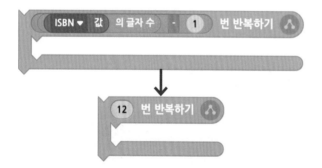

첫 번째 반복에서 '위치' 변수 값은 1이므로 〈 위치 ▼ 값 / 2 의 몫 ▼ = 1 〉 블록을 통해 2로 나눈 나머지가 1이 되어 조건 또한 참이므로 〔 합계 ▼ 에 (ISBN ▼ 값 의 위치 ▼ 값 번째 글자 만큼 더하기 ? 〕 블록을 통해 'ISBN'의 첫 번째 숫자인 9만큼 '합계' 변수 값을 증가시켜 9가 됩니다. 이 블록에는 'ISBN' 변수에 저장된 처음

12자리 숫자에 가중치 1과 3을 번갈아가며 곱하는 연산 중 가중치 1을 곱하는 과정이 포함되어 있습니다.

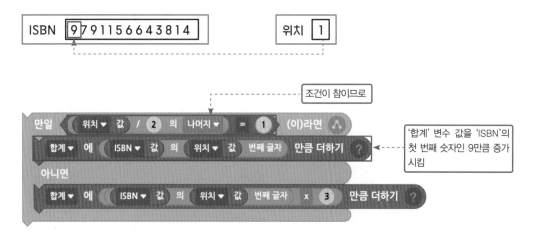

다음으로 위치▼ 에 1 만큼 더하기 ? 블록을 실행하여 '위치' 변수 값을 1 증가시켜 2가 됩니다.

ISBN 979115664 3814   위치 1 → 2

두 번째 반복에서 '위치' 변수 값이 2이고 2로 나눈 나머지가 0이 되어 조건이 거짓이 됩니다. 그러므로 합계▼ 에 (ISBN▼ 값 의 위치▼ 값 번째 글자 x 3) 만큼 더하기 ? 블록이 실행되며 'ISBN'의 두 번째 숫자인 7에 3을 곱해 21이 되고 '합계' 변수 값 9에서 21만큼 더하게 되므로 30이 됩니다.

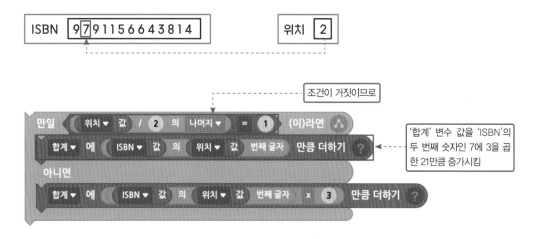

다시  블록으로 '위치' 변수 값을 1증가시켜 3이 됩니다. 이와 같은
동작을 ISBN 숫자 13개에서 체크기호를 제외한 12번 반복하여 'ISBN' 변수에 저장된 처
음 12자리 숫자에 가중치 1과 3을 번갈아가며 곱한 값의 합을 '합계'에 저장합니다.

04 임시 ▼ 를 합계 ▼ 값 / 10 의 나머지 ▼ (으)로 정하기 블록을 통해 가중치를 곱한 값의 합인
'합계'를 10으로 나눈 나머지를 '임시' 변수에 저장합니다. 10에서 '임시' 변수 값을 뺀 값을
10으로 나눈 나머지가 체크기호가 됩니다. 만약 뺀 값이 10이면 체크기호는 0이 됩니다.

앞에서 가정한 'ISBN' 변수 값이 9791156643814이면 처음 12자리 숫자에 가중치 1과
3을 번갈아 가며 곱한 값의 합인 '합계'는 106이 됩니다. 합계 ▼ 값 / 10 의 나머지 ▼
으로 '합계' 변수 값인 106을 10으로 나눈 나머지는 6이므로 '임시' 변수 값은 6이 됩니다.

ISBN	9791156643814

합계	106

임시	6

10에서 '임시' 변수 값인 6을 뺀 값인 4를 10으로 나눈 나머지인 4가 체크기호가 됩니다.

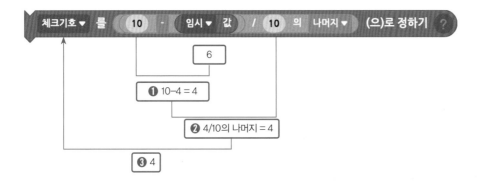

만약 '합계' 변수 값이 110이면 '임시' 변수 값은 0이 됩니다. 10에서 '임시' 변수 값인 0을 뺀 값인 10을 10으로 나눈 나머지인 0이 체크기호가 됩니다.

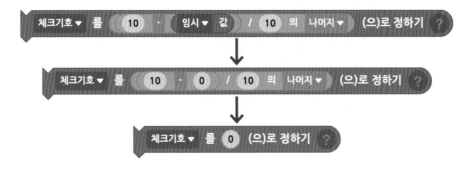

05 [체크기호 ▼ 값 = (ISBN ▼ 값)의 13 번째 글자]에 따라 'ISBN' 변수의 처음 12자리 숫자에 의해 계산된 체크기호인 '체크기호'와 'ISBN' 변수의 13번째 숫자가 같으면 검증된 ISBN이라 판정합니다.

✔ 전체 코드 확인하기

오브젝트	코드 블록
[선생님(2)]	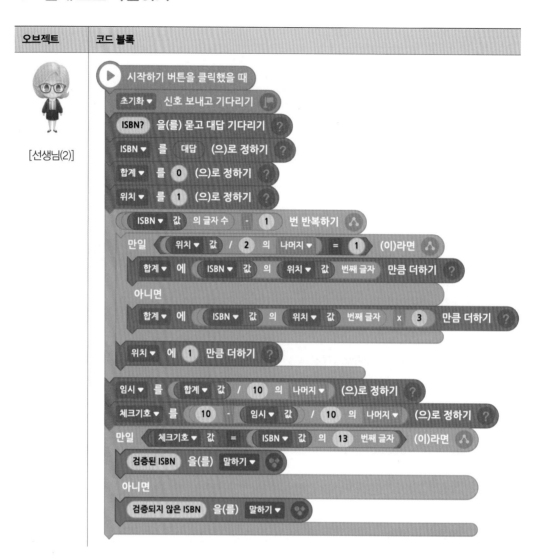

도전해보기

도서의 'ISBN 검증하기' 작품을 통해 ISBN을 입력하여 검증된 ISBN인지 아닌지 확인해봤습니다. 도서가 가진 고유 번호가 있듯이 국민에게도 고유하게 부여된 주민등록번호가 있습니다. 2020년 10월 이후부터 발급되는 주민등록번호는 다음과 같이 13자리 숫자로 구성됩니다. 13자리 숫자는 6개의 군으로 나뉘며 각 군의 순서는 생년, 월, 일, 성별, 무작위 수, 검증번호 순입니다.

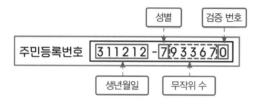

여기서 마지막 한 자리 숫자 검증번호는 주민등록번호의 정확성 여부를 검사하는 번호로, 앞의 12자리 숫자를 이용해서 구해지며 계산법은 다음과 같습니다.

STEP 01 주민등록번호의 처음 12자리 숫자에 가중치 2, 3, 4, 5, 6, 7, 8, 9, 2, 3, 4, 5를 곱한 값의 합을 구합니다.

STEP 02 가중치를 곱한 값의 합을 11로 나눈 나머지를 구합니다.

STEP 03 11에서 나머지를 뺀 값을 10으로 나눈 나머지가 검증번호가 됩니다.

위 계산법을 통해 코드 블록을 조립하여 주민등록번호를 검증하는 작품을 완성해보세요.

QR 코드를 스캔하면 도전해보기
작품을 볼 수 있어요!

https://naver.me/GrNTV6rw

🔍 실행 화면 살펴보기

✖ 오브젝트 추가하기

[오브젝트 추가하기]를 클릭하여 '경찰(1)'과 '도시(2)'를 선택한 다음 [추가하기] 버튼을 누릅니다.

❓ 변수 추가하기

[속성] 탭에서 '변수'를 선택한 후 [변수 추가하기]를 클릭한 다음 변수 이름을 작성하고 [변수 추가] 버튼을 클릭합니다.

변수	기능
주민등록번호	검증한 주민등록번호를 저장
위치	주민등록번호의 각 숫자 위치를 저장
가중치	각 숫자에 곱할 가중치를 저장
합계	가중치를 곱한 값의 합을 저장
임시	계산 중 임시 값을 저장
검증번호	계산한 검증번호를 저장

📡 신호 추가하기

[속성] 탭에서 '신호'를 선택한 후 [신호 추가하기]를 클릭한 다음 추가할 신호 이름 '초기화'를 작성하고 [신호 추가] 버튼을 클릭합니다.

신호	기능
초기화	변수를 실행 화면에 보이지 않게 하라는 신호

🚩 코딩 정복하기

오브젝트	코드 블록

[경찰(1)]

```
▶ 시작하기 버튼을 클릭했을 때
   초기화 ▼ 신호 보내고 기다리기 🏳
   주민등록번호? 을(를) 묻고 대답 기다리기 ?
   주민등록번호 ▼ 를 대답 (으)로 정하기 ?
   합계 ▼ 를 ❶ (으)로 정하기 ?
   위치 ▼ 를 ① (으)로 정하기 ?
   가중치 ▼ 를 ② (으)로 정하기 ?
   ┌ 주민등록번호 ▼ 값 의 글자 수 - ① 번 반복하기 ∧
   │ 만일 가중치 ▼ 값 > ❷ (이)라면 ∧
   │    가중치 ▼ 를 ② (으)로 정하기 ?
   │
   │ 합계 ▼ 에 주민등록번호 ▼ 값 의 위치 ▼ 값 번째 글자 x ❸ 만큼 더하기 ?
   │ 위치 ▼ 에 ① 만큼 더하기 ?
   │ 가중치 ▼ 에 ① 만큼 더하기 ?
   │
   임시 ▼ 를 합계 ▼ 값 / ⑪ 의 나머지 ▼ (으)로 정하기 ?
   검증번호 ▼ 를 ⑪ - 임시 ▼ 값 / ⑩ 의 나머지 ▼ (으)로 정하기 ?
   만일 검증번호 ▼ 값 = 주민등록번호 ▼ 값 의 ⑬ 번째 글자 (이)라면 ∧
      검증된 주민등록번호 을(를) 말하기 ▼ 💬
   아니면
      검증되지 않은 주민등록번호 을(를) 말하기 ▼ 💬
```

> 작품을 실행하면 주민등록번호가 정확한지 검증하기 시작합니다.

```
📡 초기화 ▼ 신호를 받았을 때
   대답 숨기기 ▼ ?
   변수 주민등록번호 ▼ 숨기기 ?
   변수 위치 ▼ 숨기기 ?
   변수 합계 ▼ 숨기기 ?
   변수 가중치 ▼ 숨기기 ?
   변수 임시 ▼ 숨기기 ?
   변수 검증번호 ▼ 숨기기 ?
```

> QR을 스캔하여 정답을 확인하세요.

LESSON 17

국가 수도 검색기

학습 목표 • 리스트를 활용해서 국가와 수도를 상호 검색하는 작품을 만들 수 있습니다.

각 국가마다 수도가 있습니다. 수도란 한 나라의 중앙 정부가 있는 도시를 말하며, 우리나라의 수도는 서울이고 영국의 수도는 런던입니다. 국가나 수도를 말하면 알아맞히는 게임도 종종 볼 수 있습니다. 우리도 리스트를 이용하면 상호 검색이 가능한 작품을 만들 수 있습니다. 국가와 수도를 리스트에 저장하여 국가를 입력하면 수도를 알려주고 수도를 입력하면 국가를 알려주는 작품을 만들어봅시다.

QR을 스캔하면
유튜브 동영상을 볼 수
있어요!

▶ https://youtu.be/OYWCGIKSUo4?si=nrb_dWvCOeCsg0bt

 작품 실행하기

01 다음 주소 또는 QR로 접속하면 '국가 수도 검색기' 작품이 나옵니다. 작품의 실행 버튼인 ▶을 클릭하여 작품을 실행해보세요.

• https://naver.me/FM1IjApU

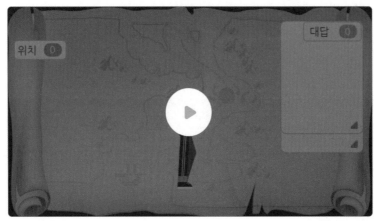

QR을 스캔하면
'국가 수도 검색기' 작품이
나와요!

02 '소놀 핸드폰 보는 사람' 오브젝트가 '국가, 수도, 종료?'를 질문합니다. 사용자는 국가 또는 수도를 입력합니다. 이때 종료를 입력하면 프로그램 실행이 종료됩니다.

03 입력받은 국가에 대한 수도 또는 수도에 대한 국가를 말합니다. 사용자가 국가인 '프랑스'를 입력하면 '소놀 핸드폰 보는 사람'이 프랑스의 수도인 '파리'를 대답합니다.

 챗GPT ⓧ 질문하기

🐼 **챗GPT에게 질문하기**

상호 검색이 가능한 원리는 무엇일까요? 10대가 이해할 수 있는 수준으로 간단하게 답변해주세요.

📖 챗GPT의 답변 확인하기

상호 검색이 가능한 원리는 다음과 같이 설명할 수 있어요:

상호 검색의 원리

상호 검색은 두 목록이나 데이터베이스에서 서로 관련된 항목을 찾아 연결하는 방법이에요. 예를 들어, 국가와 수도 목록을 사용해서 국가 이름을 입력하면 해당 국가의 수도를 찾는 것이 상호 검색이에요.

단계별로 설명해볼게요:

❶ 데이터 준비

∘ 두 개의 목록이 있어야 해요. 하나는 검색할 항목을, 다른 하나는 그와 관련된 항목을 담고 있어요.

∘ 예를 들어, 국가 목록에는 ["한국", "미국", "일본"]이 있고, 수도 목록에는 ["서울", "워싱턴", "도쿄"]가 있어요.

❷ 사용자 입력 받기

∘ 사용자가 알고 싶은 국가 이름을 입력해요.

∘ 이 입력값을 검색어 변수에 저장해요.

❸ 목록에서 위치 찾기

∘ 국가 목록에서 사용자가 입력한 검색어의 위치를 찾아요.

∘ 예를 들어, 사용자가 "미국"을 입력했다면, 국가 목록에서 "미국"의 위치는 2번째예요.

❹ 관련된 항목 찾기

∘ 찾은 위치를 이용해서 수도 목록에서 해당 위치의 항목을 가져와요.

∘ "미국"의 위치가 2번째이므로, 수도 목록의 2번째 항목인 "워싱턴"을 가져와요.

❺ 결과 출력

∘ 찾아낸 항목을 사용자에게 보여줘요.

∘ 예를 들어, "미국의 수도는 워싱턴입니다"라고 출력해요.

예시 코드

```
만약 〈시작 버튼을 눌렀을 때〉라면
질문하기 [어떤 국가의 수도를 알고 싶나요?] 그리고 기다리기
(검색어) 변수에 대답 넣기
만약 〈〈국가 목록〉에서 (검색어) 위치〉가 [0]이 아닌 경우
  (위치) 변수에 〈〈국가 목록〉에서 (검색어) 위치〉 넣기
  (수도) 변수에 〈〈수도 목록〉의 (위치) 번째 값〉 넣기
  말하기 [국가: (검색어), 수도: (수도)]
그렇지 않으면
  말하기 [해당 국가를 찾을 수 없습니다]
```

이렇게 하면 사용자가 입력한 국가 이름에 해당하는 수도를 찾아서 보여줄 수 있어요. 상호 검색은 이러한 원리로 작동해요!

코딩 로드맵

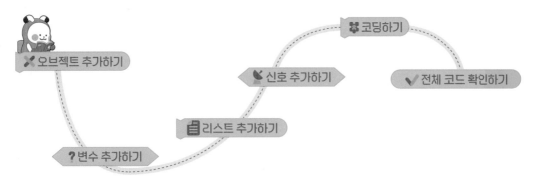

✘ 오브젝트 추가하기

[오브젝트 추가하기]를 클릭하여 '소놀 핸드폰 보는 사람'과 '지도'를 선택한 다음 [추가하기] 버튼을 누릅니다.

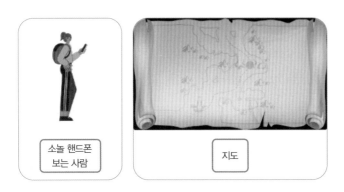

? 변수 추가하기

[속성] 탭에서 '변수'를 선택한 후 [변수 추가하기]를 클릭한 다음 변수 이름 '위치'를 작성하고 [변수 추가] 버튼을 클릭합니다.

변수	기능
위치	리스트 항목의 위치를 저장

📋 리스트 추가하기

[속성] 탭에서 '리스트'를 선택한 다음 [리스트 추가하기]를 클릭하여 리스트 이름 '국가'와 '수도'를 작성하고 [리스트 추가] 버튼을 클릭합니다.

리스트	기능
국가	국가를 저장
수도	수도를 저장

📡 신호 추가하기

[속성] 탭에서 '신호'를 선택한 후 [신호 추가하기]를 클릭한 다음 추가할 신호 이름을 작성하고 [신호 추가] 버튼을 클릭합니다.

신호	기능
변수리스트초기화	변수와 리스트를 실행 화면에 보이지 않게 하고 리스트를 초기화하라는 신호
국가위치찾기	국가 리스트에서 국가의 위치를 찾으라는 신호
수도위치찾기	수도 리스트에서 수도의 위치를 찾으라는 신호

🎯 코딩하기

리스트를 활용하여 작품을 실행했을 때 '소놀 핸드폰 보는 사람'이 국가를 입력하면 수도를, 수도를 입력하면 국가를 말하도록 코드 블록을 조립해봅시다.

다음은 몇몇 국가와 그 국가에 대한 수도입니다.

국가	수도	국가	수도	국가	수도
대한민국	서울	일본	도쿄	프랑스	파리
미국	워싱턴	영국	런던	중국	베이징

이 표에 있는 데이터를 각각 '국가'와 '수도' 리스트에 저장해줍니다.

01 '소놀 핸드폰 보는 사람' 오브젝트를 클릭합니다. '변수리스트초기화' 신호를 받으면 변수와 리스트를 실행 화면에 보이지 않게 합니다. 그리고 국가는 '국가' 리스트에 저장하고 각 국가에 대한 수도를 '수도' 리스트에 저장합니다.

'국가' 리스트와 '수도' 리스트를 그림으로 나타내면 다음과 같습니다.

02 [시작하기] 버튼을 클릭하면 `변수리스트초기화 ▼ 신호 보내고 기다리기 🏳` 를 통해 '변수리스트초기화' 신호를 보내고 '소놀 핸드폰 보는 사람'이 질문을 하며 사용자로부터 국가 또는 수도를 입력받습니다. 만약 사용자의 대답이 '국가' 리스트에 포함되어 있으면 `국가위치찾기 ▼ 신호 보내고 기다리기 🏳` 를 통해 '국가위치찾기' 신호를 보냅니다.

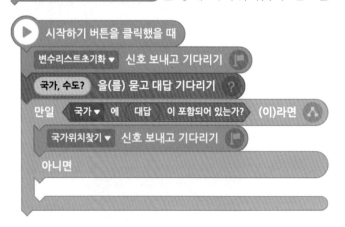

03 `국가위치찾기 ▼ 신호를 받았을 때` 블록으로 '국가위치찾기' 신호를 받으면 사용자 대답에 저장된 국가의 위치를 '국가' 리스트에서 찾아 '위치' 변수에 저장합니다.

사용자 대답이 저장된 `대답` 블록에 '미국'이 저장되어 있다고 가정하고 동작 과정을 한번 살펴보겠습니다. 첫 번째 반복에서는 '위치' 변수 값이 1이므로 `대답 = 국가 ▼ 의 위치 ▼ 값 번째 항목` 블록을 통해 '국가' 리스트의 첫 번째 항목인 대한민국과 대답에 저장된 미국이 같은지 확인합니다.

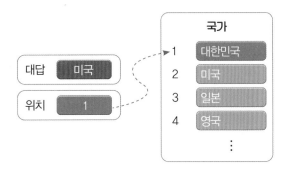

'위치' 변수 값이 1일 때 '국가' 리스트의 값은 대한민국으로 사용자가 답한 대답과 같지 않으므로 반복하기 블록 안에 위치한 ⟨위치▼ 에 ❶ 만큼 더하기 ❓⟩ 블록이 실행되며 '위치' 변수 값은 2가 됩니다.

⟨대답 ＝ 국가▼ 의 위치▼ 값 번째 항목 이 될 때까지▼ 반복하기 ⋀⟩ 블록의 조건인 ⟨대답⟩과 '국가' 리스트의 '위치' 번째 항목이 같은지 확인합니다. ⟨대답⟩에 저장된 미국이 '국가' 리스트의 '위치', 즉 두 번째 항목인 미국과 같으므로 반복을 중단합니다. 결국 '국가' 리스트에서 미국의 위치인 2가 '위치' 변수에 저장됩니다.

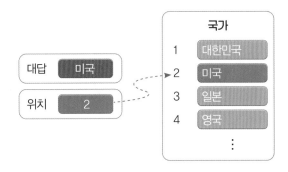

04 사용자가 대답한 국가 '위치' 값을 찾았으니 이제 국가에 맞는 수도를 찾아 알려줄 차례입니다. (수도▼ 의 위치▼ 값 번째 항목) 블록으로 '수도' 리스트의 '위치' 번째 항목, 즉 (대답)에 저장된 국가의 수도를 말합니다.

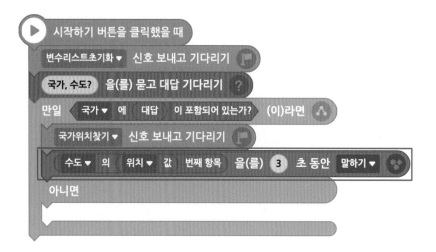

앞서 사용자가 대답한 국가의 '국가' 리스트에서 위치를 찾아 '위치' 변수에 저장했습니다. 이 '위치' 변수 값이 2이므로 '수도' 리스트의 '위치', 즉 두 번째 항목인 워싱턴을 말합니다. 워싱턴은 (대답)에 저장된 국가인 미국의 수도로 올바른 대답을 알려주었습니다.

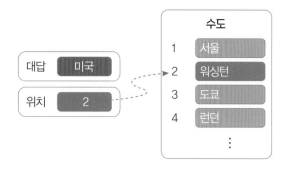

05 이번에는 사용자가 수도를 입력했을 때를 살펴봅시다. 사용자 대답이 '수도' 리스트에 포함되어 있으면 수도위치찾기 ▼ 신호 보내고 기다리기 블록을 통해 '수도위치찾기' 신호를 보냅니다.

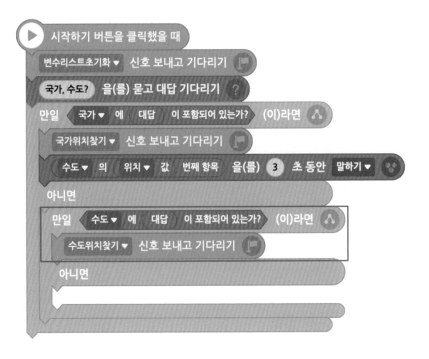

06 수도위치찾기 ▼ 신호를 받았을 때 블록을 통해 '수도위치찾기' 신호를 받으면 사용자 대답에 저장된 수도의 위치를 '수도' 리스트에서 찾아 '위치' 변수에 저장합니다.

사용자 대답이 저장된 대답 에 '도쿄'가 저장되어 있다고 가정하고 동작 과정을 살펴보겠습니다. 첫 번째 반복에서는 '위치' 변수 값이 1이므로 '수도' 리스트의 첫 번째 항목인 서울과 대답 에 저장된 도쿄가 같은지 확인합니다.

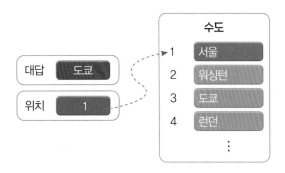

'위치' 변수 값이 1일 때 '수도' 리스트의 값은 서울로 사용자가 답한 대답과 같지 않으므로 반복하기 블록 안에 위치한 [위치 ▾ 에 1 만큼 더하기 ?] 블록을 실행하여 '위치' 변수 값은 2가 됩니다.

반복하기 블록의 조건인 [대답 = 수도 ▾ 의 위치 ▾ 값 번째 항목] 블록을 통해 [대답] 과 '수도' 리스트의 '위치'값 번째 항목이 같은지 확인합니다. [대답]에 저장된 도쿄가 '수도' 리스트의 '위치', 즉 두 번째 항목인 워싱턴과 같지 않으므로 반복하기 블록 안에 위치한 [위치 ▾ 에 1 만큼 더하기 ?] 블록을 실행하여 '위치' 변수 값은 3이 됩니다.

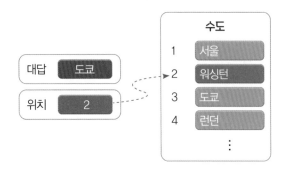

반복하기 블록의 조건인 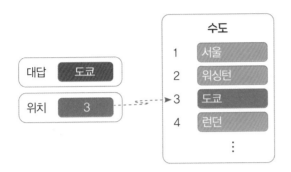 블록을 통해 대답
과 '수도' 리스트의 '위치'값 번째 항목이 같은지 확인합니다. 대답 에 저장된 도쿄가 '국가'
리스트의 '위치', 즉 세 번째 항목인 도쿄와 같으므로 반복을 중단합니다. 결국 '수도' 리스
트에서 도쿄의 위치인 3이 '위치' 변수에 저장됩니다.

07 '국가' 리스트의 '위치'값 번째 항목, 즉 대답 에 저장된 수도의 국가를 말합니다.

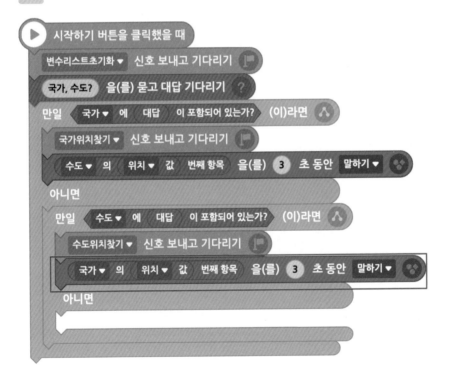

살펴본 예에서 사용자가 수도로 도쿄를 입력했으므로 '위치' 변수 값 3인 '국가' 리스트의 '위
치', 즉 세 번째 항목인 일본을 말합니다. 일본은 대답 에 저장된 수도인 도쿄의 국가입니다.

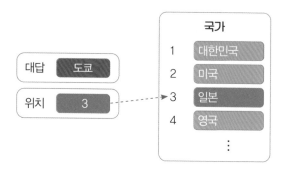

08 만약 사용자가 리스트에 저장된 국가와 수도가 아닌 내용을 입력했다면 어떨까요?
'소놀 핸드폰 보는 사람' 오브젝트가 '잘못 입력했습니다. 다시 입력해주세요' 라고 사용자
에게 말합니다.

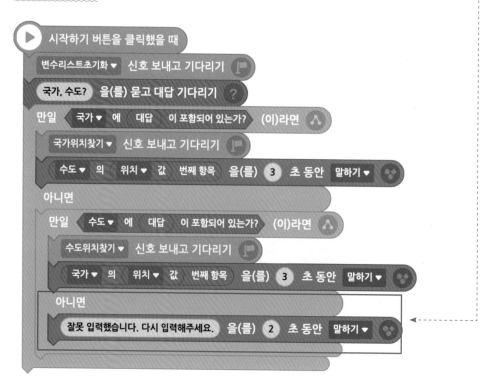

09 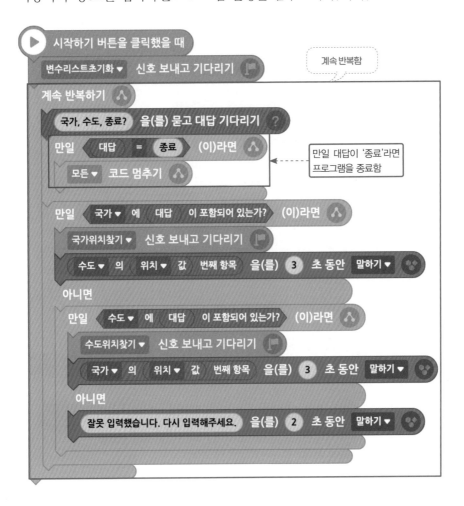 블록을 통해 국가와 수도를 검색해주는 동작을 계속해서 반복하고 사용자가 '종료'를 입력하면 프로그램 실행을 멈추도록 합니다.

✔ 전체 코드 확인하기

오브젝트	코드 블록
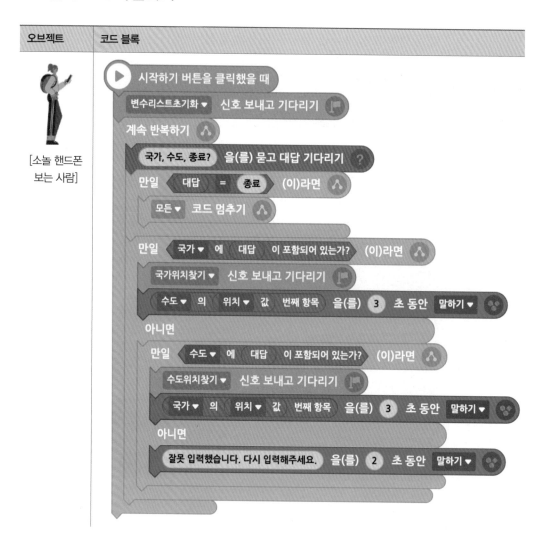 [소놀 핸드폰 보는 사람]	

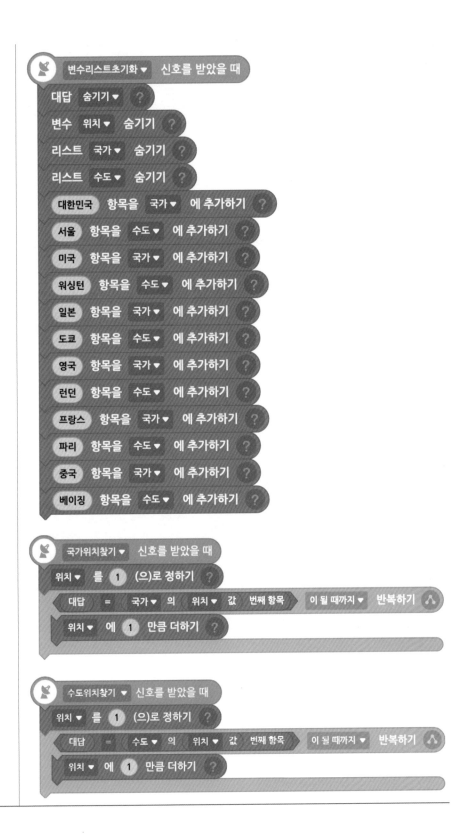

도전해보기

국가를 입력하면 수도를 알려주고 수도를 입력하면 국가를 알려주는 작품을 만들어봤습니다. 이번에는 동일한 원리로 우리나라의 도를 입력하면 도청소재지를 알려주고 도청소재지를 입력하면 도를 알려주는 작품을 완성해보세요.

각 도에 대한 도청소재지는 다음 표와 같습니다.

도	도청소재지	도	도청소재지	도	도청소재지
경기도	수원	경상북도	안동	전라남도	무안
충청북도	청주	경상남도	창원	강원특별자치도	춘천
충청남도	홍성	전라북도	전주	제주특별자치도	제주

🔍 실행 화면 살펴보기

다음 실행 화면을 보고 구성할 오브젝트와 위치를 확인하고 화면을 구성하세요.

QR 코드를 스캔하면 도전해보기
작품을 볼 수 있어요!

https://naver.me/5gdZQa5v

✕ 오브젝트 추가하기

[오브젝트 추가하기]를 클릭하여 '소놀 핸드폰 보는 사람'과 '지도'를 선택한 다음 [추가하기] 버튼을 누릅니다.

소놀 핸드폰
보는 사람

지도

? 변수 추가하기

[속성] 탭에서 '변수'를 선택한 후 [변수 추가하기]를 클릭한 다음 변수 이름을 작성하고 [변수 추가] 버튼을 클릭합니다.

오브젝트	기능
위치	리스트 항목의 위치를 저장

📑 리스트 추가하기

[속성] 탭에서 '리스트'를 선택한 다음 [리스트 추가하기]를 클릭하여 리스트 이름을 작성하고 [리스트 추가] 버튼을 클릭합니다.

리스트	기능
도	도 이름을 저장
도청소재지	각 도에 대한 도청소재지를 저장

📡 신호 추가하기

[속성] 탭에서 '신호'를 선택한 후 [신호 추가하기]를 클릭한 다음 추가할 신호 이름을 작성하고 [신호 추가] 버튼을 클릭합니다.

신호	기능
변수리스트초기화	변수와 리스트를 실행 화면에 보이지 않게 하고 리스트를 초기화하라는 신호
도위치찾기	도 리스트에서 도의 위치를 찾으라는 신호
도청소재지위치찾기	도청소재지 리스트에서 도청소재지의 위치를 찾으라는 신호

🚩 코딩 정복하기

오브젝트	코드 블록

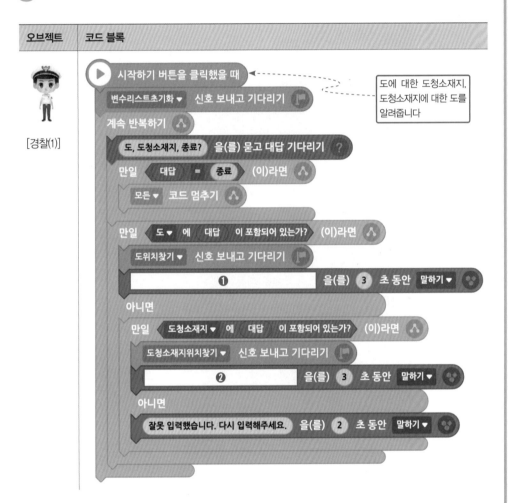

[경찰(1)]

▶ 시작하기 버튼을 클릭했을 때

변수리스트초기화 ▼ 신호 보내고 기다리기 🏳

계속 반복하기 ∧

　도, 도청소재지, 종료? 을(를) 묻고 대답 기다리기 ?

　만일 　대답 = 종료 (이)라면 ∧

　　모든 ▼ 코드 멈추기 ∧

　만일 　도 ▼ 에 대답 이 포함되어 있는가? (이)라면 ∧

　　도위치찾기 ▼ 신호 보내고 기다리기 🏳

　　❶ 을(를) 3 초 동안 말하기 ▼ 💬

　아니면

　　만일 　도청소재지 ▼ 에 대답 이 포함되어 있는가? (이)라면 ∧

　　　도청소재지위치찾기 ▼ 신호 보내고 기다리기 🏳

　　　❷ 을(를) 3 초 동안 말하기 ▼ 💬

　　아니면

　　　잘못 입력했습니다. 다시 입력해주세요. 을(를) 2 초 동안 말하기 ▼ 💬

> 도에 대한 도청소재지, 도청소재지에 대한 도를 알려줍니다

변수리스트초기화 ▼ 신호를 받았을 때
대답 숨기기 ▼ ?
변수 위치 ▼ 숨기기 ?
리스트 도 ▼ 숨기기 ?
리스트 도청소재지 ▼ 숨기기 ?
경기도 항목을 도 ▼ 에 추가하기 ?
수원 항목을 도청소재지 ▼ 에 추가하기 ?
충청북도 항목을 도 ▼ 에 추가하기 ?
청주 항목을 도청소재지 ▼ 에 추가하기 ?
충청남도 항목을 도 ▼ 에 추가하기 ?
홍성 항목을 도청소재지 ▼ 에 추가하기 ?
경상북도 항목을 도 ▼ 에 추가하기 ?
안동 항목을 도청소재지 ▼ 에 추가하기 ?
경상남도 항목을 도 ▼ 에 추가하기 ?
창원 항목을 도청소재지 ▼ 에 추가하기 ?
전라북도 항목을 도 ▼ 에 추가하기 ?
전주 항목을 도청소재지 ▼ 에 추가하기 ?
전라남도 항목을 도 ▼ 에 추가하기 ?
무안 항목을 도청소재지 ▼ 에 추가하기 ?
강원특별자치도 항목을 도 ▼ 에 추가하기 ?
춘천 항목을 도청소재지 ▼ 에 추가하기 ?
제주특별자치도 항목을 도 ▼ 에 추가하기 ?
제주 항목을 도청소재지 ▼ 에 추가하기 ?

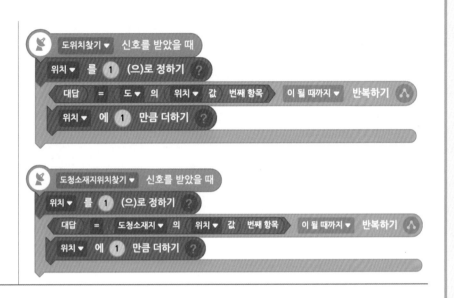

QR을 스캔하여
정답을 확인하세요.

모스부호 변환기

학습 목표 • 모스부호의 개념을 이해하며 문자열을 모스부호로 변환하는 작품을 만들 수 있습니다.

모스부호는 글자를 단음(점)과 장음(선)으로 표현하는 간단한 부호로 일련의 전기 신호로 장거리 통신에서 통신할 수 있도록 고안되었습니다. 현대에 들어서 자주 쓰는 모습을 볼 순 없지만 예전 영화 중 해양에서 조난된 장면을 보면 SOS 신호를 모스부호로 통신하는 모습을 간혹 볼 수 있습니다. 이러한 모스부호에 대해 살펴보고 문자열을 모스부호로 변환하는 작품을 만들어봅시다.

QR을 스캔하면
유튜브 동영상을 볼 수
있어요!

▶ https://youtu.be/NIlSK9mRer4?si=i6UNVGaOzvvS04F3

 ## 작품 실행하기

01 다음 주소 또는 QR로 접속하면 '모스부호 변환기' 작품이 나옵니다. 작품의 실행 버튼인 ▶을 클릭하여 작품을 실행해보세요.

• https://naver.me/5TirL7PR

QR을 스캔하면
'모스부호 변환기'
작품이 나와요!

02 작품을 실행하면 '군복입은 엔트리봇_2'가 '영문자열?'이라고 질문합니다. 모스부호로 변환할 문자열을 입력합니다. 이 작품에서는 알파벳 대문자만 모스부호로 변환하니 이 점에 유의하여 입력합니다. 다음은 'SOS'를 입력한 예입니다.

03 '군복입은 엔트리봇_2'가 문자열 SOS를 모스부호로 변환하여 말합니다.

챗GPT X 질문하기

챗GPT에게 질문하기

모스부호란 무엇인가요? 10대가 이해할 수 있는 수준으로 간단하게 답변해주세요.

챗GPT의 답변 확인하기

모스부호에 대해 간단하게 설명해볼게요.

모스부호란?

- **모스부호**는 점(·)과 선(−)을 조합해서 글자를 표현하는 특별한 코드예요.
- 이 코드를 사용하면 알파벳, 숫자, 문장 부호를 신호로 전달할 수 있어요.

어떻게 사용하나요?

- 각 글자마다 고유한 점과 선의 조합이 있어요.
- 예를 들어 :
  - A는 ·− (점−선)
  - B는 −··· (선−점−점−점)
  - SOS는 ···───··· (점−점−점−선−선−선−점−점−점)

언제 유용할까요?

1. **통신이 어려운 상황에서**
   - 무선 통신이나 해상 통신에서 신호가 약할 때 사용해요.
   - 라디오, 플래시라이트, 전신기 등으로 모스부호를 보내요.

2. **긴급 상황에서**
   - 조난을 당했을 때 구조 신호를 보낼 수 있어요.
   - SOS 신호는 긴급 구조 요청을 나타내요.

3. **비밀 메시지를 보낼 때**
   - 모스부호를 사용해 비밀 메시지를 주고받을 수 있어요.
   - 친구와 재미로 비밀 통신을 할 때도 사용할 수 있어요.

결론

모스부호는 점과 선으로 이루어진 특별한 코드로, 통신이 어려운 상황이나 긴급 상황에서 매우 유용하게 사용할 수 있어요. 알아두면 비상시에 큰 도움이 될 거예요!

모스부호

모스부호(Morse code)는 미국의 발명가인 새뮤얼 모스에 의해 발명된 전신 통신에 사용되는 부호로 점(·)과 선(−)으로 구성되고 그 조합으로 문자를 표기하는 방식입니다. 보통 국제적으로 두루 쓰이는 모스부호는 로마자 알파벳 대문자와 숫자로 구성되어 있으며, 국제에서 협정된 모스부호 구성은 다음 그림과 같습니다.

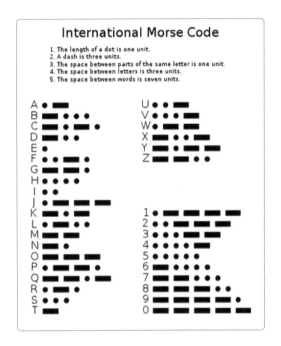

앞 그림의 모스부호를 사용하는 방법을 살펴보면 선(−)의 길이는 점(·)의 세 배로 하고 한 글자를 형성하는 선과 점 사이의 간격은 1점과 같아야 합니다. 문자와 문자의 간격은 3점과 같아야 하고 단어와 단어의 간격은 7점과 같아야 합니다.

우리가 만들 작품에는 숫자를 제외한 알파벳 대문자를 사용하는 모스부호 변환기를 만들겠습니다. 알파벳에 대한 모스부호를 다음 표에서 살펴본 다음 '모스부호 변환기' 작품을 만들어봅시다.

문자	모스부호	문자	모스부호	문자	모스부호
A	.−	J	.−−−	S	...
B	−...	K	−.−	T	−
C	−.−.	L	.−..	U	..−
D	−..	M	−−	V	...−
E	.	N	−.	W	.−−
F	..−.	O	−−−	X	−..−

G	--.	P	.--.	Y	-.--
H	....	Q	--.-	Z	--..
I	..	R	.-.		

작품 만들기

🔆 코딩 로드맵

✖ 오브젝트 추가하기
❓ 변수 추가하기
📋 리스트 추가하기
👆 신호 추가하기
🔳 코딩하기
✔ 전체 코드 확인하기

✖ 오브젝트 추가하기

[오브젝트 추가하기]를 클릭하여 '군복입은 엔트리봇_2'와 '으슥한 동네'를 선택한 다음 [추가하기] 버튼을 누릅니다.

군복입은
엔트리봇_2

으슥한 동네

? 변수 추가하기

[속성] 탭에서 '변수'를 선택한 후 [변수 추가하기]를 클릭한 다음 변수 이름을 작성하고 [변수 추가] 버튼을 클릭합니다.

변수	기능
알파벳	알파벳 대문자를 저장
영문자열	모스부호로 변환할 문자열을 저장
결과	영문자열을 모스부호로 변환한 결과를 저장
영문자	영문자열의 각각의 문자를 저장
위치1	영문자열에서의 문자 위치를 저장
위치2	알파벳에서 문자 위치를 저장

📋 리스트 추가하기

[속성] 탭에서 '리스트'를 선택한 다음 [리스트 추가하기]를 클릭하여 리스트 이름 '모스부호'를 작성하고 [리스트 추가] 버튼을 클릭합니다.

리스트	기능
모스부호	알파벳 대문자 26자의 모스부호를 저장

📡 신호 추가하기

[속성] 탭에서 '신호'를 선택한 후 [신호 추가하기]를 클릭한 다음 추가할 신호 이름 '초기화', '모스부호초기화', '문자위치찾기'를 작성하고 [신호 추가] 버튼을 클릭합니다.

신호	기능
초기화	변수를 실행 화면에 보이지 않게 하라는 신호
모스부호초기화	모스부호 리스트에 알파벳의 모스부호를 저장하라는 신호
문자위치찾기	알파벳에서 영문자의 위치를 찾으라는 신호

✿ 코딩하기

'군복입은 엔트리봇_2'가 알파벳 대문자로 문자열을 입력했을 때 모스부호로 변환하여 알려주도록 코드 블록을 조립해봅시다.

01 👦 '**군복입은 엔트리봇_2**'를 클릭합니다. '초기화' 신호를 받았을 때 추가한 변수를 실행 화면에 보이지 않게 합니다.

02  블록을 통해 '모스부호초기화' 신호를 받으면 알파벳 대문자의 모스부호를 '모스부호' 리스트에 저장합니다.

'모스부호' 리스트를 그림으로 나타내면 다음과 같습니다.

03 [시작하기] 버튼을 클릭했을 때 '초기화' 신호를 보내 변수를 실행 화면에서 보이지 않게 합니다. 그런 다음 문자위치찾기 ▼ 신호 보내고 기다리기 📍 블록을 통해 '모스부호초기화' 신호를 보내고 '알파벳' 변수에 알파벳 대문자 26자를 저장합니다. '군복입은 엔트리봇_2'는 사용자에게 '영문자열?'이라고 질문하며 사용자로부터 모스부호로 변환할 문자열을 입력받아 '영문자열' 변수에 저장하고 '결과' 변수에는 빈 값을 저장합니다.

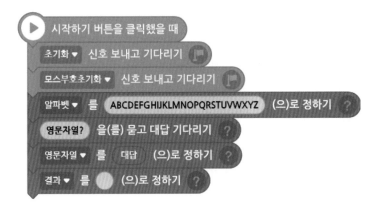

사용자가 입력한 대답 SOS가 '영문자열' 변수에 저장되었다고 가정합시다. 어떻게 모스부호로 변환되는지 상세하게 알아봅시다.

04 '영문자열' 변수에 저장된 문자열의 각 문자 위치를 의미하는 '위치1' 변수에 1을 저장합니다. '영문자열' 변수에 저장된 문자열 중 '위치1' 변수 값 번째 글자, 즉 첫 번째 글자를 '영문자' 변수에 저장합니다.

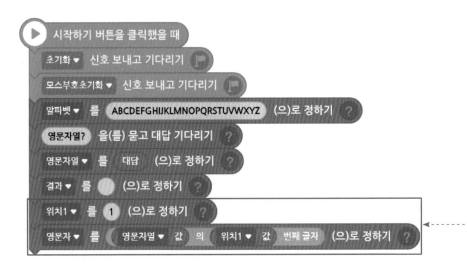

'위치1' 변수 값이 1이므로 '영문자열' 변수 값인 SOS의 첫 번째 글자인 S가 '영문자' 변수에 저장됩니다.

05 `문자위치찾기 ▾ 신호 보내고 기다리기 🏳` 블록을 통해 '문자위치찾기' 신호를 보냅니다.

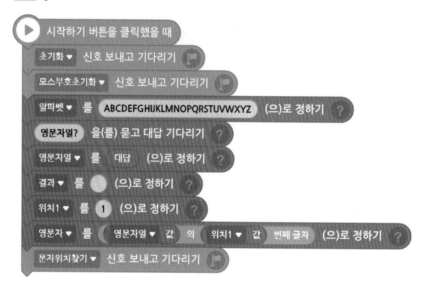

06 '문자위치찾기' 신호를 받으면 '알파벳' 변수에서 '영문자' 변수 값의 위치를 찾아 '위치2' 변수에 저장합니다.

'위치2' 변수에 1을 저장하고  블록을 통해 '영문자' 변수 값인 S와 '알파벳' 변수의 첫 번째 글자인 A와 같은지 확인합니다.

'영문자'는 S, '알파벳'의 첫 번째 글자는 A로 같지 않으므로 반복하기 블록 안에 위치한 블록을 실행하여 '위치2' 변수 값은 2가 됩니다.

반복하기 블록의 조건인 블록을 통해 '영문자' 변수 값인 S와 '알파벳'의 두 번째 글자인 B와 같은지 확인합니다. S와 B로 같지 않으므로 반복하기 블록 안에 위치한 블록을 실행하여 '위치2' 변수 값은 3이 됩니다.

이와 같은 동작은 '영문자' 변수 값인 S를 '알파벳'에서 찾을 때까지 반복합니다. '위치2' 변수 값이 19가 되었을 때 '영문자' 변수 값 S와 '알파벳' 변수의 열아홉 번째 글자가 S로 같으므로 반복을 중단합니다. '알파벳'에서의 '영문자' 변수 값인 S의 위치는 19가 됩니다.

07 '위치2' 변수 값과 '영문자' 변수 값이 일치하는 '알파벳'을 찾았으니 모스부호로 변환할 차례입니다. '모스부호' 리스트에서 '영문자' 변수 값에 해당하는 모스부호를 '결과' 변수에 추가합니다. 첫 번째 글자에 대한 모스부호가 '결과'에 저장됩니다.

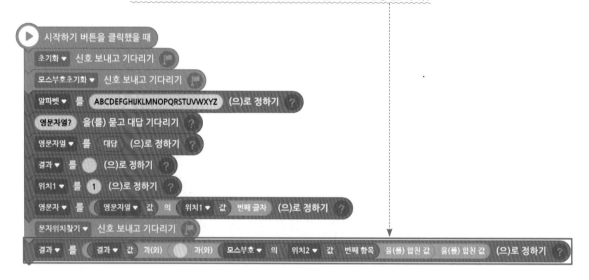

'위치2' 변수 값이 19이므로 '모스부호' 리스트의 열아홉 번째 항목인 …을 '결과' 변수에 추가합니다. '결과' 변수에 추가된 값인 …은 S의 모스부호입니다.

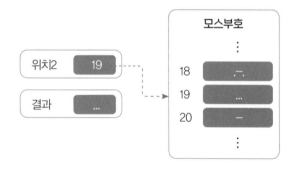

08 사용자가 입력한 영문자열 중 첫 번째 문자에 대한 모스부호를 찾았습니다. 이제 입력한 영문자열 중 나머지 문자열의 모스부호를 찾아야 합니다. 첫 번째 문자열 다음 위치의 값을 찾아야 하기 때문에 `위치1 ▼ 에 1 만큼 더하기 ?` 블록으로 '위치1' 변수 값을 1 증가시킵니다. `영문자열 ▼ 값 의 글자 수 번 반복하기 ∧` 블록을 통해 '영문자열'의 글자 수만큼 이 동작을 반복하도록 합니다.

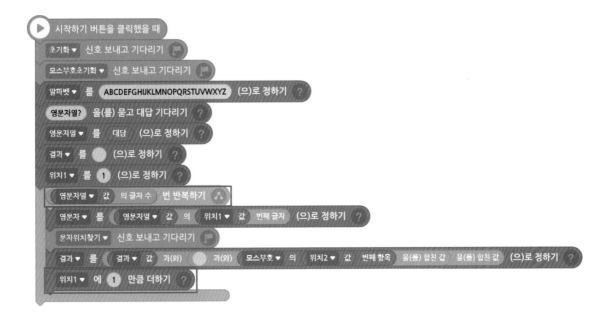

두 번째 반복에서는 '위치1' 변수 값이 2이므로 '영문자열' 변수 값인 SOS의 두 번째 글자인 O가 '영문자' 변수에 저장됩니다.

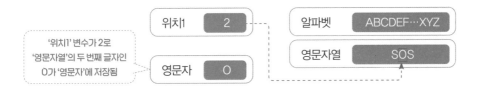

'영문자' 변수 값인 O를 '알파벳'에서 찾을 때까지 반복합니다. 찾았을 때의 '위치2' 변수 값인 15는 '알파벳'에서의 '영문자' 변수 값인 O의 위치가 됩니다.

'위치2' 변수 값과 '영문자' 변수 값이 일치하는 '알파벳'을 찾았으니 모스부호로 변환할 차례입니다. '위치2' 변수 값이 15이므로 '모스부호' 리스트의 열다섯 번째 항목인 ———을 '결과' 변수에 추가하여 '결과' 변수 값은 …———이 됩니다. '결과' 변수에 추가된 ———은 O의 모스부호입니다.

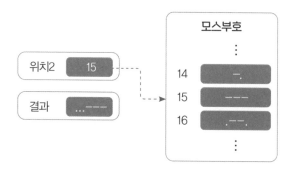

이와 같은 동작을 ![영문자열 값 의 글자 수 번 반복하기] 블록을 통해 '영문자열'의 글자 수만큼 반복

하도록 합니다.

09 사용자가 입력한 '영문자열' 변수 값에 저장된 글자수 만큼 ![영문자열 값 의 글자 수 번 반복하기]

블록 안에 위치한 블록을 반복해서 수행하면 '영문자열' 변수에 저장된 문자열에 대한 모

스부호가 '결과' 변수에 저장됩니다. 이 '결과' 변수 값을 말합니다.

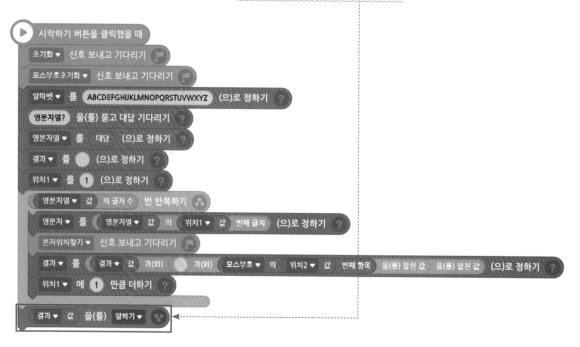

✔ 전체 코드 확인하기

오브젝트	코드 블록
[군복입은 엔트리봇_2]	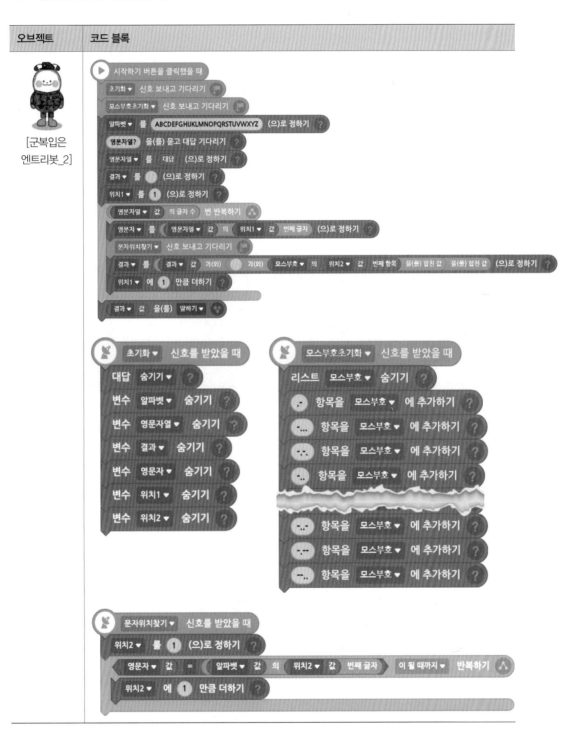

도전해보기

'모스부호 변환기'는 사용자가 알파벳 대문자를 입력하면 모스부호로 변환해주는 작품입니다. 이번에는 거꾸로 사용자가 모스부호를 입력했을 때 문자로 변환하는 작품을 완성해보세요.

🔍 실행 화면 살펴보기

다음 실행 화면을 보고 구성할 오브젝트와 위치를 확인하고 화면을 구성하세요.

✕ 오브젝트 추가하기

[오브젝트 추가하기]를 클릭하여 '군복입은 엔트리봇_2'와 '으슥한 동네'를 선택한 다음 [추가하기] 버튼을 누릅니다.

QR 코드를 스캔하면 도전해보기
작품을 볼 수 있어요!

https://naver.me/5jmSPw4y

❓ 변수 추가하기

[속성] 탭에서 '변수'를 선택한 후 [변수 추가하기]를 클릭한 다음 변수 이름을 작성하고 [변수 추가] 버튼을 클릭합니다.

변수	기능
알파벳	알파벳 대문자를 저장
모스부호	문자로 변환할 모스부호를 저장
영문자	모스부호를 문자로 변환한 결과를 저장
위치	모스부호 리스트에서 항목의 위치를 저장

📋 리스트 추가하기

[속성] 탭에서 '리스트'를 선택한 다음 [리스트 추가하기]를 클릭하여 리스트 이름 '모스부호'를 작성하고 [리스트 추가] 버튼을 클릭합니다.

리스트	기능
모스부호	알파벳 대문자 26자의 모스부호를 저장

📡 신호 추가하기

[속성] 탭에서 '신호'를 선택한 후 [신호 추가하기]를 클릭한 다음 추가할 신호 이름 '초기화', '모스부호초기화', '문자위치찾기'를 작성하고 [신호 추가] 버튼을 클릭합니다.

신호	기능
초기화	변수를 실행 화면에 보이지 않게 하라는 신호
모스부호초기화	모스부호 리스트에 알파벳의 모스부호를 저장하라는 신호
모스부호위치찾기	모스부호 리스트에서 모스부호의 위치를 찾으라는 신호

코딩 정복하기

오브젝트	코드 블록
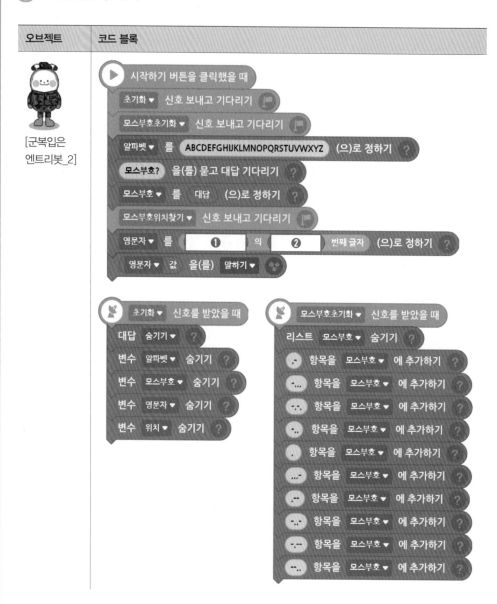 [군복입은 엔트리봇_2]	

QR을 스캔하여
정답을 확인하세요.

04

챗GPT로
엔트리 코딩하기

PART 04는 챗GPT를 활용하여 엔트리 코딩에 도전합니다. 챗GPT를
활용하여 엔트리 작품을 만들 때 적합한 주제는 알고리즘입니다.
알고리즘을 중심으로 하는 4개의 LESSON으로 구성되어 있기
때문에 작품마다 각각 어떠한 원리가 있는지 그 원리를 파악하는 것이
중요합니다. 또한 챗GPT를 활용하여 작품의 알고리즘과 제작 순서를
고민해보고 과정을 수행해가며 결과를 얻는 과정에서 챗GPT를 엔트리
코딩에 활용하는 능력이 향상됩니다.

LESSON 19
회문 판별하기

학습 목표 • 챗GPT를 활용해서 회문을 판별하는 작품을 만들 수 있습니다.

회문^palindrome이란 단어 또는 구와 같은 문자열을 앞에서부터 읽으나 뒤에서부터 읽으나 상관없이 원 문자열과 같은 문자열을 의미합니다. LESSON 19에서는 반복 구조를 이용해서 두 문자를 비교하며 회문을 판별하는 원리를 이해하면서 챗GPT를 활용하여 회문을 판별하는 작품을 만들겠습니다.

QR을 스캔하면
유튜브 동영상을 볼 수
있어요!

▶ https://youtu.be/_-u_XHf9STI?si=R9IB108kJHZn6BLQ

 작품 실행하기

01 다음 주소 또는 QR로 접속하면 '회문 판별하기' 작품이 나옵니다. 작품의 실행 버튼인 ▶을 클릭하여 작품을 실행해보세요.

• https://naver.me/FSwltyxg

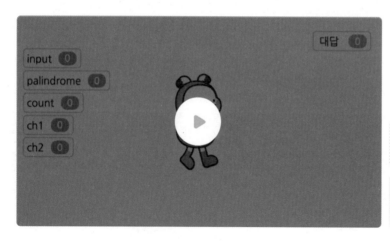

QR을 스캔하면
'회문 판별하기' 작품이
나와요!

02 '엔트리봇'이 설정한 문자열이 회문인지 아닌지를 판단하여 말합니다.

챗GPT ⓧ 작품 제작 순서 고민하기

🧑 챗GPT에게 질문하기

블록 기반 코딩 플랫폼인 엔트리로 반복 구조를 사용하여 회문인지 판별하는 프로그램을 작성하는 방법을 설명해주세요. 단, 반복 횟수를 의미하는 변수를 사용합니다.

ⓖ 챗GPT의 답변 확인하기

엔트리(Entry)에서 반복 구조와 변수를 사용하여 문자열이 회문인지 판별하는 프로그램을 작성하는 방법을 설명하겠습니다. 여기서는 반복 횟수를 의미하는 변수를 사용하여 문자열의 앞뒤를 비교하여 회문인지 확인합니다.

1. 엔트리 블록 기반 코딩 플랫폼 열기

먼저, 엔트리 사이트(https://playentry.org/)에 접속하여 로그인하거나, 게스트로 코딩할 수 있는 프로젝트를 시작합니다.

2. 새로운 프로젝트 생성

새 프로젝트를 생성합니다. 예를 들어, '엔트리봇' 캐릭터를 사용합니다.

3. 변수 및 문자열 입력

회문 판별에 사용할 문자열을 저장하고, 결과를 저장할 변수를 생성합니다.

- **변수** 메뉴에서 **변수 만들기**를 클릭합니다.
  - 변수 이름을 input_string, is_palindrome, count로 설정합니다.

4. 블록 구성

반복 구조와 조건문을 사용하여 문자열의 앞뒤를 비교하여 회문인지 판별하는 알고리즘을 블록으로 구현합니다.

블록 코드 예시

❶ 시작하기 버튼을 클릭했을 때

  - 시작하기 버튼을 클릭했을 때 블록을 사용합니다.

❷ 변수 초기화

  - 변수 "input_string"을 원하는 문자열로 설정합니다.
  - 변수 "is_palindrome"을 "참"으로 초기화합니다.
  - 변수 "count"를 1로 초기화합니다.

❸ 회문 판별 알고리즘

  - 반복문을 사용하여 문자열의 앞뒤를 비교합니다.
  - 만약 앞뒤 문자가 다르면 is_palindrome 변수를 "거짓"으로 설정합니다.

블록 코드 예시

```
[시작하기 버튼을 클릭했을 때]
  └─ [변수 "input_string"을 "level"로 정하기]  # 판별할 문자열
  └─ [변수 "is_palindrome"을 "참"으로 정하기]  # 초기값을 참으로 설정
  └─ [변수 "count"를 1로 정하기]]  # 반복 횟수를 의미하는 변수 초기화
  └─ [반복하기 ((글자 수 (변수 "input_string")) // 2)번]
      └─ [만약 (변수 "input_string"의 (변수 "count")번째 글자) ≠ (변수 "input_string"의 ((글자 수
          (변수 "input_string") − 변수 "count") + 1)번째 글자)면]
          └─ [변수 "is_palindrome"을 "거짓"으로 정하기]
      └─ [변수 "count"를 (변수 "count" + 1)로 정하기]
  └─ [만약 (변수 "is_palindrome" = "참")면]
      └─ [말하기 "입력한 문자열은 회문입니다" (2초 동안)]
  └─ [아니면]
      └─ [말하기 "입력한 문자열은 회문이 아닙니다" (2초 동안)]
```

💡 //는 나눈 몫을 구하는 연산자이고, # 오른쪽 내용은 주석, 즉 코드의 설명입니다.

단계별 설명

❶ **시작하기 버튼을 클릭했을 때** : 프로그램이 시작되면 실행됩니다.

❷ **변수 초기화** : input_string 변수를 원하는 문자열로 설정하고, is_palindrome 변수를 "참"으로 초기화합니다. count 변수를 1로 초기화합니다.

❸ **반복문 사용** : 문자열 길이의 반만큼 반복하면서 각 문자의 앞뒤를 비교합니다.

❹ **조건문 사용** : 만약 앞뒤 문자가 다르면 is_palindrome 변수를 "거짓"으로 설정합니다.

❺ **결과 출력** : is_palindrome 변수를 확인하여 문자열이 회문인지 여부를 출력합니다.

5. 실행 및 확인

프로그램을 실행하여 문자열이 회문인지 판별하고 올바르게 결과를 출력하는지 확인합니다.

이와 같은 단계로 엔트리에서 반복 구조를 사용하여 문자열이 회문인지 판별하는 프로그램을 작성할 수 있습니다.

작품 만들기

🎧 코딩 로드맵

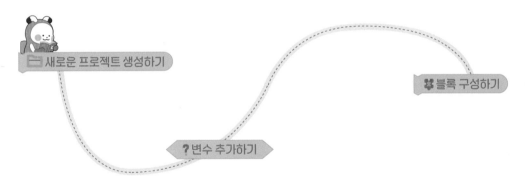

새로운 프로젝트 생성하기 · 변수 추가하기 · 블록 구성하기

🗂 새로운 프로젝트 생성하기

새로운 작품을 만들기 위해 엔트리 홈페이지에서 [작품 만들기]를 실행하세요. 오브젝트는 기본 오브젝트인 '엔트리봇'을 사용합니다.

❓ 변수 추가하기

[속성] 탭에서 '변수'를 선택한 후 [변수 추가하기]를 클릭한 다음 변수 이름을 작성하고 [변수 추가] 버튼을 클릭합니다. 엔트리 변수 이름의 길이 제한으로 변수 이름을 챗GPT의 변수 이름보다 줄여서 사용합니다.

변수	기능
input	회문 판별에 사용할 문자열을 저장
palindrome	판별 결과를 저장
count	반복 횟수를 저장하며 'input' 변수에 저장된 문자열에서 특정 문자의 위치를 가리킬 때 사용
ch1	문자를 저장
ch2	문자를 저장

💡 엔트리에서 변수 이름을 작성할 때는 10자 이상을 입력할 수 없습니다.

🎃 블록 구성하기

01 [시작하기] 버튼을 클릭했을 때 'input' 변수에 회문 판별에 사용할 문자열인 'level' 을 저장하고, 'palindrome' 변수에 '참'을 저장합니다. 그리고 'count' 변수에 1을 저장합니다.

챗GPT 블록 코드 예시

```
[시작하기 버튼을 클릭했을 때]
 └─ [변수 "input_string"을 "level"로 정하기]  # 판별할 문자열
 └─ [변수 "is_palindrome"을 "참"으로 정하기]  # 초기값을 참으로 설정
 └─ [변수 "count"를 1로 정하기]  # 반복 횟수를 의미하는 변수 초기화
```

엔트리 블록 코드

02 'input' 변수에 저장된 문자열 중 (input▼ 값 의 count▼ 값 번째 글자) 블록을 통해 'count' 변수 값 번째 글자를 'ch1' 변수에 저장하고,

(input▼ 값 의 (input▼ 값 의 글자 수 - count▼ 값) + 1 번째 글자) 블록을 통해 ('input' 변수에 저장된 값의 길이−'count' 변수 값+1)번째 글자를 'ch2' 변수에 저장합니다. (만일 ch1▼ 값 != ch2▼ 값 (이)라면) 블록을 통해 'ch1' 변수에 저장된 글자와 'ch2' 변수에 저장된 글자가 같지 않으면 'palindrome' 변수에 '거짓'을 저장합니다.

(count▼ 값 + 1)을 통해 'count' 변수 값을 1 증가시키고,

(input▼ 값 의 글자 수 / 2 의 몫▼ 번 반복하기) 블록으로 다음 반복을 수행합니다. 'input' 변수에 저장된 문자열 길이를 2로 나눈 몫만큼 반복합니다.

> 💡 챗GPT에서 제시한 예시처럼 엔트리로 코딩하면 코드의 폭이 너무 길어져서 엔트리에서는 (변수 "input_string"의 (변수 "count")번째 글자)를 'ch1' 변수에 저장하고(변수 "input_string"의 ((글자 수 (변수 "input_string") − 변수 "count") + 1)번째 글자)를 'ch2' 변수에 저장하여 동작하도록 코딩했습니다.

챗GPT 블록 코드 예시

```
└ [반복하기 ((글자 수 (변수 "input_string")) // 2)번]
    └ [만약 (변수 "input_string"의 (변수 "count")번째 글자) ≠ (변수 "input_string"의 ((글자 수
      (변수 "input_string") − 변수 "count") + 1)번째 글자)면]
        └ [변수 "is_palindrome"을 "거짓"으로 정하기]
    └ [변수 "count"를 (변수 "count" + 1)로 정하기]
```

> 💡 //는 나눈 몫을 구하는 연산자이고 ≠는 왼쪽 값과 오른쪽 값이 같지 않은지를 판별하는 비교 연산자입니다.

엔트리 블록 코드

'input' 변수에 저장된 문자열인 'level' 길이를 2로 나눈 몫인 2만큼 반복합니다.

첫 번째 반복에서 'count' 변수 값은 1이므로 'input' 변수에 저장된 'level'에서 'count' 변수 값, 즉 첫 번째 글자는 'l'이므로 'ch1'에 'l'이 저장됩니다.

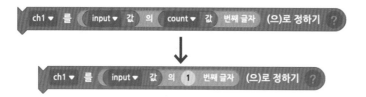

그리고 'input' 변수에 저장된 'level'에서 ('input' 변수에 저장된 값의 길이-'count' 변수 값+1), 즉 다섯 번째 글자는 'l'이므로 'ch2'에 'l'이 저장됩니다.

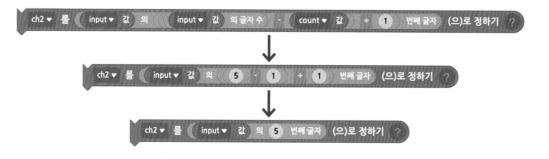

'ch1' 변수에 저장된 글자인 'l'과 'ch2' 변수에 저장된 글자 'l'이 같으므로 선택 구조의 조건이 거짓이 됩니다. 'count' 변수 값을 1 증가시킵니다.

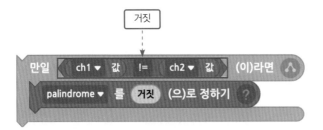

두 번째 반복에서 'count' 변수 값은 2이므로 'input' 변수에 저장된 'level'에서 'count' 변수 값, 즉 두 번째 글자인 'e'를 'ch1'에 저장합니다. 'input' 변수에 저장된 'level'에서 (input' 변수에 저장된 값의 길이-'count' 변수 값+1), 즉 네 번째 글자인 'e'를 'ch1'에 저장합니다. 'ch1' 변수에 저장된 글자와 'ch2' 변수에 저장된 글자가 같으므로 선택 구조의 조건이 거짓이 됩니다. 'count' 변수 값을 1 증가시키고 반복을 종료합니다. 결국 'palindrome' 변수 값은 '참'이 그대로 유지됩니다.

03 'palindrome' 변수 값이 '참'이면 회문이라는 말을 하고, 그렇지 않으면 회문이 아니라는 말을 합니다. 'input' 변수에 저장된 문자열 'level'에 대한 판별을 마친 후 'palindrome' 변수 값이 '참'이므로 회문이라는 말을 합니다.

챗GPT 블록 코드 예시

```
└─ [만약 (변수 "is_palindrome" = "참")면]
    └─ [말하기 "입력한 문자열은 회문입니다" (2초 동안)]
└─ [아니면]
    └─ [말하기 "입력한 문자열은 회문이 아닙니다" (2초 동안)]
```

엔트리 블록 코드

시작하기 버튼을 클릭했을 때
input ▾ 를 level (으)로 정하기 ?
palindrome ▾ 를 참 (으)로 정하기 ?
count ▾ 를 1 (으)로 정하기 ?
(input ▾ 값 의 글자 수 / 2 의 몫 ▾) 번 반복하기
  ch1 ▾ 를 (input ▾ 값 의 count ▾ 값 번째 글자) (으)로 정하기 ?
  ch2 ▾ 를 (input ▾ 값 의 (input ▾ 값 의 글자 수 - count ▾ 값 + 1) 번째 글자) (으)로 정하기 ?
  만일 < ch1 ▾ 값 != ch2 ▾ 값 > (이)라면
    palindrome ▾ 를 거짓 (으)로 정하기 ?
  count ▾ 를 (count ▾ 값 + 1) (으)로 정하기 ?
만일 < palindrome ▾ 값 = 참 > (이)라면
  입력한 문자열은 회문입니다. 을(를) 4 초 동안 말하기 ▾
아니면
  입력한 문자열은 회문이 아닙니다. 을(를) 4 초 동안 말하기 ▾

💡 현재 '회문 판별하기' 작품에는 오브젝트로 엔트리봇만 활용했습니다. 배경 오브젝트를 추가하여 작품의 완성도를 높여보세요.

챗GPT ⊗ 도전해보기

QR 코드를 스캔하면 도전해보기
작품을 볼 수 있어요!

https://naver.me/x7n3NiTE

챗GPT에게 질문하여 받은 작품 제작 순서를 참고하고 반복 구조를 사용하여 회문을 판별하는 작품을 만들어봤습니다. 이번에는 문자열을 뒤집어서 원래 문자열과 비교하여 회문인지 아닌지 판별하는 작품을 챗GPT에게 질문하여 받은 작품 제작 순서를 참고하며 완성해보세요.

🔍 실행 화면 살펴보기

다음 실행 화면을 살펴보고 '엔트리봇'이 사용자로부터 입력받은 문자열이 회문인지 아닌지를 말하도록 작품을 구성해보세요.

💬 챗GPT에게 질문하기

블록 기반 코딩 플랫폼인 엔트리로 문자열을 뒤집어서 원래 문자열과 비교하여 회문인지 판별하는 프로그램을 작성하는 방법을 설명해주세요. 단, 반복 횟수를 의미하는 변수를 사용합니다.

리스트에서 최댓값 찾기

학습 목표 • 챗GPT를 활용해서 리스트에서 최댓값을 찾는 작품을 만들 수 있습니다.

이전의 LESSON에서는 리스트를 값을 저장하고 순서대로 불러오는 기능 중심으로 학습했습니다. 리스트는 LESSON 21, 22에서 배우는 정렬과 탐색 알고리즘의 필수적인 개념으로 프로그램에서 다양하게 사용됩니다. LESSON 20에서는 챗GPT를 활용하여 리스트에서 최댓값을 찾는 작품을 만들겠습니다.

> QR을 스캔하면 유튜브 동영상을 볼 수 있어요!

▶ https://youtu.be/wQcTcbHbvtY?si=c7iSi8QrYc208B2e

작품 실행하기

01 다음 주소 또는 QR로 접속하면 '리스트에서 최댓값 찾기' 작품이 나옵니다. 작품의 실행 버튼인 을 클릭하여 작품을 실행해보세요.

• https://naver.me/F3Tb87kQ

> QR을 스캔하면 '리스트에서 최댓값 찾기' 작품이 나와요!

02 리스트에서 최댓값을 찾아 말합니다.

챗GPT ⓧ 작품 제작 순서 고민하기

챗GPT에게 질문하기

블록 기반 코딩 플랫폼인 엔트리를 사용하여 리스트에서 최댓값을 찾는 프로그램을 작성하는 방법을 설명해주세요. 단, 엔트리 리스트의 첫 번째 항목의 위치는 1이고 반복 횟수를 의미하는 변수를 사용합니다.

챗GPT의 답변 확인하기

엔트리(Entry)에서 리스트에서 최댓값을 찾는 프로그램을 작성하는 방법을 단계별로 설명하겠습니다. 여기서는 반복 횟수를 의미하는 변수를 사용하여 리스트의 요소를 순회하며 최댓값을 찾습니다.

1. 엔트리 블록 기반 코딩 플랫폼 열기

먼저, 엔트리 사이트(https://playentry.org/)에 접속하여 로그인하거나, 게스트로 코딩할 수 있는 프로젝트를 시작합니다.

2. 새로운 프로젝트 생성

새 프로젝트를 생성합니다. 예를 들어, '엔트리봇' 캐릭터를 사용합니다.

3. 리스트 및 변수 생성

최댓값을 찾을 리스트와 탐색에 필요한 변수를 생성합니다.

- **변수** 메뉴에서 **리스트 만들기**를 클릭합니다.
  - 리스트 이름을 numbers라고 설정합니다.
- **변수** 메뉴에서 **변수 만들기**를 클릭합니다.
  - 변수 이름을 max_value, count로 설정합니다.

4. 리스트 초기화

리스트에 초기 데이터를 추가합니다.

❶ numbers 리스트에 숫자 데이터를 추가합니다.

5. 최댓값 찾기 알고리즘 구현

반복문과 조건문을 사용하여 리스트에서 최댓값을 찾는 알고리즘을 블록으로 구현합니다.

블록 코드 예시

❶ **시작하기 버튼을 클릭했을 때**

  - 시작하기 버튼을 클릭했을 때 블록을 사용합니다.

❷ **리스트 초기화**

  - numbers 리스트에 숫자 데이터를 추가합니다.

❸ **변수 초기화**

  - max_value 변수를 리스트의 첫 번째 항목으로 초기화합니다.
  - count 변수를 2로 초기화합니다 (첫 번째 항목은 이미 최댓값으로 설정했기 때문에 두 번째 항목부터 시작합니다).

❹ **반복문 사용**

  - 리스트의 모든 항목을 순회하면서 최댓값을 찾습니다.

블록 코드 예시

```
[시작하기 버튼을 클릭했을 때]
 └─ [리스트 "numbers"에 34 추가하기]
 └─ [리스트 "numbers"에 23 추가하기]
 └─ [리스트 "numbers"에 45 추가하기]
 └─ [리스트 "numbers"에 12 추가하기]
 └─ [리스트 "numbers"에 56 추가하기]
 └─ [변수 "max_value"를 리스트 "numbers"의 1번째 항목으로 정하기]
```

└─ [변수 "count"를 2로 정하기]

└─ [반복하기 ((리스트 "numbers"의 길이) − 1)번]

   └─ [만약 (리스트 "numbers"의 (변수 "count")번째 항목) 〉 (변수 "max_value")면]

      └─ [변수 "max_value"를 리스트 "numbers"의 (변수 "count")번째 항목으로 정하기]

   └─ [변수 "count"를 (변수 "count" + 1)로 정하기]

└─ [말하기 "최댓값은 " + (변수 "max_value") + "입니다" (2초 동안)]

단계별 설명

❶ 시작하기 버튼을 클릭했을 때 : 프로그램이 시작되면 실행됩니다.

❷ 리스트 초기화 : numbers 리스트에 숫자 데이터를 추가합니다.

❸ 변수 초기화 : max_value 변수를 numbers 리스트의 첫 번째 항목 값으로 초기화합니다. count 변수를 2로 초기화하여 두 번째 항목부터 비교를 시작합니다.

❹ 반복문 사용 : 리스트의 길이 − 1 만큼 반복하면서 각 항목을 순회합니다.

❺ 조건문 사용 : 현재 항목이 max_value보다 크면, max_value를 현재 항목 값으로 업데이트합니다.

❻ 변수 증가 : count 변수를 1씩 증가시킵니다.

❼ 결과 출력 : max_value 변수를 출력하여 최댓값을 확인합니다.

6. 실행 및 확인

프로그램을 실행하여 리스트에서 최댓값이 올바르게 계산되고 출력되는지 확인합니다.

이와 같은 단계로 엔트리에서 리스트에서 최댓값을 찾는 프로그램을 작성할 수 있습니다.

 작품 만들기

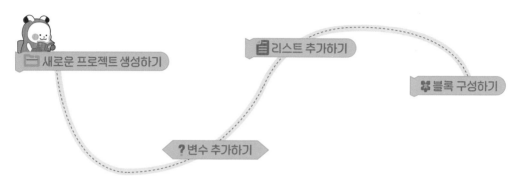 코딩 로드맵

📁 새로운 프로젝트 생성하기

새로운 작품을 만들기 위해 엔트리 홈페이지에서 [작품 만들기]를 실행하세요. 오브젝트는 기본 오브젝트인 '엔트리봇'을 사용합니다.

? 변수 추가하기

[속성] 탭에서 '변수'를 선택한 후 [변수 추가하기]를 클릭한 다음 변수 이름 'count'와 'max_value'를 작성하고 [변수 추가] 버튼을 클릭합니다.

변수	기능
count	리스트 항목의 위치를 저장
max_value	최댓값을 저장

📋 리스트 추가하기

[속성] 탭에서 '리스트'를 선택한 후 [리스트 추가하기]를 클릭한 다음 리스트 이름 'numbers'를 작성하고 [리스트 추가] 버튼을 클릭합니다.

리스트	기능
numbers	숫자 데이터를 저장

🧩 블록 구성하기

`01` [시작하기] 버튼을 클릭하면 'numbers' 리스트에 숫자 데이터를 저장하고 `max_value ▼ 를 numbers ▼ 의 1 번째 항목 (으)로 정하기` 블록을 통해 'max_value' 변수에 'numbers' 리스트의 첫 번째 항목, 즉 34를 저장합니다. 그리고 `count ▼ 를 2 (으)로 정하기` 블록으로 'count' 변수에 2를 저장합니다.

챗GPT 블록 코드 예시

[시작하기 버튼을 클릭했을 때]
└─ [리스트 "numbers"에 34 추가하기]
└─ [리스트 "numbers"에 23 추가하기]
└─ [리스트 "numbers"에 45 추가하기]
└─ [리스트 "numbers"에 12 추가하기]
└─ [리스트 "numbers"에 56 추가하기]
└─ [변수 "max_value"를 리스트 "numbers"의 1번째 항목으로 정하기]
└─ [변수 "count"를 2로 정하기]

엔트리 블록 코드

02 만약 〈 numbers ▼ 의 count ▼ 값 번째 항목 〉 max_value ▼ 값 〉 블록을 통해 'numbers' 리스트의 'count' 변수 값 번째 항목이 'max_value' 변수 값보다 크면 max_value ▼ 를 numbers ▼ 의 count ▼ 값 번째 항목 (으)로 정하기 ? 블록으로 'max_value' 변수에 'numbers' 리스트의 'count' 변수 값 번째 항목을 저장합니다. count ▼ 값 + 1 로 'count' 변수 값을 1 증가시키고 다음 반복을 수행합니다. ('numbers' 리스트의 항목 수−1), 즉 4번 반복합니다.

챗GPT 블록 코드 예시

└ [반복하기 ((리스트 "numbers"의 길이) − 1)번]
 └ [만약 (리스트 "numbers"의 (변수 "count")번째 항목) 〉 (변수 "max_value")면]
  └ [변수 "max_value"를 리스트 "numbers"의 (변수 "count")번째 항목으로 정하기]
 └ [변수 "count"를 (변수 "count" + 1)로 정하기]

엔트리 블록 코드

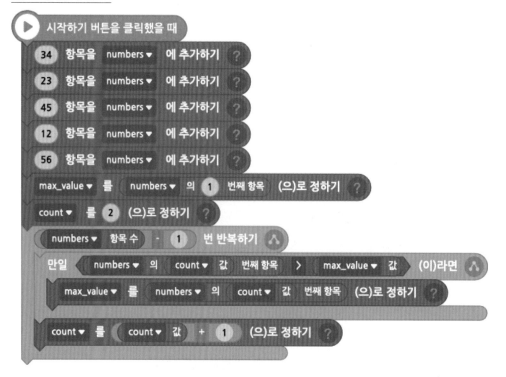

첫 번째 반복이 시작될 때 'count' 변수 값은 2이고 'max_value' 변수 값은 34입니다. 'numbers' 리스트의 'count' 변수 값 번째 항목, 즉 23이 'max_value' 변수 값인 34보다 크지 않으므로 선택 구조의 조건이 거짓이 됩니다.

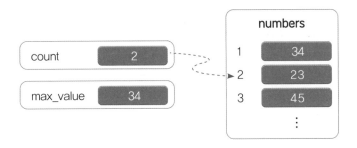

'count' 변수 값을 1 증가시켜 3이 됩니다.

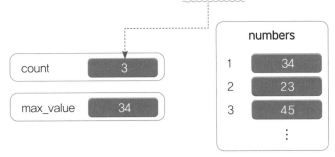

두 번째 반복에서 'numbers' 리스트의 'count' 변수 값 번째 항목, 즉 45가 'max_value' 변수 값인 34보다 크므로 선택 구조의 조건이 참이 됩니다. 그러므로 'max_value' 변수에 45를 저장합니다.

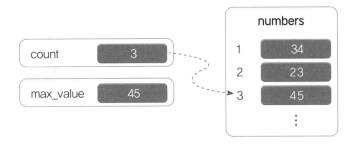

'count' 변수 값을 1 증가시켜 4가 됩니다.

이런 동작을 'numbers' 리스트의 마지막 항목까지 반복합니다. 결국 'numbers' 리스트에서 가장 큰 값이 'max_value' 변수에 저장됩니다.

03 [최대값은 과(와) max_value ▼ 값 과(와) 입니다. 을(를) 합친 값 을(를) 합친 값 을(를) ④ 초 동안 말하기 ▼] 블록으로 'numbers' 리스트에서 가장 큰 값이 저장된 'max_value' 변수 값을 말합니다.

챗GPT 블록 코드 예시

└─ [말하기 "최댓값은 " + (변수 "max_value") + "입니다" (2초 동안)]

엔트리 블록 코드

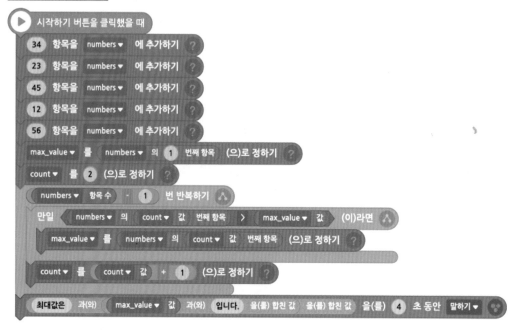

챗GPT ⊗ 도전해보기

QR 코드를 스캔하면 도전해보기 작품을 볼 수 있어요!

https://naver.me/GRoKEMHy

챗GPT에게 질문하여 받은 작품 제작 순서를 참고하여 리스트에서 최댓값을 찾는 작품을 만들어봤습니다. 이번에는 챗GPT가 알려주는 작품 제작 순서를 참고하며 리스트 항목을 거꾸로 뒤집는 작품을 완성해보세요.

🔍 실행 화면 살펴보기

다음 실행 화면을 살펴보고 'original' 리스트의 항목을 거꾸로 뒤집은 'reversed' 리스트를 확인할 수 있도록 작품을 구성해보세요.

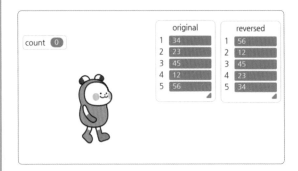

🧑 챗GPT에게 질문하기

블록 기반 코딩 플랫폼인 엔트리를 사용하여 리스트 항목을 거꾸로 뒤집는 프로그램을 작성하는 방법을 설명해주세요. 단, 엔트리 리스트의 첫 번째 항목의 위치는 1입니다.

LESSON 21

버블 정렬

학습 목표
- 버블 정렬 알고리즘에 대해 설명할 수 있습니다.
- 챗GPT를 활용해서 버블 정렬 알고리즘으로 리스트를 정렬하는 작품을 만들 수 있습니다.

정렬이란 숫자나 단어와 같은 데이터를 일정한 규칙에 따라 재배열하는 것으로 예를 들어 학생 명단을 이름을 기준으로 가나다 순서대로 나열하는 것을 말합니다. LESSON 21에서는 정렬 알고리즘 중 하나인 버블 정렬을 배워 봅니다. 버블 정렬은 서로 이웃한 데이터의 크기를 비교하며 순서대로 정리하는 알고리즘으로 이를 활용하여 리스트를 정렬하는 작품을 만들겠습니다.

QR을 스캔하면 유튜브 동영상을 볼 수 있어요!

▶ https://youtu.be/XoeCGUU0zPs?si=y0xlXclz0Slom5FS

작품 실행하기

01 다음 주소 또는 QR로 접속하면 '버블 정렬' 작품이 나옵니다. 작품의 실행 버튼인 ▶을 클릭하여 작품을 실행해보세요.

- https://naver.me/xk1oJODu

QR을 스캔하면 '버블 정렬' 작품이 나와요!

02 무작위였던 'numbers' 리스트가 오름차순으로 정렬되는 것을 확인할 수 있습니다.

개념 이해하기

버블 정렬

정렬^{sort}이란 숫자나 단어와 같은 데이터들을 일정한 규칙에 따라 재배열하는 것으로 버블 정렬, 선택 정렬, 병합 정렬 등 다양한 알고리즘이 있어요. 여기서는 초보자도 쉽게 이해할 수 있는 버블 정렬에 대해 알아보며 선택 정렬은 챗GPT와 함께 도전해보기에서 살펴보겠습니다.

버블 정렬^{bubble sort}은 서로 이웃한 데이터를 비교하여 작은 데이터를 앞으로 보내고 큰 데이터를 뒤로 보내며 정렬하는 알고리즘입니다(오름차순의 경우). 다음 그림의 리스트를 참고하여 버블 정렬의 동작 과정을 살펴봅시다.

💡 오름차순 정렬이란 작은 것부터 큰 것으로 차례대로 정렬하는 것이며 내림차순은 큰 것부터 작은 것으로 정렬하는 것을 말합니다.

STEP 01 위치 1의 8과 위치 2의 11을 비교해 큰 데이터를 뒤로 보냅니다. 앞에 위치한 8이 작으므로 그대로 둡니다.

STEP 02 위치 2의 11과 위치 3의 1을 비교해 큰 데이터를 뒤로 보냅니다. 앞에 위치한 11이 크므로 둘의 위치를 바꿉니다.

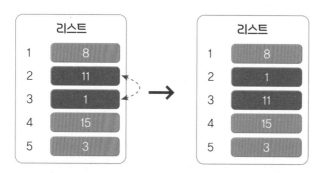

STEP 03 위치 3의 11과 위치 4의 15를 비교합니다. 앞에 위치한 11이 작으므로 그대로 둡니다.

STEP 04 위치 4의 15와 위치 5의 3을 비교합니다. 앞에 위치한 15가 크므로 둘의 위치를 바꿉니다. 가장 큰 데이터인 15가 가장 뒤인 위치 5에 위치하게 됩니다.

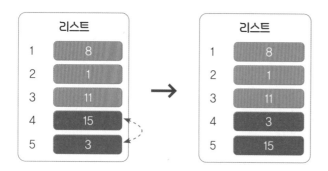

STEP 05 위치 5가 정해졌으니 다시 처음부터 위치 4까지의 데이터에 대해 버블 정렬을 시작합니다. 위치 1의 8과 위치 2의 1을 비교하면 앞에 위치한 8이 크므로 둘의 위치를 바꿉니다.

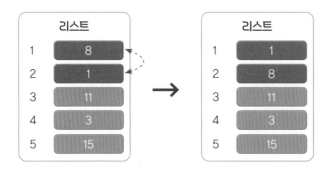

STEP 06 위치 2의 8과 위치 3의 11을 비교하면 앞에 위치한 8이 작으므로 그대로 둡니다.

STEP 07 위치 3의 11과 위치 4의 3을 비교하면 앞에 위치한 11이 크므로 둘의 위치를 바꿉니다. 두 번째로 큰 데이터인 11이 뒤에서 두 번째에 위치하게 됩니다. 즉 가장 큰 데이터는 위치 5에, 두 번째로 큰 데이터는 위치 4에 위치하게 됩니다.

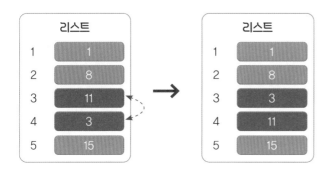

STEP 08 위치 4와 위치 5가 정해졌으니 다시 처음부터 위치 3까지의 데이터에 대해 버블 정렬을 시작합니다. 위치 1의 1과 위치 2의 8을 비교하면 앞에 있는 1이 작으므로 그대로 둡니다.

STEP 09 위치 2의 8과 위치 3의 3을 비교하면 앞에 위치한 8이 크므로 둘의 위치를 바꿉니다. 세 번째로 큰 데이터인 8이 뒤에서 세 번째에 위치하게 됩니다. 즉 가장 큰 데이터는 위치 5에, 두 번째로 큰 데이터는 위치 4에, 세 번째로 큰 데이터는 위치 3에 위치하게 됩니다.

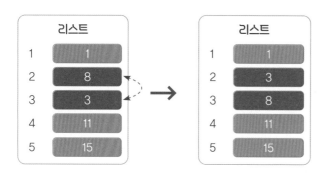

STEP 10 위치 3, 위치 4, 위치 5가 정해졌으므로 다시 처음부터 위치2까지의 데이터에 대해 버블 정렬을 시작합니다. 위치 1의 1과 위치 2의 3을 비교해 앞에 위치한 1이 작으므로 그대로 둡니다. 모든 데이터에 대한 정렬이 완료됩니다.

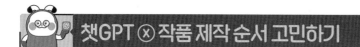

챗GPT ⓧ 작품 제작 순서 고민하기

챗GPT에게 질문하기

블록 기반 코딩 플랫폼인 엔트리를 사용하여 버블 정렬 알고리즘으로 정렬하는 프로그램을 작성하는 방법을 설명해주세요. 단, 엔트리 리스트의 첫 번째 항목의 위치는 1입니다.

챗GPT의 답변 확인하기

엔트리(Entry)에서 버블 정렬 알고리즘을 사용하여 리스트를 정렬하는 프로그램을 작성하는 방법을 단계별로 설명하겠습니다. 버블 정렬은 인접한 두 항목을 비교하여 정렬하는 간단한 알고리즘입니다.

1. 엔트리 블록 기반 코딩 플랫폼 열기

먼저, 엔트리 사이트(https://playentry.org/)에 접속하여 로그인하거나, 게스트로 코딩할 수 있는 프로젝트를 시작합니다.

2. 새로운 프로젝트 생성

새 프로젝트를 생성합니다. 예를 들어, '엔트리봇' 캐릭터를 사용합니다.

3. 리스트 및 변수 생성

정렬할 리스트와 임시로 사용할 변수를 생성합니다.

- **변수** 메뉴에서 리스트 만들기를 클릭합니다.
  - 리스트 이름을 numbers라고 설정합니다.
- **변수** 메뉴에서 변수 만들기를 클릭합니다.
  - 변수 이름을 temp, i, j로 설정합니다.

4. 리스트 초기화

리스트에 초기 데이터를 추가합니다.

- numbers 리스트에 숫자 데이터를 추가합니다.

5. 버블 정렬 알고리즘 구현

반복문과 조건문을 사용하여 리스트를 버블 정렬하는 알고리즘을 블록으로 구현합니다.

블록 코드 예시

❶ **시작하기 버튼을 클릭했을 때**
  - 시작하기 버튼을 클릭했을 때 블록을 사용합니다.

❷ **리스트 초기화**
  - numbers 리스트에 숫자 데이터를 추가합니다.

❸ **버블 정렬 알고리즘**
  - 외부 반복문을 사용하여 리스트의 길이만큼 반복합니다.
  - 내부 반복문을 사용하여 각 요소를 비교하고 필요하면 교환합니다.

블록 코드 예시

[시작하기 버튼을 클릭했을 때]
└─ [리스트 "numbers"에 34 추가하기]
└─ [리스트 "numbers"에 23 추가하기]
└─ [리스트 "numbers"에 45 추가하기]
└─ [리스트 "numbers"에 12 추가하기]
└─ [리스트 "numbers"에 56 추가하기]

└─ [변수 "i"를 1로 정하기]
└─ [반복하기 ((리스트 "numbers"의 길이) − 1)번]
    └─ [변수 "j"를 1로 정하기]
    └─ [반복하기 ((리스트 "numbers"의 길이) − (변수 "i"))번]
        └─ [만약 (리스트 "numbers"의 (변수 "j")번째 항목) 〉 (리스트 "numbers"의 (변수 "j" + 1)번째 항목)면]
            └─ [변수 "temp"를 리스트 "numbers"의 (변수 "j")번째 항목으로 정하기]
            └─ [리스트 "numbers"의 (변수 "j")번째 항목을 리스트 "numbers"의 (변수 "j" + 1)번째 항목으로 정하기]
            └─ [리스트 "numbers"의 (변수 "j" + 1)번째 항목을 변수 "temp"로 정하기]
        └─ [변수 "j"를 (변수 "j" + 1)로 정하기]
    └─ [변수 "i"를 (변수 "i" + 1)로 정하기]

└─ [말하기 "정렬된 리스트: " + (리스트 "numbers") (2초 동안)]

단계별 설명

❶ **시작하기 버튼을 클릭했을 때** : 프로그램이 시작되면 실행됩니다.

❷ **리스트 초기화** : numbers 리스트에 숫자 데이터를 추가합니다.

❸ **변수 초기화** : i와 j 변수를 초기화합니다.

❹ **외부 반복문** : 리스트의 길이 − 1 만큼 반복합니다.

❺ **내부 반복문** : 각 요소를 비교하고 필요하면 교환합니다. 내부 반복문은 리스트의 길이 − i 만큼 반복합니다.

❻ **조건문** : 현재 항목이 다음 항목보다 크면, 두 항목을 교환합니다.

❼ **결과 출력** : 정렬된 리스트를 출력합니다.

6. 실행 및 확인

프로그램을 실행하여 리스트가 올바르게 버블 정렬 알고리즘을 통해 정렬되는지 확인합니다. 이와 같은 단계로 엔트리에서 버블 정렬 알고리즘을 사용하여 리스트를 정렬하는 프로그램을 작성할 수 있습니다.

코딩 로드맵

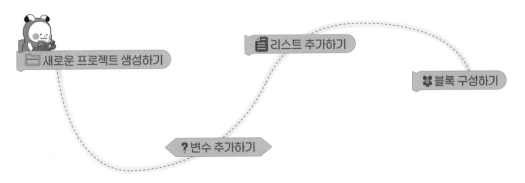

새로운 프로젝트 생성하기

새로운 작품을 만들기 위해 엔트리 홈페이지에서 [작품 만들기]를 실행하세요. 오브젝트는 기본 오브젝트인 '엔트리봇'을 사용합니다.

? 변수 추가하기

[속성] 탭에서 '변수'를 선택한 후 [변수 추가하기]를 클릭한 다음 변수 이름 'i', 'j', 'temp'를 작성하고 [변수 추가] 버튼을 클릭합니다.

변수	기능
i	바깥쪽 반복문의 반복 횟수를 저장
j	안쪽 반복문의 반복 횟수를 저장
temp	임시로 값을 저장

📋 리스트 추가하기

[속성] 탭에서 '리스트'를 선택한 후 [리스트 추가하기]를 클릭한 다음 리스트 이름 'numbers'를 작성하고 [리스트 추가] 버튼을 클릭합니다.

리스트	기능
numbers	숫자 데이터를 저장

🎯 블록 구성하기

01 [시작하기] 버튼을 클릭하면 'numbers' 리스트에 저장하고자 하는 숫자 데이터를 저장합니다.

챗GPT 블록 코드 예시

[시작하기 버튼을 클릭했을 때]
└─ [리스트 "numbers"에 34 추가하기]
└─ [리스트 "numbers"에 23 추가하기]
└─ [리스트 "numbers"에 45 추가하기]
└─ [리스트 "numbers"에 12 추가하기]
└─ [리스트 "numbers"에 56 추가하기]

엔트리 블록 코드

02 'i' 변수에 1을 저장하고  블록으로 'numbers' 리스트

의 항목 수−1 만큼 반복하는 바깥쪽 반복 구조를 만듭니다.

챗GPT 블록 코드 예시

└─ [변수 "i"를 1로 정하기]
└─ [반복하기 ((리스트 "numbers"의 길이) − 1)번]

엔트리 블록 코드

03 'j' 변수에 1을 저장하고 ('numbers' 리스트의 항목 수 − 'i' 변수 값) 만큼 반복하는

안쪽 반복 구조를 만듭니다.

챗GPT 블록 코드 예시

└─ [변수 "i"를 1로 정하기]
└─ [반복하기 ((리스트 "numbers"의 길이) − 1)번]
　└─ [변수 "j"를 1로 정하기]
　└─ [반복하기 ((리스트 "numbers"의 길이) − (변수 "i"))번]

엔트리 블록 코드

04 numbers ▼ 의 j ▼ 값 번째 항목 〉 numbers ▼ 의 j ▼ 값 + 1 번째 항목

블록으로 'numbers' 리스트의 'j' 변수 값 번째 항목이 ('j' 변수 값 + 1)번째 항목보다 크면
두 항목을 교환합니다.

챗GPT 블록 코드 예시

└─ [변수 "i"를 1로 정하기]
└─ [반복하기 ((리스트 "numbers"의 길이) − 1)번]
　└─ [변수 "j"를 1로 정하기]
　└─ [반복하기 ((리스트 "numbers"의 길이) − (변수 "i"))번]
　　└─ [만약 (리스트 "numbers"의 (변수 "j")번째 항목) 〉 (리스트 "numbers"의 (변수 "j" + 1)번째 항목)면]
　　　└─ [변수 "temp"를 리스트 "numbers"의 (변수 "j")번째 항목으로 정하기]
　　　└─ [리스트 "numbers"의 (변수 "j")번째 항목을 리스트 "numbers"의 (변수 "j" + 1)번째 항목으로 정하기]
　　　└─ [리스트 "numbers"의 (변수 "j" + 1)번째 항목을 변수 "temp"로 정하기]

엔트리 블록 코드

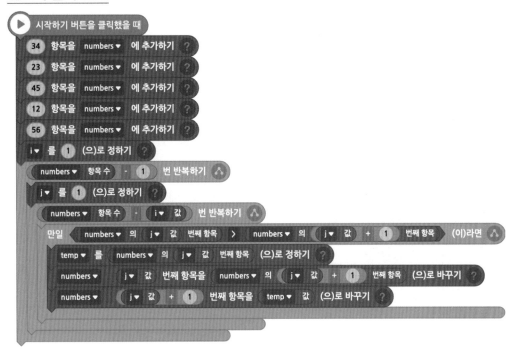

05 [j▼ 를 (j▼ 값 + 1) (으)로 정하기 ?] 블록을 통해 'j' 변수 값을 1 증가시킨 후 안쪽 반복 구조의 다음 반복을 진행하고, [i▼ 를 (i▼ 값 + 1) (으)로 정하기 ?] 블록으로 'i' 변수 값을 1 증가시킨 후 바깥쪽 반복 구조의 다음 반복을 진행합니다.

챗GPT 블록 코드 예시

ㄴ [변수 "i"를 1로 정하기]
ㄴ [반복하기 ((리스트 "numbers"의 길이) – 1)번]
   ㄴ [변수 "j"를 1로 정하기]
   ㄴ [반복하기 ((리스트 "numbers"의 길이) – (변수 "i"))번]
      ㄴ [만약 (리스트 "numbers"의 (변수 "j")번째 항목) > (리스트 "numbers"의 (변수 "j" + 1)번째 항목)면]
         ㄴ [변수 "temp"를 리스트 "numbers"의 (변수 "j")번째 항목으로 정하기]
         ㄴ [리스트 "numbers"의 (변수 "j")번째 항목을 리스트 "numbers"의 (변수 "j" + 1)번째 항목으로 정하기]
         ㄴ [리스트 "numbers"의 (변수 "j" + 1)번째 항목을 변수 "temp"로 정하기]

```
└── [변수 "j"를 (변수 "j" + 1)로 정하기]
└── [변수 "i"를 (변수 "i" + 1)로 정하기]
```

엔트리 블록 코드

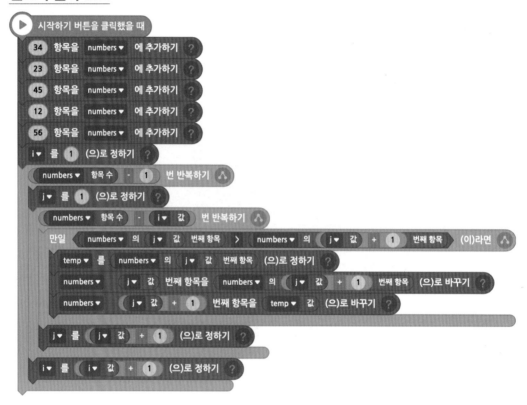

 챗GPT ⊗ 도전해보기

QR 코드를 스캔하면 도전해보기 작품을 볼 수 있어요!

https://naver.me/xmxazbyG

챗GPT에게 질문하여 받은 작품 제작 순서를 참고하여 버블 정렬 알고리즘을 이용해서 리스트를 정렬하는 작품을 만들어봤습니다. 이번에는 챗GPT가 알려주는 작품 제작 순서를 참고하며 선택 정렬 알고리즘으로 리스트를 정렬하는 작품을 완성해보세요.

🧑‍💻 실행 화면 살펴보기

다음 실행 화면을 살펴보고 'numbers' 리스트가 정렬되도록 작품을 구성해보세요.

👩 챗GPT에게 질문하기

블록 기반 코딩 플랫폼인 엔트리를 사용하여 선택 정렬 알고리즘으로 정렬하는 프로그램을 작성하는 방법을 설명해주세요. 단, 엔트리 리스트의 첫 번째 항목의 위치는 1입니다.

LESSON 22

이진 탐색

• 이진 탐색 알고리즘에 대해 설명할 수 있습니다.
• 챗GPT를 활용해서 이진 탐색 알고리즘으로 탐색하는 작품을 만들 수 있습니다.

탐색이란 우리가 필요한 특정 데이터를 큰 데이터 덩어리 속에서 찾는 것으로 탐색의 알고리즘으로 선형 탐색과 이진 탐색이 있습니다. 평균적으로 탐색 속도가 빠른 것은 이진 탐색 알고리즘으로 LESSON 22에서는 챗GPT를 활용하여 이진 탐색 알고리즘으로 데이터를 탐색하는 작품을 만들겠습니다.

QR을 스캔하면
유튜브 동영상을 볼 수
있어요!

▶ https://youtu.be/UFgxMEL6nFk?si=maetRpKTU1xzchH8

 작품 실행하기

01 다음 주소 또는 QR로 접속하면 '이진 탐색' 작품이 나옵니다. 작품의 실행 버튼인 ▶
을 클릭하여 작품을 실행해보세요.

• https://naver.me/xZVkUkwh

QR을 스캔하면
'이진 탐색' 작품이 나와요!

02 찾고자 하는 값을 '엔트리봇'이 말하며 탐색 성공 여부를 확인할 수 있습니다.

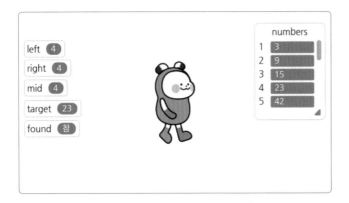

 개념 이해하기

이진 탐색

탐색^{search}이란 데이터 집합에서 어떤 조건이나 성질을 만족하는 데이터를 찾는 것으로 선형 탐색과 이진 탐색 알고리즘이 있습니다. 여기서는 이진 탐색에 대해 알아보고 선형 탐색은 '챗GPT와 함께 도전해보기'에서 살펴보겠습니다.

이진 탐색^{binary search}은 정렬된 데이터 집합에 대해 탐색 영역을 반으로 줄여가면서 탐색하는 알고리즘입니다. 쉽게 말해 리스트의 가운데 값을 확인하여 찾는 값과 비교한 다음 찾는 값이 더 작다면 왼쪽 절반, 찾는 값이 더 크다면 오른쪽 절반으로 좁혀가는 과정을 값을 찾을 때까지 반복하죠. 다음 그림의 리스트를 참고하여 이진 탐색을 이용해서 '15'를 찾는 동작 과정을 살펴보겠습니다.

STEP 01 첫 번째 항목의 위치 1을 low로 하고 마지막 항목의 위치 7을 high로 합니다.

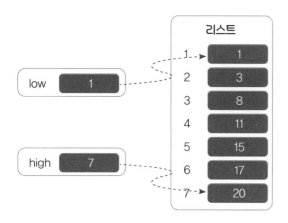

STEP 02 탐색 영역에서 중간에 위치한 항목의 위치를 구해야 합니다. 중간 위치인 mid 를 구하는 공식은 '(low+high)//2'이므로 mid는 4가 됩니다. 리스트의 mid, 즉 위치 4의 항목인 11과 찾는 값 15가 같은지 비교합니다.

> ⓦ // 연산자는 몫을 구하는 연산자입니다. 예를 들어 5//2는 2가 계산됩니다. 그런데 엔트리에는 이 연산자를 대신할 '몫'으로 정하기 블록이 있으므로 실제 엔트리 블록 코딩에서는 이 블록을 사용하겠습니다.

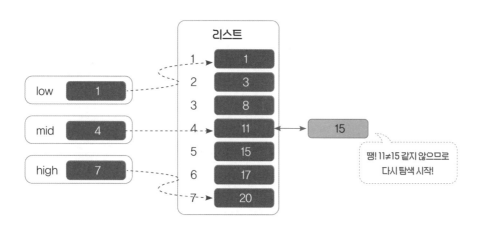

STEP 03 15는 11보다 크므로 이진 탐색 알고리즘에 따라 찾는 데이터가 mid 위치보다 아래쪽에 위치한 항목들이 새로운 탐색 영역이 되어야 합니다. 따라서 탐색 영역의 첫 번째 항목의 위치인 low를 새롭게 구해야 하며, 'mid+1'에 의해 '4+1'이 되어 이 값은 5가 됩니다.

> ⓦ 세로 방향으로 데이터를 저장하고 있는 리스트 구조를 기준으로 아래쪽이라 한 것으로, 방향에 따라 오른쪽으로 지 칭할 수도 있습니다.

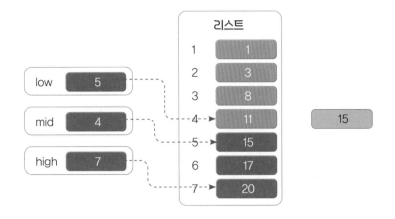

STEP 04 두 번째 탐색에서 다시 mid 값인 '(5+7)//2'를 계산하면 6이 됩니다. 리스트의 mid, 즉 여섯 번째 항목인 17이 찾는 값 15와 같은지 비교합니다.

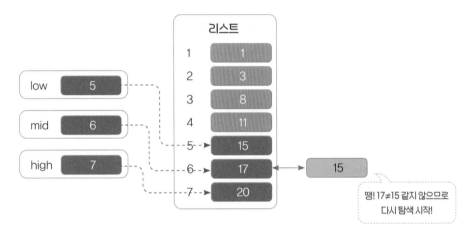

땡! 17≠15 같지 않으므로
다시 탐색 시작!

STEP 05 15는 17보다 작으므로 찾는 데이터가 mid 위치보다 위쪽에 위치한 항목들이 새로운 탐색 영역이 되어야 합니다. 따라서 탐색 영역의 마지막 항목의 위치인 high를 새롭게 구해야 하는데 'mid-1'에 의해 5가 됩니다.

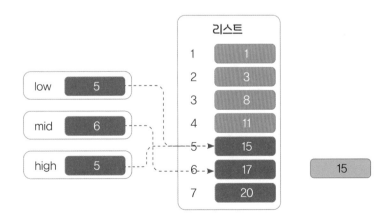

STEP 06 다시 mid값 (5+5)//2를 계산하면 5가 됩니다. 리스트의 mid, 즉 다섯 번째 항목인 15가 찾는 값 15와 같은지 비교합니다. 같은 값이므로 탐색을 성공으로 종료합니다. 만약 low가 high보다 커졌는데도 원하는 데이터를 찾지 못하면 탐색 실패로 종료합니다.

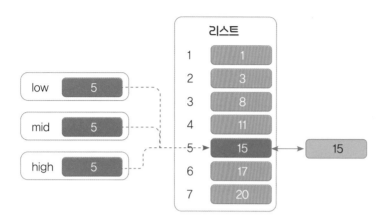

 챗GPT ⊗ 작품 제작 순서 고민하기

🐼 챗GPT에게 질문하기

블록 기반 코딩 플랫폼인 엔트리를 사용하여 이진 탐색하는 프로그램을 작성하는 방법을 설명해주세요. 단, 엔트리 리스트의 첫 번째 항목의 위치는 1입니다.

ⓖ 챗GPT의 답변 확인하기

엔트리(Entry)에서 이진 탐색 알고리즘을 사용하여 리스트에서 특정 값을 찾는 프로그램을 작성하는 방법을 단계별로 설명하겠습니다. 이진 탐색은 정렬된 리스트에서 값을 찾기 위한 효율적인 알고리즘으로, 리스트를 반으로 나누어가며 탐색합니다.

1. 엔트리 블록 기반 코딩 플랫폼 열기

먼저, 엔트리 사이트(https://playentry.org/)에 접속하여 로그인하거나, 게스트로 코딩할 수 있는 프로젝트를 시작합니다.

2. 새로운 프로젝트 생성

새 프로젝트를 생성합니다. 예를 들어, '엔트리봇' 캐릭터를 사용합니다.

3. 리스트 및 변수 생성

이진 탐색에 사용할 리스트와 탐색 범위를 지정할 변수를 생성합니다.

- **변수** 메뉴에서 **리스트 만들기**를 클릭합니다.
  - 리스트 이름을 numbers라고 설정합니다.
- **변수** 메뉴에서 **변수 만들기**를 클릭합니다.
  - 변수 이름을 left, right, mid, target, found로 설정합니다.

4. 리스트 초기화

리스트에 정렬된 데이터를 추가합니다.

- numbers 리스트에 숫자 데이터를 오름차순으로 추가합니다.

5. 이진 탐색 알고리즘 구현

반복문과 조건문을 사용하여 리스트에서 이진 탐색을 구현합니다.

블록 코드 예시

❶ 시작하기 버튼을 클릭했을 때

  - 시작하기 버튼을 클릭했을 때 블록을 사용합니다.

❷ 리스트 초기화

  - numbers 리스트에 숫자 데이터를 추가합니다.

❸ 탐색 범위 및 타겟 설정

  - 탐색 범위와 타겟 값을 설정합니다.

❹ 이진 탐색 알고리즘

  - 반복문을 사용하여 탐색 범위를 좁혀가며 값을 찾습니다.

블록 코드 예시

```
[시작하기 버튼을 클릭했을 때]
└─ [리스트 "numbers"에 3 추가하기]
└─ [리스트 "numbers"에 9 추가하기]
└─ [리스트 "numbers"에 15 추가하기]
└─ [리스트 "numbers"에 23 추가하기]
└─ [리스트 "numbers"에 42 추가하기]
```

└─ [리스트 "numbers"에 57 추가하기]

└─ [리스트 "numbers"에 67 추가하기]

└─ [리스트 "numbers"에 78 추가하기]

└─ [리스트 "numbers"에 89 추가하기]

└─ [변수 "left"를 1로 정하기]

└─ [변수 "right"를 (리스트 "numbers"의 길이)로 정하기]

└─ [변수 "target"을 23으로 정하기] # 찾고자 하는 값 설정

└─ [변수 "found"를 "거짓"으로 정하기] # 초기값 설정

└─ [반복하기 (변수 "left" <= 변수 "right")인 동안]

　　└─ [변수 "mid"를 ((변수 "left" + 변수 "right") // 2)로 정하기]

　　└─ [만약 (리스트 "numbers"의 (변수 "mid")번째 항목) = (변수 "target")이면]

　　　　└─ [변수 "found"를 "참"으로 정하기]

　　　　└─ [반복 중단하기]

　　└─ [만약 (리스트 "numbers"의 (변수 "mid")번째 항목) > (변수 "target")이면]

　　　　└─ [변수 "right"를 (변수 "mid" − 1)로 정하기]

　　└─ [아니면]

　　　　└─ [변수 "left"를 (변수 "mid" + 1)로 정하기]

└─ [만약 (변수 "found" = "참")이면]

　　└─ [말하기 (변수 "target") + "를 찾았습니다" (2초 동안)]

└─ [아니면]

　　└─ [말하기 (변수 "target") + "를 찾지 못했습니다" (2초 동안)]

단계별 설명

❶ **시작하기 버튼을 클릭했을 때** : 프로그램이 시작되면 실행됩니다.

❷ **리스트 초기화** : numbers 리스트에 정렬된 숫자 데이터를 추가합니다.

❸ **탐색 범위 및 타겟 설정** : left, right 변수를 리스트의 시작과 끝으로 설정하고, target 변수를 찾고자 하는 값으로 설정합니다.

❹ **반복문 사용** : left가 right보다 작거나 같은 동안 반복합니다.

❺ **중간값 계산** : mid 변수를 left와 right의 중간값으로 설정합니다.

❻ 조건문 사용 :

◦ 중간값이 타겟 값과 같으면, found 변수를 참으로 설정하고 반복문을 중단합니다.

◦ 중간값이 타겟 값보다 크면, right를 mid − 1로 설정하여 탐색 범위를 좁힙니다.

◦ 중간값이 타겟 값보다 작으면, left를 mid + 1로 설정하여 탐색 범위를 좁힙니다.

❼ 결과 출력 : found 변수를 확인하여 타겟 값을 찾았는지 여부를 출력합니다.

6. 실행 및 확인

프로그램을 실행하여 리스트에서 특정 값을 이진 탐색 알고리즘을 통해 찾을 수 있는지 확인합니다.

이와 같은 단계로 엔트리에서 이진 탐색 알고리즘을 사용하여 리스트에서 특정 값을 찾는 프로그램을 작성할 수 있습니다.

작품 만들기

코딩 로드맵

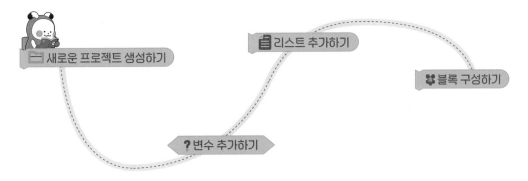

새로운 프로젝트 생성하기 → 변수 추가하기 → 리스트 추가하기 → 블록 구성하기

📁 새로운 프로젝트 생성하기

새로운 작품을 만들기 위해 엔트리 홈페이지에서 [작품 만들기]를 실행하세요. 오브젝트는 기본 오브젝트인 '엔트리봇'을 사용합니다.

❓ 변수 추가하기

[속성] 탭에서 '변수'를 선택한 후 [변수 추가하기]를 클릭한 다음 변수 이름을 작성하고 [변수 추가] 버튼을 클릭합니다.

변수	기능
left	탐색 영역의 첫 번째 항목의 위치를 저장
right	탐색 영역의 마지막 항목의 위치를 저장
mid	탐색 영역의 가운데 항목의 위치를 저장
target	찾고자 하는 값을 저장
found	탐색 성공 여부를 저장

📑 리스트 추가하기

[속성] 탭에서 '리스트'를 선택한 후 [리스트 추가하기]를 클릭한 다음 리스트 이름 'numbers'를 작성하고 [리스트 추가] 버튼을 클릭합니다.

리스트	기능
numbers	오름차순으로 정렬된 숫자 데이터를 저장

🐝 블록 구성하기

01 [시작하기] 버튼을 클릭하면 'numbers' 리스트에 오름차순으로 정렬된 숫자 데이터를 저장합니다.

💡 이진 탐색은 정렬된 리스트에서만 제대로 동작합니다.

챗GPT 블록 코드 예시

[시작하기 버튼을 클릭했을 때]
└─ [리스트 "numbers"에 3 추가하기]
└─ [리스트 "numbers"에 9 추가하기]
└─ [리스트 "numbers"에 15 추가하기]
└─ [리스트 "numbers"에 23 추가하기]
└─ [리스트 "numbers"에 42 추가하기]
└─ [리스트 "numbers"에 57 추가하기]
└─ [리스트 "numbers"에 67 추가하기]
└─ [리스트 "numbers"에 78 추가하기]
└─ [리스트 "numbers"에 89 추가하기]

엔트리 블록 코드

▶ 시작하기 버튼을 클릭했을 때
- 3 항목을 numbers▼ 에 추가하기 ?
- 9 항목을 numbers▼ 에 추가하기 ?
- 15 항목을 numbers▼ 에 추가하기 ?
- 23 항목을 numbers▼ 에 추가하기 ?
- 42 항목을 numbers▼ 에 추가하기 ?
- 57 항목을 numbers▼ 에 추가하기 ?
- 67 항목을 numbers▼ 에 추가하기 ?
- 78 항목을 numbers▼ 에 추가하기 ?
- 89 항목을 numbers▼ 에 추가하기 ?

02 탐색 영역의 시작 위치인 'left' 변수에 1을, 탐색 영역의 마지막 위치인 'right' 변수에 'numbers' 리스트의 항목 수를, 찾고자 하는 값인 'target' 변수에 23을, 탐색 성공 여부를 나타내는 'found' 변수에 거짓을 저장합니다.

챗GPT 블록 코드 예시

└─ [변수 "left"를 1로 정하기]
└─ [변수 "right"를 (리스트 "numbers"의 길이)로 정하기]
└─ [변수 "target"을 23으로 정하기] # 찾고자 하는 값 설정
└─ [변수 "found"를 "거짓"으로 정하기] # 초기값 설정

엔트리 블록 코드

03 ──────────── 블록을 이용하여 'left' 변수 값이 'right' 변수 값보다 작거나 같은 동안 반복하는 구조를 만듭니다.

──────────── 블록을 통해 'mid' 변수에 ('left' 변수 값 + 'right' 변수 값)을 2로 나눈 몫을 저장합니다.

챗GPT 블록 코드 예시

└─ [반복하기 (변수 "left" <= 변수 "right")인 동안]
　└─ [변수 "mid"를 ((변수 "left" + 변수 "right") // 2)로 정하기]

엔트리 블록 코드

04 찾는 값과 'numbers' 리스트의 'mid' 변수 값 번째 항목이 같은지 확인해야 합니다. [numbers ▾ 의 mid ▾ 값 번째 항목 = target ▾ 값]을 통해 'numbers' 리스트의 'mid' 변수 값 번째 항목과 'target' 변수 값이 같으면 'found' 변수에 참을 저장하고 반복을 중단합니다. 만약 [numbers ▾ 의 mid ▾ 값 번째 항목 > target ▾ 값] 블록으로 'numbers' 리스트의 'mid' 변수 값 번째 항목이 'target' 변수 값보다 크면 'right' 변수에 'mid' 변수 값-1을 저장하고, 그렇지 않으면 'left' 변수에 'mid' 변수 값+1을 저장합니다.

챗GPT 블록 코드 예시

```
└─ [반복하기 (변수 "left" 〈= 변수 "right")인 동안]
   └─ [변수 "mid"를 ((변수 "left" + 변수 "right") // 2)로 정하기]
   └─ [만약 (리스트 "numbers"의 (변수 "mid")번째 항목) = (변수 "target")이면]
      └─ [변수 "found"를 "참"으로 정하기]
      └─ [반복 중단하기]
   └─ [만약 (리스트 "numbers"의 (변수 "mid")번째 항목) 〉 (변수 "target")이면]
      └─ [변수 "right"를 (변수 "mid" – 1)로 정하기]
   └─ [아니면]
      └─ [변수 "left"를 (변수 "mid" + 1)로 정하기]
```

엔트리 블록 코드

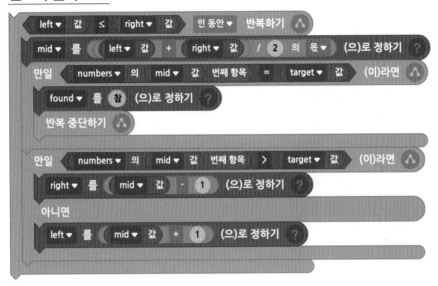

05 반복을 종료한 다음 found ▼ 값 = 참 블록으로 'found' 변수 값이 참이면 찾았다는 말을 하고, 그렇지 않으면 찾지 못했다는 말을 합니다.

챗GPT 블록 코드 예시

```
└─ [만약 (변수 "found" = "참")이면]
    └─ [말하기 (변수 "target") + "를 찾았습니다" (2초 동안)]
└─ [아니면]
    └─ [말하기 (변수 "target") + "를 찾지 못했습니다" (2초 동안)]
```

엔트리 블록 코드

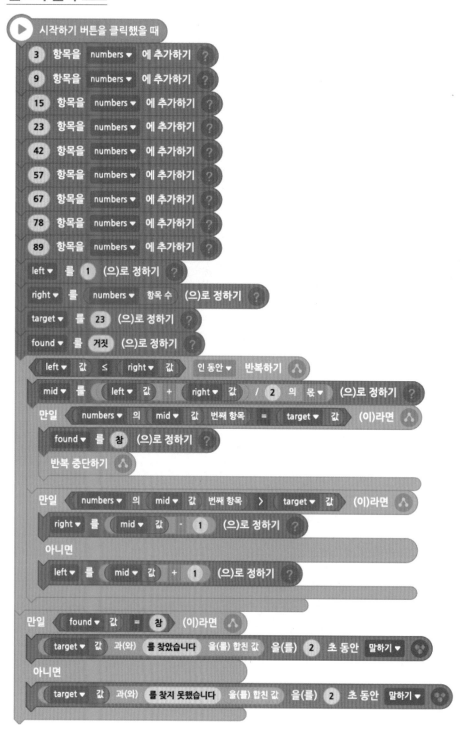

 챗GPT ⊗ 도전해보기

QR 코드를 스캔하면 도전해보기 작품을 볼 수 있어요!

https://naver.me/FDnT56vP

챗GPT에게 질문하여 받은 작품 제작 순서를 참고하여 이진 탐색 알고리즘을 이용해서 데이터를 탐색하는 작품을 만들어봤습니다. 이번에는 챗GPT가 알려주는 작품 제작 순서를 참고하며 또 다른 탐색 알고리즘인 선형 탐색으로 데이터를 탐색하는 작품을 완성해보세요.

🔍 실행 화면 살펴보기

다음 실행 화면을 살펴보고 선형 탐색 알고리즘 원리를 적용하여 탐색 성공 여부를 확인하는 작품을 구성해보세요.

🙋 챗GPT에게 질문하기

블록 기반 코딩 플랫폼인 엔트리를 사용하여 선형 탐색하는 프로그램을 작성하는 방법을 설명해주세요. 단, 엔트리 리스트의 첫 번째 항목의 위치는 1이고 반복 횟수를 의미하는 변수를 사용합니다.

챗GPT와 함께 배우는 엔트리 마스터하기

챗GPT와 엔트리 기초부터 실전까지, 창의 융합형 코딩 학습서

1판 1쇄 발행 2024년 8월 20일

지은이 김종훈 김현경 김동건
펴낸이 최현우 · **기획** 최혜민 · **편집** 박현규, 김성경, 최혜민
마케팅 버즈 · **피플** 최순주
디자인 Nuːn · **조판** SEMO

펴낸곳 골든래빗(주)
등록 2020년 7월 7일 제 2020-000183호
주소 서울 마포구 양화로 186 LC타워 5층 514호
전화 0505-398-0505 · **팩스** 0505-537-0505
이메일 ask@goldenrabbit.co.kr
홈페이지 www.goldenrabbit.co.kr
SNS facebook.com/goldenrabbit2020

ISBN 979-11-91905-51-9   93000

* 파본은 구입한 서점에서 바꿔드립니다.

우리는 가치가 성장하는 시간을 만듭니다.

골든래빗은 가치가 성장하는 도서를 함께 만드실 저자님을 찾고 있습니다.
내가 할 수 있을까 망설이는 대신, 용기 내어 골든래빗의 문을 두드려보세요.
apply@goldenrabbit.co.kr